한국의 과학과 문명 018

한국현대의료사

"이 저서는 2010년도 대한민국 교육부와 한국학중앙연구원(한국학진흥사업단)을 통해
한국학 특정분야 기획연구(한국과학문명사) 사업의 지원을 받아 수행된 연구임."(AKS-2010-AMZ-2101)

한국현대의료사

ⓒ 전북대학교 한국과학문명학연구소 2021

초판 1쇄   2021년 2월 17일

지은이   박윤재

출판책임	박성규	펴낸이	이정원
편집주간	선우미정	펴낸곳	도서출판 들녘
편집	이동하·이수연·김혜민	등록일자	1987년 12월 12일
디자인	한채린·김정호	등록번호	10-156
마케팅	전병우	주소	경기도 파주시 회동길 198
경영지원	김은주·장경선	전화	031-955-7374 (대표)
제작관리	구법모		031-955-7376 (편집)
물류관리	엄철용	팩스	031-955-7393
		이메일	dulnyouk@dulnyouk.co.kr
		홈페이지	www.dulnyouk.co.kr

ISBN   979-11-5925-607-3 (94910)
           979-11-5925-113-9 (세트)

한국의 과학과 문명 018

한국현대의료사

박윤재 지음

들녘

지은이 **박윤재** 朴潤栽

1966년 서울에서 태어났다. 1986년 연세대 사학과에 입학하여 학사, 석사, 박사학위를 받았다. 1996년 연세의대 의사학과에 조교로 임용되어 강사, 연구조교수를 거쳤다. 역사학을 전공하겠다는 생각은 고등학교 때부터 가졌다. 세상을 다양하면서 진중하게 바라볼 수 있으리라는 기대를 가졌던 것 같다. 지금은 굳이 역사학일 필요는 없었다는 판단이다. 욕심이 적어지기도 했고, 이치는 비슷하지 않나 하는 생각을 하게 되었기 때문이다. 그럼에도 역사학이 주는 구체성은 여전히 매력적이고 중요하다고 생각하고 있다. 의료사는 우연한 기회에 만났다. 처음에는 스치는 인연인 줄 알았다. 하지만 주변의 유혹과 권유가 강했다. 지금은 그 우연을 필연처럼 보이게 하기 위해 노력하고 있다. 의료에 대한 지식이 부족했던 만큼 제도사에서 출발해 최근에는 사상사, 질병사로 공부의 범위를 넓히려 노력하고 있다. 쉽지 않겠지만, 그런 노력이 역사학의 경계를 넓히는 데 기여하리라 믿고 있다. 2005년 박사학위논문을 수정 보완한 『한국 근대의학의 기원』을 발간하였고, 교양서로 2010년 『제중원, 사람을 구하는 집』, 2015년 『제중원·세브란스이야기』를 공저로 출간하였다. 2012년부터 경희대 사학과에서 한국근현대사를 가르치고 있다.

〈한국의 과학과 문명〉 총서

기획편집위원회

연구책임자_ 신동원

전근대팀장_ 전용훈

근현대팀장_ 김근배

전 임 교 수_ 문만용

　　　　　　 김태호

　　　　　　　 전종욱

전임연구원_ 신미영

〈한국의 과학과 문명〉 총서를 펴내며

우리나라는 현재 세계 최고 수준의 메모리 반도체, 스마트폰, 디스플레이, 철강, 선박, 자동차 생산국으로서 과학기술 분야의 경이적인 발전으로 세계의 주목을 받고 있다. 그것을 가능케 한 요인의 하나가 한국이 오랜 기간 견지해온 우수한 과학기술 문화와 역사 속에 있다고 우리는 생각한다.

문명이 시작된 이래 한국은 항상 높은 수준을 굳건히 지켜온 동아시아 문명권의 일원으로서 그 위치를 잃은 적이 없었다. 우리는 한국이 이룩한 과학기술 문화와 역사의 총체를 '한국의 과학문명'이라 부르려 한다. 금속활자·고려청자 등으로 대표되는 한국 과학문명의 창조성은 천문학·기상학·수학·지리학·의학·양생술·농학·박물학 등 과학 분야를 비롯하여 금속제련·방직·염색·도자·활자·인쇄·종이·기계·화약·선박·건축 등 기술 분야에서도 다양하게 분명히 드러난다.

우리는 이런 내용을 종합하는 〈한국의 과학과 문명〉 총서를 발간하고자 한다. 이 총서의 제목은 중국의 과학문명에 대한 새로운 인식의 지평을 연 조지프 니덤(Joseph Needham)의 『중국의 과학과 문명』을 염두에 두고 만들었다. 그러나 니덤이 전근대에 국한한 반면 우리는 전근대와 근현대를 망라하여 한국 과학문명의 총체적 가치와 의미를 온전히 담은 총서의 발간을 목표로 한다. 나아가 한국의 과학과 문명이 지닌 보편적 가치를 세계에 발신하고자 한다. 지금까지 한국은 세계 과학문명의 일원으로 정당한 가치를 인정받지 못한채, 중국의 아류로 인식되어왔다. 이 총서에서는 한국 과학문명이 지닌 보편성과 독자성을 함께 추적하여 그것이 독자적인 과학문명이자 세계 과학문명의 당당한 일원임을 입증하고자 한다. 우리는 이 총서에서 근현대 한국 과학기술 발전의 역사와 구조를 밝힐 것이며, 이로써 인류의 과학기술 발전사를 새로이 해명하는 데에 기여할 것이다.

이 총서에서는 한국의 과학문명이 역사적으로 독자적인 가치와 의미를 상실하지 않았던 생명력에 주목한다. 이를 위해 전근대 시기에는 중국 중심의 세계 질서 아래서도 한국의 과학문명이 독자성을 유지하면서 발전을 지속한 동력을 탐구한다. 근현대 시기에는 강대국 중심 세계체제의 강력한 흡인력 아래서도 한국의 과학기술이 놀라운 발전과 성장을 이룩한 요인을 탐구한다.

우리는 이 총서에서 국수적인 민족주의나 근대 지상주의를 동시에 경계하며, 과거와 현재가 대화하고 내부와 외부가 부단히 교류하는 가운데 형성되고 발전되어온 열린 과학문명사를 기술하고자 한다. 이 총서를 계기로 한국 과학문명에 대한 관심과 이해가 더욱 깊어지기를 기대한다.

마지막으로 〈한국의 과학과 문명〉 총서의 발간은 교육부와 한국학중앙연구원 한국학진흥사업단의 지원에 크게 힘입었음을 밝히며 이에 감사를 표한다.

〈한국의 과학과 문명〉 총서 기획편집위원회

2013년 한국과학문명학연구소에서 "한국의 근현대 의학사를 연구할 적임자"라며 이 책의 집필을 요청했을 때 솔직히 기뻤다. 다른 전공자들에게 이 분야의 전문가로 인정받았다는 기쁨이었다. 하지만 그 기쁨이 부담으로, 다시 고통으로 변하는 데 시간은 얼마 걸리지 않았다. 시기를 선정하는 일, 주제를 확정하는 일부터 쉽지 않았다. 이전에 했던 작업을 활용하여 편하게 가려는 생각도 했고, 상대적으로 선명한 주제를 선정하기도 했지만, 결국 시기는 한국 현대로, 주제는 의료를 광범위하게 포괄하는 것으로 결정하였다. 막막했다. 가보지 않은 길이었기 때문이다.

역사학은 이런 경우 자료의 정리부터 시작하는 경향이 있다. 나 역시 마찬가지였다. 우선 구슬을 모으기로 했다. 연결할 실은 나중에 찾기로 하였다. 쉽게 모을 수 있는 구슬은 정책이나 제도였다. 정부의 실천과 지향을 담은 자료를 찾았다. 그렇게 찾은 자료가 『보건주보』, 『보건사회백서』였다. 1964년부터 발간된 『보건사회백서』는 의료의 제도적 변화를 파악하기 맞춤한 자료였다. 그 내용을 정리하는 것만으로 책의 얼개를 만들 수 있을 것 같았다. 『보건주보』는 말 그대로 매주 발간되었고, 상대적으로 구체적인 정책 내용을 파악할 수 있었다. 아쉬움은 전체를 구하지 못해 부분적인 인용밖에 할 수 없었다는 것이다.

1995년 『보건사회백서』는 『보건복지백서』로 이름을 바꾸었다. 한국 사회의 지향이 의료에서 복지로 바뀌고 있음을 상징했다. 자연스러운 전환이라 할 수 있었다. 문제는 내가 활용할 수 있는 부분이 적어진다는 것이었다. 책의 서술 시점이 1945년이었고, 당시 관심은 의료였다. 의료공급은 정부의 절박한 목표였다. 복지는 상징적인 차원에서 제기되었을 뿐이다. 하지만 1990년대를 거치며 복지의 범위는 넓어졌다. 2006년 『보건복지백서』의 경우 1964년 『보건사회백서』의 대부분을 차지하던 보건의료정책이 총 12개 장으로 이루어진 부문별 보건복지정책에서 다만 하나의 장에 머물렀다. 인용할 내용이 적어졌다. 다행이라고 하면 어폐가 있지만, 한약분쟁과 의약분업이 있어 1990년대 이후 서술을 보강할 수 있었다.

시기가 내려오면서 내 문장이 아닌 듯한 서술이 잦아졌다. 자료의 내용을 고민 없이 복사한 탓이었다. 자료와 비판적 거리두기를 해야 했지만, 쉽지 않았다. 생각해보면, 학부에서 박사과정까지 의료는커녕 의료사와 관련된 과목을 수강해본 적이 없었다. 현대 의료를 비판적으로 정리하는 일은 쉽지 않았다. 다른 사람의 도움을 받아야 했다. 의료인이었다. 대한의사협회로 상징되는 의사들의 목소리를 인용했다. 의료사회학을 비롯한 선행 연구도 인용했다. 그들의 비판은 이 책에 생동감을 넣는 역할을 했다.

구슬이 어느 정도 모아진 후 꿸 실을 고민하기 시작했다. 의식하지 못했는데 공공이 글 속에서 여러 번 서술되었음을 발견했다. 지금 우리가 향유하는 의료는 주로 민간이 발전시켰다. 하지만 한국현대의료사에서 공공의 역할은 상징적이든, 실질적이든 존재했다. 코로나 사태를 맞이하여 더 가치를 인정받는 건강보험이 대표적인 예였다. 2015년 메르스 사태도 한국 사회에 공공의 문제를 제기한 바 있었다. 한국 의료의 미래와 관련하여 공공은 화두가 될 수밖에 없었다. 꿸 실로 공공과 민간의 역할과 의미를 선택했다.

다만, 당위적인 주장은 하지 않으려 노력했다. 역사학의 생명은 구체성에 있다. 고유한 시간과 공간 속에서 구체적으로 무엇이 만들어졌는지 밝혀야 한다. 실질적으로 진행되고 나타난 결과를 서술하고 의미를 파악해야 한다. 따라서 구체적인 사실 속에서 민간과 공공을 고민하려 노력했다. 하지만 실은 가늘어 쉽게 끊어질 것 같다. 돌아보면 민간의 역할에 대해 성찰과 배려가 더 필요했다. 한국현대의료사에서 민간의 성장은 화려함 그 자체이다. 사실 대한민국의 성장 자체가 그렇다. 그 역할과 의미에 대한 적극적인 고민과 서술이 필요했다. 그 바탕 위에서 공공을 고민해야 했다. 길은 찾았지만 멀었다.

이 책의 최종 원고를 읽은 심사자 중 한 분은 "본 연구의 경우는 총괄적 안목에서 일목요연하게 사전식으로 잘 정리하고 있"다고 평가했다. 칭찬 같지만, 아팠다. "총괄적 안목"이나 "일목요연"보다 "사전식"이라는 표현이 아프게 다가왔다. 역사가로서 해석이 부족하다는 질책이었다. 매 학기 방학을 이 책의 집필을 위해 활용했지만, 정리된 내용은 분석이라기보다 개괄이었다. 질보다 양이었다. 다만, 매 소절의 중간중간 혹은 마무리 공간에 내 나름의 해석을 더하려 애썼다. 그 해석들이 모이면 한국현대의료사를 설명하는 하나의 틀이 될 수 있으리라 기대한다.

부족하나마 이 정도의 정리가 가능했던 배경에는 전북대 한국과학문명학연구소가 있었다. 신동원 소장님, 김근배 근현대 팀장님, 문만용, 전종욱, 김태호, 신향숙 선생님은 게을러 앉아 쉬려는 나를 채근했고 지쳐 늘어지는 나를 격려했다. 그들은 지도부이자 응원단이었고 교탁에서 나를 바라보는 선생님이었다. 이렇게 쓸 거면 계약을 파기하겠다는 신 소장님의 목소리가 아직도 서늘하다. 그들이 없었다면, 이 책의 완성은 불가능했다. 감사드린다.

같은 배를 탔던 송성수, 한경희 선생님, 다음 배에 합류한 소순열, 안창모, 이은경 선생님께도 감사를 드린다. 그들이 진지하게 아니면 무심히 던진 한마디가 내용을 수정하고 논지를 정리하는 데 도움을 주었다. 여인석, 백유상 선생님은 소장하고 있는 사진과 자료를 선뜻 내주셨다. 연세의대 동은의학박물관의 박형우, 김세훈, 정용서 선생님 역시 사진과 자료에 도움을 주셨다. 김진혁 선생님은 길어 지루할 초고를 읽고 여러 지적을 해주셨다. 한국학중앙연구원에서 의뢰한 익명의 심사자들도 미처 생각하지 못한 지점을 지적해주셨다. 그 지적들 덕분에 이 책이 나아질 수 있었다. 자료와 사진 확보에 강재구, 왕웅원 석사생이 도움을 주었다. 모두에게 감사드린다.

이 책의 집필을 위해 한국과학문명학연구소 주최로 《한국의 과학과 문명》 시리즈의 저자들이 모인 적이 있었다. 그때 참가자 한 분이 정해진 3년 안에 책을 쓰는 것은 "불가능해요."라고 진단했다. 어쩌면 이 책은 처음부터 불가능한 기획이었는지 모른다. 3년이라는 기간 안에 한국현대의료사를 정리한다는 것은 적어도 무리였다. 머리말을 쓰면서 다시 한 번 깨닫고 있다. 다만, 이 책을 준비하고 집필하면서 한국현대의료사에 대한 공부가 축적되었다는 것만은 분명하다. 현재에 대한 풍부한 이해는 과거를 해석하는 힘이다. 이 책을 통해 그 힘을 축적한 느낌이다. 그 힘을 어디에 쓸지는 아직 생각하지 않았다.

2020. 12.

박윤재

차례

제2장 경제성장과 의료: 1961-88년

제3장 현대의료의 성장: 1989-현재

결론

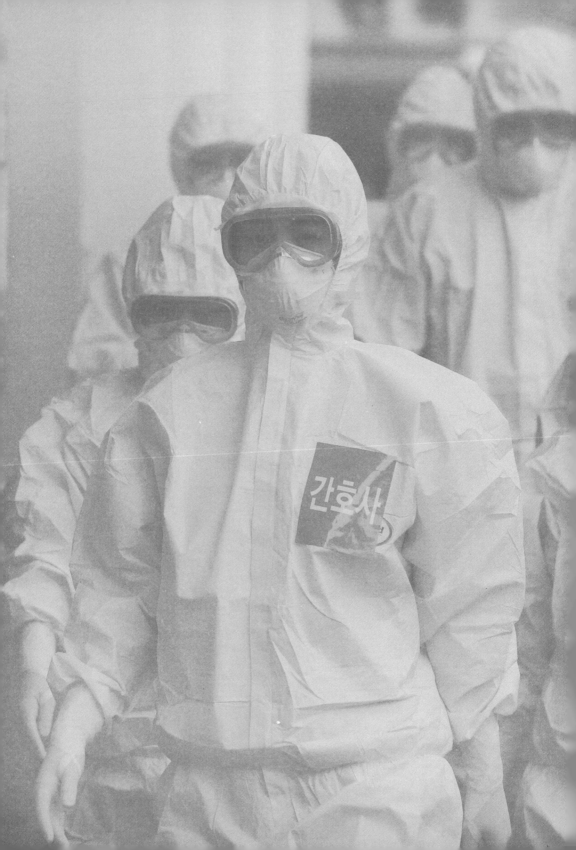

서론

2020년 상반기 한국은 새로운 경험을 하고 있었다. 1월을 지나면서 코로나19가 확산되기 시작하였고, 2월 중순을 지나면서 하루 수백 명의 확진자가 나왔다. 한국은 위험했다. 하지만, 조기 검사, 조기 추적, 조기 치료로 구성된 방역을 펼치면서 한국은 세계의 주목을 받기 시작했다. 중국이나 유럽이 채택한 적극적 봉쇄 없이 코로나19를 통제하고 있었기 때문이다. 세계 언론은 한국에 주목했고, 적극적 평가를 내리기 시작했다. "우리나라가 이렇게까지 세계적으로 높이 평가받는 건 태어나서 본 적이 없다. 아마 대한민국 역사에서 처음이 아닌가 싶다."고 자평할 정도였다.[1] 한국의 방역은, 나아가 그 토대를 이루는 의료는 칭찬의 대상이 되었다.

그러나 이런 칭찬은 최근의 일이다. 불과 5년 전 메르스라는 신종 전염병이 침입했을 때 한국의 대응은 실망스러웠다. 방역에 직접 참여한 의료인의 회고에 따르면, 한국의 "의료는 세계 최고 수준"이지만, "보건은 세계 최하 수준"이었다. 이 의사의 진단에 따르면, 한국에는 최고 수준의 의료와 최하 수준의 보건이 공존하고 있다. 강렬한 대조이다. 세계 최고 수준의 의료기술이 병원에서 활용되는 반면 보건은 메르스라는 신종 전염병을 막지 못한 채 이백여 명에 가까운 환자와 삼십 명의 사망자를 낳았다. 의료는 빛이고, 보건은 어둠이었다.

한국 의료의 성장은 눈부셨다. 한국인의 기대수명은 남녀 모두 80세를 넘어섰고, 영아사망률은 영국, 프랑스, 캐나다보다 낮은 수준이다. 백세인생이라는 노래가 자연스럽게 받아들여지고 있다. 암의 경우 5년 상대생존율이 미국이나 일본보다 높은 상황이다. 의료선진국이라 해도 자만은 아닐 것이다. 그 발전을 추동한 주체는 민간이었다. 민간은 공공이 담당하지 못하는, 혹은 담당하지 않는 자리를 메우며 의료수요를 충족해왔다. 2015년 메르스 사태를 정리하는 과정에서 "의료원 키우고 보건소 키우고 질병관리본부 키워서, 그 테두리에서 해결할 수 있는 것을 다하면, 나머지는 우리가 할 수 있어요."라는 자신감을 보일 정도로 민간의 발달은 눈부시다.[2]

그러나 어두움도 있다. 과다 진단과 과잉진료이다. 갑상선암 수술이 OECD 평균보다 10배가 높았고, 고가의 진료비가 요구되는 로봇수술과 검진센터가 유행하고 있다. 민간 중심의 의료제도는 신기술을 도입하는 배경이었다. 수가 보전에 도움이 된다는 점에서 치료의학의 발달이 두드러지게 이루어지고 있는 것이다. 반면, 공공이 담당하는 비중은 낮다. 한국의 공공병원 비율은 의료기관 수로 5.3%이다. OECD 국가 평균 비율인 70%와 비교하면 1/10도 되지 않는다.[3] 민간이 성장하는 만큼 공공의 비율은 더 작아지고 있다.

공공의료에 대한 관심을 낳은 코로나19도 그 상황을 변화시키지 못하고 있다. 2018년 문재인 정부는 '공공보건의료 발전 종합대책'을 발표하였다. 지역 간 의료격차를 없애고 전염병 등 재난 응급상황으로부터 국민을 보호하기 위해 중앙 및 권역별 감염병 전문병원을 세우며, 국립공공의대를 설립하겠다는 계획이었다. "다만 재정 계획은 쏙 빠졌다." 실현 가능성이 적었던 것이다. 종합대책을 작성했던 의사는 코로나19가 공공의료에 대한 관심을 높였음에도 불구하고 "지금도 전반적으로 공공의료에 대해 호의적이지 않은 분위기"라고 평가했다.[4]

한국의 의료는 치료기술의 성장, 공공성의 상대적 지체라는 결과를 낳았다. 공공성을 확보하려는 노력은 지속적으로 이어졌지만 그 힘은 민간의료의 성장에 비해 적었다. 그럼에도 불구하고 건강보험으로 상징되는 공공의료는 한국 의료의 중요 부분으로 자리잡았다. "적은 부담으로 비교적 양질의 의료서비스가 국민들에게 제공되고 있다."[5] 민간의 역할이 두드러졌지만, 공공의 의미를 관철하려는 시도는 약하지만 지속되어왔다. 나아가 느리지만 확대되고 있다.

여기서 공공이란 대체로 정부가 중심이 된 기관을 의미한다. 다만, 맥락에 따라 기능을 포괄하고자 하였다. 한국현대의료사는 공공이 자신의 역할 일부를 민간에게 분담시키는 방식으로 전개되어왔고, 따라서 공공을 기관으로 한정하기보다 기능을 포괄하는 방식으로 이해할 필요가 있다.[6] 코로나19 방역과정에서 민간의료기관인 대구 동산병원이 지역 거점 병원으로 활용된 예가 그것이다. 공공과 민간의 역할 배정과 관계 설정은 한국 의료의 미래를 규정할 주요한 요소이다.

해방 후 이루어진 한국 의료의 변화와 성장은 여러 책을 통해 정리되었다. 한국현대의료사를 개괄하는 단행본 분량의 연구는 2010년대 접어들어 이루어졌다. 대표적으로 『보건복지 70년사』가 있다.[7] 이 책은 "보건복지부가 걸어온 70년의 발자취를 기록"하고 있다. 집필진으로 "보건복지 정책을 직접 담당하였거나 이 분야에 종사해온 전문가들"이 참여하였다. 한국 의료를 성장의 과정으로 이해하는 데 이 책은 도움이 크다. 해방 후 시기를 대상으로 한 『한국전염병사 Ⅱ』는 제목처럼 전염병에 집중하였다는 데 특징과 장점이 있다.[8] 내용을 시기별 서술과 특정 전염병 서술로 나누어 해방 이후 발생한 전염병을 개괄하는 동시에 개별 전염병에 대한 전문 정보를 제공하고 있다. 역사학과 의료의 결합이라는 점에서도 의미가 있다.

두 책은 한국현대사 전체를 개괄하며 의료와 전염병에 대한 정보를 제공하고 있지만, 설명에 치중한 까닭에 비판적 시각을 찾기 어렵다. 물론 성취를 인정하는 태도는 중요하다. 현재를 이해하는 데 도움을 주기 때문이다. 하지만 인정 못지않게 비판도 필요하다. 인정이 현재를 합리화시킬 가능성이 있기 때문이다. 궁극적으로 역사란 성찰이다.

그런 점에서 『대한민국 보건발달사』는 의미가 있다. 『대한민국 보건발달사』는 대학에서 보건 분야에 근무했거나 근무한 교수들이 중심이 되어 해방 이후 이루어진 보건 분야의 성과를 정리하고 있다. "오랜 경륜과 전문성을 인정할 만한 분"들이 집필한 만큼 신뢰할 만한 정보를 제공하고 있다.[9] 나아가 각 절의 마지막에 문제점과 과제를 서술함으로써 현실화된 성과에 비판적 거리두기를 하고 있다.

*Reconstructing Bodies*는 비판적 거리두기를 넘어 해방 후 성장한 한국 의료를 하나의 맥락에서 접근하고 있다.[10] 그 맥락이란 국가가 의료, 특히 서양의학을 통해 국민의 몸을 장악 혹은 통제하는 과정이다. 나아가 이 글에서 하나의 결과는 다른 것을 낳는 배경이 되고 있다. 예를 들면, 한국 현대의료의 상징 중 하나인 성형외과는 의료보험이라는 제도적 조건과 전문화라는 경향의 결과였다. 한국 의료에 대한 계기적 고찰이 이루어지고 있는 것이다.

이 글은 위의 연구들이 거둔 성과에 주목하는 가운데, 포괄적이면서 종합적인 서술을 시도하고자 하였다. 포괄적인 이유는 해방 후 한국 의료를 구성한 분야를 다수 포함했기 때문이다. 법과 제도가 중심이 되기는 했지만, 교육이나 질병, 전문화와 영리화에 대한 문제까지 포함하고자 하였다. 다만, 개별적이거나 분산적인 서술은 지양하였다. 대신 종합적인 서술을 지향하였다. 각 분야의 서술들 사이에 일정한 계통을 만들고자 하였다. 외적, 내적 요인들 사이의 계통, 한국 의료를 형성한 주체들 사이의 계통이다.

이 글은 한국 의료를 만든 동력 혹은 계기와 관련하여 내외적 요인을 동시에 고려하고자 하였다. 특히 외적 지원에 합당한 비중을 두고자 하였다. 1960년대 이후 한국 역사학에서 내적 역사발전이 강조되면서 한국의 성장과 발전에 미친 외적 영향은 상대적으로 간과되어왔다. 이 글은 그 영향을 인정하고자 하였다. 외적 요인, 즉 개방적 의료체계의 선택이나 미국을 통한 의료기술·지식의 수입이 가지는 의미에 주목하였다. 특히 미국의 영향력은 강대했다. 한국의 의료는 미네소타프로젝트가 상징하듯이 미국의 의료를 직수입하는 과정에서 성장해갔다.

한국 의료의 성장에서 미국으로 대표되는 외적 영향력은 강했지만 내적 요인이 가지는 의미도 컸다. 내적 요인은 크게 정부와 민간으로 구분할 수 있다. 정부와 민간의 역할은 둘로 나뉜다. 하나는 가치로서 역할이다. 이 역할을 공공과 민간으로 바꾸어 부를 수 있을 것이다. 정부가 공공을 대변했다면, 민간은 말 그대로 사적 이해를 추구하는 민간이다. 정부는 주로 방역의 측면에서 공공성을 담보하고자 하였고, 민간은 치료에서 자신의 영역을 확장해나갔다. 1990년대를 거치면서 민간병원이 가진 주도적인 역할이 더욱 강화되고 있다면, 공공을 대변하는 정부의 의지는 건강보험 혜택의 확대를 통해 관철되고 있다.

다음은 주체로서 역할이다. 정부가 의료정책과 관련하여 위로부터 기획을 추진했다면, 민간은 실행을 담당하였다. 1980년대까지 한국 의료의 변화는 정부가 추동해왔다. 1960년대부터 진행된 가족계획사업은 미국이 중심이 된 세계사적 변화를 수용하는 방식으로 이루어졌지만, 수용과 추진의 주체는 정부였다. 1960년대부터 정부가 본격적으로 진행한 방역사업은 현대 한국인의 생활을 변화시켰고, 1970년대 후반부터 정부가 추동한 의료보험은 한국 의료를 대표하는 제도로 남아 있다.

민간은 다시 의료인과 소비자로 나뉜다. 여기서 의료인은 의료기관을 포함한다. 의료인은 의료정책의 실행에서 시기에 따라 대상이 되기도 하였고, 주체가 되기도 하였다. 주체로서 역할은 1990년대 이후 분명해졌다. 반면, 소비자의 역할은 주로 대상이었다. 정부가 추진하는 사업에 수동적으로 참여했다. 사실 의료인의 역할도 수동적이기는 마찬가지였다. 1990년대 중반 한약분쟁과 2000년 의사파업을 거치면서 의료인들은 정부의 통제를 벗어나 독립적인 발언권을 확보해나갈 수 있었다. 결국 이 글은 외적 영향력을 전제한 가운데 정부와 민간이라는 두 축으로 한국 의료의 형성과 성장과정을 서술하는 데 목적이 있다.

이 글에서 사용한 용어들은 그 자체로 엄밀성보다 사회성과 역사성을 반영하고 있다. 예를 들면, 의료이다. 이 글에서 의료는 의학보다 상위의 개념이다. 의료가 치료의 성격을 지닌다면, 의학은 지식의 측면이 강하다. 따라서 두 개념은 보완적 성격을 지닌다. 병존해서 사용할 필요가 있다. 하지만 이 글에서 의료는 의학을 포괄하는 개념으로 사용하였다. 이 글이 학술사가 아닌 사회사를 지향하고 있기 때문이다. 사회 속에서 의료는 의학보다 실제적이고 선차적이었다. 물론 문제도 있다. 한의학을 대체하여 한의료라는 용어를 사용하기는 어렵다. 생경하기 때문이다. 따라서 다른 용어와 마찬가지로 의료 역시 가능한 범위 내에서 사용하였다.

서양의학, 서양의사도 마찬가지이다. 한국 의료의 특징 중 하나는 이원적 의료체계이고, 따라서 한의사와 구별하는 의미에서 서양의사를 사용하였다. 한국의 의료법은 서양의사를 의사로 지칭하고 있다. 원칙적으로 의사로 표시하는 것이 맞다. 하지만 서양의사로 표시할 경우 장점도 있다. 한국 의료의 역사적 전개과정을 보다 명료하게 서술할 수 있다. 다른 국가에서 보기 힘든 한국적 특수성을 드러내는 데 유용하다. 따라서 이 글에서는 역사성을 드러내는 경우를 중심으로 의사를 서양의사로 지칭하였다.

이 글에서 의료는 보건을 포괄하는 용어이다. 보건은 위생을 대체하는 용어로 의료 분야에서 해방을 상징했다. 그런 의미에서 미군정시기 의료를 담당하는 부서 이름에 보건이라는 단어가 들어갔다. 보건이라는 용어가 사용되면서 의료의 의미는 치료의 영역으로 제한되는 경향이 있다. 하지만 이 글이 서술하는 시기의 절반 이상에서 보건은 치료를 상징하는 의료에 대해 부차적인 의미를 지녔다. 따라서 이 글에서 특별한 경우를 제외하면 의료는 보건을 포괄하는 개념으로 사용하였다.

시기 구분과 관련하여 이 글은 70여 년에 이르는 한국현대의료사를 세 시기로 나누었다. 정부의 의료정책은 구분의 주요 기준이다.

첫째 시기는 1945년부터 1960년까지이다. 이 시기는 식민 지배를 비판하며 독립국가의 의료체계를 출범시켰다는 의미를 지닌다. 위생 대신 보건이라는 용어가 채택되고 미국의 약품과 기술이 수입되었으며 미국 유학이 시작되었다. 하지만 보건을 위한 기반은 약했고, 미국의 의료가 정착할 수 있는 기초는 조성되지 않았다. 미국 유학파들은 국내의 의료체계를 변화시킬 위치에 있지 않았다. 나아가 의료의 지향, 방역의 내용, 국민의료법 내 여러 규정은 식민지시기에 기원을 두고 있었다. 즉, 이 시기는 식민 유산의 잔존과 새로운 체계의 출범이 병존한다는 특징을 지녔다.

둘째 시기는 1961년부터 1988년까지이다. 1960년대부터 시작된 산업화는 방역과 진료의 측면에서 1945년 해방이 지니는 의미보다 더 큰 변화를 가져왔다. 한국 현대의료가 본격적으로 출발한 것이었다. 변화는 정부의 기획에 의해 만들어졌다. 정부는 산업화에 걸맞은 국민을 육성하고자 하였다. 결핵 퇴치와 기생충 박멸사업, 가족계획사업, 의료보험이 대표적인 예였다. 정부는 국민을 독려했고, 국민은 그 기획에 동참했다. 질병 양상도 변화하였다. 급성에서 만성 질환으로의 변화였다. 이전 시기 급성전염병이 사망의 주요 원인이었다면, 암, 심혈관질환, 당뇨병 등이 그 자리를 차지하였다.

셋째 시기는 1989년부터 현재까지를 포괄한다. 1989년은 선진국가의 상징이라고 할 수 있는 복지가 본격적으로 구현된 해였다. 전국민의료보험이 실현되었기 때문이다. 한국은 "그야말로 선진국가의 사회형태로 진입"하였다.[11] 바로 전해에는 국민연금제도가 실시되었다. 복지는 한국 사회의 새로운 지향으로 명료하게 자리잡았다. 1990년대는 만성질환에 대한 대책이 본격적으로 시행된 시기이기도 했다. 질병 유형의 전환은 1980년대부터 시작되었지만, 대책이 나온 것은 1990년대였다. 1990년대는 재벌병원으로 상징되는 민간 영역이 강화되는 시기이기도 했다. 의료전문직들은 더 이상 정부의 요구를 일방적으로 수용하지 않게 되었다. 그들은 시위와 파업을 통해 자신의 요구를 관철시켰다. 한약분쟁과 의사파업은 대표적인 예였다. 1980년대까지 정부가 민간을 통제할 수 있었다면, 1990년대에 접어들면서 민간의 요구는 정책을 변형시키고, 추동해나가기 시작했다.

이 글은 대체로 시기 구분에 맞추어 각 소재들을 서술하였다. 하지만 경우에 따라 시기가 혼용되는 경우가 있다. 예를 들면, 결핵의 경우 1960-70년대를 취급한 3장에서 서술하고 있으나, 내용은 1980년대 이후 변화상까지 포괄하고 있다. 각 소재를 시기 구분에 맞춰 서술할 경우 이해가 분산될 가능성이 높다는 점을 고려하였다.

서술을 하는 과정에서 정부에서 발간한 공식 문서들을 많이 이용하였다. 정책과 관련하여 서술의 신뢰도를 높일 수 있다고 생각했기 때문이다. 1970년대부터 1990년대까지 발간된『보건주보』, 1964년 처음 간행된 후 지금까지 발간되고 있는『보건사회백서』,『보건복지백서』가 대표적인 예이다. 다만, 정부에서 발간한 만큼 정책의 배경, 과정에 대한 설명이 중심이고, 비판적 서술이 적은 점에 유의하였다. 비판의 지점은 연구서나 논문을 활용하면서 찾았다. 의료계의 대표적 단체인 대한의사협회도 정부의 정책에 일정한 거리감을 유지한다는 점에서 대한의사협회의 기관지인『대한의학협회지』,『대한의사협회지』를 활용하였다.

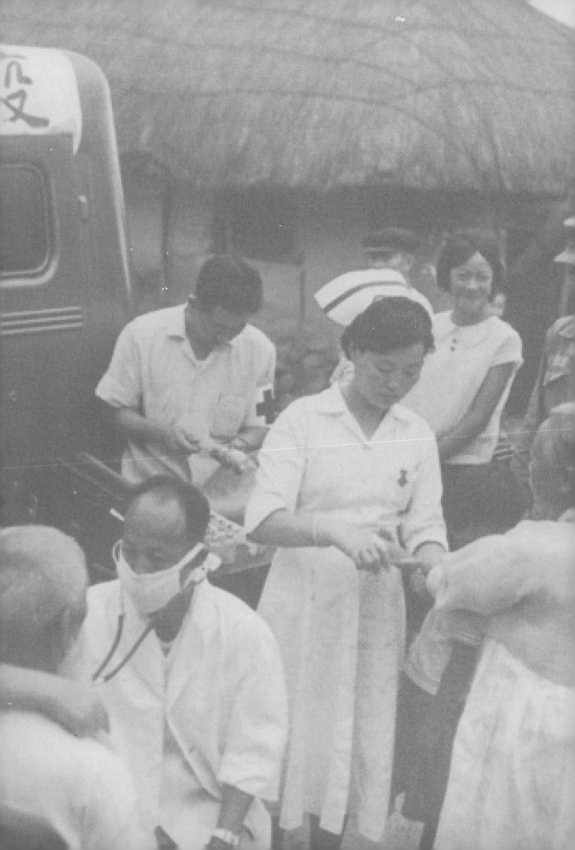

제1장

해방과 현대의료의 기반 조성: 1945-60년

해방은 새로운 한국을 고민할 시간과 공간을 제공하였다. 식민의 극복이라는 당위적인 차원을 넘어 어떤 의료체계를 만들 것인지에 대한 실제적 고민이 시작되었다. 식민 의료체계에 대한 반성적 성찰이 이루어졌고, 새로운 의료체계에 대한 현실적 전망이 제시되었다. 의료인들은 자신의 경험과 지식에 기반을 둔 전망을 제시하였다. 그 전망들은 신국가 건설이라는 거대한 기획 아래 포함되었다. 그 속에서 전망들은 풍부하게 논의되고 협의될 필요가 있었다.

그러나 시간이 부족했다. 분단은 전쟁으로 이어졌고, 전쟁은 부족했던 의료자원을 고갈시켰다. 한국의 의료는 소극적이고 방어적으로 출발할 수밖에 없었다. 분단과 전쟁으로 야기된 혼란을 수습할 필요가 있었기 때문이다. 유입되는 전염병을 막아야 했고, 의료의 공백을 메울 수 있는 방법을 찾아야 했다. 갓 탄생한 대한민국은 정치적 측면에서나 경제적 측면에서 이런 일을 감당하기 어려웠다. 활용할 수 있는 자원이 적었다.

미국으로 대표되는 외부의 영향력은 이 시기를 고찰할 때 반드시 고려해야 할 상수(常數)이다. 신생 대한민국이 활용할 자원은 부족했다. 외부의 지원은 불가피했다. 냉전이라는 시대 상황은 그들의 지원을 가능하게 한 조건이었다. 그들이 끼친 영향력은 압도적이었다고 표현해도 좋을 것이다. 그들은 방역, 치료, 제약, 교육 등 의료의 전 분야에 개입했다. 개입 범위가 광범위했던 만큼 영향력도 지속적이었다. 약품이나 시설 같은 물적 지원을 넘어 의학교육 후원을 통해 인적 자원을 성장시켰다는 점에서 미국 등 외부의 영향력이 가지는 의미는 컸다.

해방으로 대한민국은 출범하였다. 의료는 한국이 생존하기 위해 가장 필요한 요소 중 하나였다. 정부가 법과 제도 그리고 방역에서 주도적 역할을 하였다면, 의료인으로 상징되는 민간은 연구와 교육 그리고 치료에서 새로운 기술과 지식을 수입하며 성장해나갔다. 그 성장의 결과 한국 현대의료의 기반이 조성되었다. 현대 한국을 규정할 구조가 조성된 것이었다.

그렇다면, 이 시기를 거치면서 무엇이 새로워졌고, 무엇이 지속되었는지 확인할 필요가 있다. 지우고자 했던 식민은 무엇이었고, 그럼에도 불구하고 지속된 식민의 잔재는 무엇이었는지 확인할 필요가 있다. 나아가 새롭게 형성된 의료체계의 내용을 검토하고 그 지향을 확인할 필요가 있다. 반복하면, 이때 형성된 의료체계가 이후 지속된 한국 의료의 기반으로 작용하였기 때문이다.

의료체계의 형성과 외국의 지원

1. 좌우 갈등과 사적 의료체계의 형성

해방은 분단과 함께 왔다. 분단은 지역뿐 아니라 이념을 분할하였다. 북한을 사회주의 국가인 소련이 점령하면서 그 지역에 좌파 이념이 구현되었다면, 남한에는 반대의 상황이 전개되었다. 하지만 처음부터 남북한에 특정한 하나의 이념만이 구현되었던 것은 아니다. 좌우파의 권력 투쟁은 분단국가가 확정되는 3년 동안 규모와 강도에서는 차이가 있었지만 지속적으로 전개되었다. 그 속에는 새로운 국가의 의료제도를 둘러싼 갈등과 대립도 내재되어 있었다.

식민지시기 한국에는 기본적으로 사적 의료제도가 구현되었다. 40개가 넘는 도립병원이 설립되었고 그 병원은 시료환자라는 이름 아래 무료 진료를 실시하기도 하였다. 하지만 병원은 환자의 진료비 수익에 의해 운영되었다. 식민지 말기에 이르면 그 경향은 더욱 강해졌다. 지속적인 증가는 아니었지만, 도립병원들은 1937년의 71.94%를 정점으로 70%에 가까운 수입을 진료비에서 충당하고 있었다. 시료환자 비중이 적어지는 경향과 함께 고려하면, 도립의원이 수익 경영을 하고 있었음은 분명했다.[1]

한국인 의사들도 수혜자 부담의 의료제도를 당연시하였다. 유의의 전통이 식민지시기 동안 잔존하기는 했지만, 그 대의에 동의하는 의사들의 수는 줄어들고 있었다. 의료의 상업화가 진전되면서 인술을 일종의 굴레로 치부하며 거기서 벗어나자고 제안하는 의사도 나타났다. 사회에서 인술이라는 미명 아래 "의술을 구속"하는 경우가 있으니 스스로 벗어나자는 제안이었다.[2] 이런 제안이 의료의 공공성이나 국가의 역할을 증대하라는 요구와 연결되기는 어려웠다.

식민권력 역시 방역체계에 방해가 되지 않는 범위 내에서 사적 의료의 성장을 용인하고 있었다. 그 예를 1919년 반포된 사립병원취체규칙의 내용에서 알 수 있다. 이 규칙은 사립병원 설립의 요건을 규정하고 있는데, 주요한 내용은 전염병실에 관련된 것이었다. 이 규칙에 따르면, 병원이라는 명칭을 사용하고 10명 이상의 환자나 전염병 환자를 수용하기 위해서는 규칙이 정한 전염환자 수용시설을 갖추어야 했다.[3] 민간을 병원 설립의 주체로 인정하되 허가라는 수단을 통해 방역체계를 유지하려 한 것이었다. 식민권력은 국가의 공공성을 진료가 아닌 방역 분야를 통해 관철하고자 하였다.

그러나 식민지시기를 거치면서 경제와 사회 전 분야에 국가의 개입 혹은 관리를 요구하는 목소리는 확산되어갔다. 1920년대 사회주의 사상의 수용은 중요한 계기였다. 일제는 1925년 치안유지법을 공포하면서 사회주의 운동을 탄압하였지만, 사회주의 사상은 민족해방의 이념으로 활용되면서 신국가 건설 구상에 영향을 미치고 있었다. 1941년 대한민국임시정부가 삼균주의, 즉 토지 및 대기업의 국유화를 건국방략으로 채택한 배경도 사회주의 이념의 확산과 무관하지 않다.[4] 사회주의가 생산수단의 국유를 통한 균등 사회를 지향했다고 할 때, 사회주의의 수용은 한국 사회 전반에 균등성을 확산시키는 계기였다. 공동의 자산 소유라는 관점에서 볼 때, 공공성에 대한 환기도 낳았다.

해방 후 정치세력의 의료에 대한 구상은 1947년에 발간된 『임시정부수립대강(臨時政府樹立大綱)』을 통해 알 수 있다. 미소공동위원회에 답신안으로 제출된 이 자료에는 당시 좌우파, 중간파 그리고 과도정부를 대표하는 단체의 임시정부 구상이 실려 있다.

좌파의 의견은 민전(民戰, 민주주의민족전선)의 제안을 통해 알 수 있다. 민전은 의료제도를 국립병원, 협동조합병원, 개인개업의 3종으로 구성하고자 하였다. 국립병원은 관립병원, 공립병원, 일본인이 소유했던 규모가 큰 병원이었고, 협동조합병원이란 국가의 원조 아래 협동조합 사업에 부속한 병원이었다. 좌파는 개인개업을 허용하였다. 다만 "도시집중을 방지하고 이를 균포(均布)하는 대책을 강구"해야 했다.[5] 사적 의료를 허용하되 장기적으로 균등한 배치를 지향한 것이었다.

좌파의 입장은 개인을 통해 보다 명료하게 제기되었다. 이부현(李富鉉)의 의견이 그것이다. 1934년에 경성제대를 졸업한 이부현은 "민중보건상 무엇이든 유익한 사업"을 목적으로 한 낙산(駱山)의학회에 참여한 바 있다.[6] 이부현은 1947년에 발표한 글을 통해 이상적인 의료제도에 대한 의견을 개진하였다. 그 의견에 따르면, 새로운 국가 건설과정에서 의료제도의 민주주의적인 개혁이 필요했다. 의료와 관련해서 민주주의는 국가가 책임지는 의료로 구체화되었다.

병든 인민들은 그 국가에 대하야 병을 곤치여 달랄 수 있는 것이며 국가는 그들이 아무 불안이 없이 충분한 의료를 받게 해야 할 것이다. 다시 말하면 한 나라의 인민은 빈부나 직업이나 계급의 차별이 없이 누구든지 충분히 의료를 받게 해야 할 뿐만 아니라 그 환자가 가족을 부양해야 할 사람일 때는 그가 다시 건강을 회복하야 자기의 의무를 다할 수 있을 때까지 그 가족의 생활까지도 국가가 보장해야 할 것이나 이 같은 제도가 곧 민주주의적인 의료제도가 될 것이다.[7]

이부현은 국가가 국민의 의료, 나아가 생활까지 보장하는 제도가 필요하다고 주장하였다. 그가 국가의 역할을 강조한 배경에는 의사들에 대한 불신이 있었다. 이부현이 판단하기에 한국의 의사들은 식민지시기를 거치면서 특권 세력으로 성장하였다.[8] 그들은 진료비가 없으면 치료를 거절하고, 환자의 경제상황에 무관하게 영리만 추구하고 있었다.[9] 그들에게 의료문제의 해결을 맡길 수는 없었다. 국가의 개입과 관리가 필요했다.

최응석(崔應錫) 역시 국가의 역할을 중시하였다. 1937년 도쿄제국대학 의학부를 졸업한 최응석은 해방 후 경성제대 의학부 교수로 활동하면서 '근로대중의 보건문제 해결', '과학적 산업의학이론 확립' 등을 목표로 설립된 조선산업의학회 조직에 참여한 바 있다.[10] 그는 사회의학의 영향 아래 식민지시기부터 좌파적 지향성을 보인 대표적인 인물이었다.

최응석은 궁극적으로는 의료국영화를 지향하였다. "의료제도는 전체적으로 국영화의 방향으로 지도하되 그 실질을 인민이 용이히 진료를 밧는 점에 두어야" 했다. 하지만 개인개업의의 폐지와 같은 급속한 변화는 피해야 했다. 그가 생각하는 의료국영화, 구체적으로 의료의 사회화는 점진적인 방향을 취하고 있었다.

의료의 사회화라는 것은 모든 개인병원을 폐쇄하고 모든 개인개업을 금지하는 것이 안이고 의료의 실질적 사회화 즉 모든 사람이 무료로 혹은 실질로 적당한 진료를 밧는 책임을 국가 혹은 인민 자신이 가지

는 것을 의미하는 것이다. 국영사업을 발전시킴으로써 영리적 개인개
업은 점진적으로 없어질 것이며 따라 국영병원, 공영병원에서 일정한
시간노동하는 의사의 귀택 후의 개업도 허가해야 될 것이며 일반 자유
개업의도 통제를 하면서 허가하야될 줄 안다.[11]

최응석에 따르면, 초기에는 개인개업뿐 아니라 국영이나 공영병원에 근
무하는 의사들의 퇴근 후 진료까지 허용해야 했다. 영리적 개인 진료활
동을 허용하되 국영병원의 확충 등을 통해 개인개업의가 차지하는 비중
을 줄이는 점진적 변화가 필요했다. 변화는 지역적 조건을 고려해야 했다.
도시의 경우 국영병원을 확충하는 동시에 적어도 1개 군에 하나씩 공의
제도를 대체하는 종합적 인민병원을 설립해야 했다. 농촌의 경우 국영병
원을 중심으로 하되 협동보험조합 형식의 촌락병원, 촌락진료소를 급속
히 확대 설립할 필요가 있었다.[12] 국영병원의 설립과 확충은 최응석의 핵
심적인 주장이었다.

좌파의 입장이 의료의 공공성을 최대한 강조하는 것이라면, 우파의 입
장은 상대적으로 점진적인 것이었다. 『임시정부수립대강』에 실린 임협(臨
協, 임시정부수립대책협의회)의 의견이 대표적이다. 임협 역시 의료기관의
확대를 주장하였다. 보건소를 1면에 1개씩 설치하고 도립병원의 하부 조
직을 군 단위까지 설립할 것을 주장하였다. 건강보험법의 실현과 자선의
료기관도 장려하였다. 궁극적으로 "의료기관은 장래 국가적 기획화를 목
표로 하야 점진적으로 추진"해야 했다.[13] 우파 역시 국가가 의료에 개입
할 필요가 있다고 인정하였다. 의료의 공공성을 인정한 것이었다. 다만,
이때 공공성이란 의료기관의 확대를 통해 구현될 수 있는 것이었다.

우파의 의견은 개인에게서도 확인된다. 미군정시기 보건후생부 부장으
로 활동한 이용설의 의견이 그것이다. 이용설은 좌파의 의료국영론을 시

〈그림 1〉 해방 후 세브란스의학전문학교 건물에 걸린 태극기와 미영중소 국기들(국사편찬위원회 소장)

기상조라고 비판하였다.[14] 그 근거는 의료시설이나 담당의사의 부족에 있
었다. 의사의 부족은 특히 심각했다. 설령 국가에서 의료시설을 확대하기
위해 각 면마다 종합병원을 하나씩 신설한다고 해도 파견할 의사가 없었
다. 이용설은 이상이 아닌 현실을 강조했다. "당분간 인재를 양성하고 시
설을 증가하야 후일을 기할 수밖에 없"었다. 구체적으로 당시 존재하고
있던 도립이나 시립병원을 합리적으로 운영하는 동시에 종합병원의 신설
과 전문의 양성을 도모해야 했다.

이용설이 기존의 제도에 대해 무조건적인 지지를 보낸 것은 아니었다.
그는 개인개업의 제도에 대해 비판적이었다. "우리 의학계 발전에 큰 암초
는 설비 불완전한 개인병원의 난립"이었다. 소규모의 개인병원은 적절한
치료를 제공하기 어려웠고, 환자에게 주는 경제적 부담도 컸다. 교정이 필
요했다. 그 방법 역시 병원의 설립이었다. 이용설은 민간 종합병원의 증설
을 통해 문제를 해결하자고 주장하였다. 환자의 역할은 증설된 종합병원

의 이용이었다.[15]

이용설은 민간을 의료의 공급과 소비의 주체로 규정하고 그 주체의 역할 증대를 통해 의료문제를 해결하자고 주장하였다. 의료제도의 개혁보다 의료공급의 양적 증가를 주장한 것이다. 이 주장은 식민지시기 구현된 의료 현실을 반영하고 있었다. 해방을 변화의 계기로 삼지 않은 보수적 의견이었다.

그러나 이용설이 미군정시기 보건의료기구의 책임자로 활동한 점을 고려하면, 사적 의료는 대한민국의 제도로 현실화될 가능성이 높았다. 나아가 남한을 통치하고 있던 미군정이 강제적이고 혁명적인 변화에 동의하지 않고 있었다.[16] 의료의 공공성이 좌우파 단체에 의해 당위적인 차원에서 제기되었다면, 사적 의료는 현실적으로 기능하는 의료제도일 뿐 아니라 현실 권력을 통해 강화될 가능성이 높은 제도였다.

중요한 점은 우파가 주장한 사적 의료체계가 한국에 수립되는 가운데 의료의 공공성이라는 지향을 놓치지 않는 의료계의 흐름이 있었다는 것이다. 식민지시기 실비병원에 이어 민중병원을 설립한 유석창(劉錫昶), 개인이 설립한 사립병원을 재단법인화한 백인제(白麟濟) 등이다. 이들은 좌파가 주장한 국영 중심의 의료제도에 동의하지 않았다. 백인제는 사회주의 제도를 혐오하였다.[17] 하지만 그들은 사적 이익만을 추구하는 의료제도에도 동의하지 않았다. 개업의제도에 비판적이기는 이용설도 마찬가지였다.

대한민국의 의료는 사적 의료제도를 기반으로 형성되었다. 이용설이 비판했던 개인주의적 개업 문화는 수정되지 않았다. 사적 경향은 더 강화되었다. 하지만 한국에는 식민지시기를 거치면서 좌우의 이분법적 구분으로 포괄하기 어려운 중간지대가 만들어지고 있었다. 그 지대는 이용설에 의해 소극적으로, 백인제와 유석창에 의해 적극적으로 강조된 공간이었다. 그 중간지대는 해방 후 한국의 의료제도가 성장해나가는 데 균형추 역할을 할 수 있었다. 문제는 그 역할이 개인 차원을 넘어서지 못했다는 것이다. 사적 의료제도 아래에서 조직적인 힘은 쉽게 만들어지지 않았다.

2. 보건후생부의 설립과 위생경찰제의 폐지

식민지시기 의료제도의 가장 큰 특징은 위생행정을 경찰이 장악한 데 있었다. 위생경찰제도가 실시된 것이었다. 위생경찰제도는 식민권력이 아니라 조선정부에 의해 먼저 시작되었다. 갑오개혁시기에 위생국과 경무청이 설치되면서 위생경찰이 제도화되었던 것이다.[18] 비록 19세기 말에 시작되었지만 위생경찰제도는 식민지시기를 거치면서 강화되었다. 단속 위주의 방역 활동이 전개되었고, 민간의 개입 여지는 축소되었다. 경찰이 위생행정을 주도하면서 한국인들에게 위생은 건강과 보호가 아니라 강압과 통제의 상징으로 인식되어갔다.[19]

미군이 한반도 남부를 통치하기 시작하면서 의료 분야에서 처음 실시한 시책은 위생경찰제도의 폐지였다. 미군정은 1945년 9월 '위생국 설치에 관한 건'을 반포하여 그동안 위생행정을 관할하던 경무국 위생과를 폐지하고 위생국을 설치하였다. 미국의 입장에서 보았을 때 보건은 경찰이 담당할 분야도 아니었고 경찰의 관할 하에 충분히 발전할 수 있는 분야도 아니었다.[20] 경찰이 담당할 수 있는 보건 분야는 조사나 면허 발급 정도에 불과했다.[21]

그 후 위생국은 10월 설립된 보건후생국에 흡수되었다. 위생이라는 용어가 새롭게 진행될 사업을 포괄하지 못한다는 문제의식에서 퍼블릭 헬

〈그림 2〉 보건후생부에서 발행한 홍보용 포스터(국립민속박물관 소장)

스(public health)라는 명칭을 보건으로 번역하여 사용한 데 이어,[22] 후생으로 번역된 웰페어(welfare)라는 개념이 추가되면서 명칭이 바뀐 것이었다.[23] 보건이 "우리의 건강을 보지(保持)하며 나아가서는 향상증진"시키는 일이라면, 후생은 "우리 사회에 한사람이라도 헐벗고 굶주리고 노숙하는 이가 없도록 하는 행정"을 의미했다.[24] 후생은 지금의 복지를 의미했다.

보건이라는 용어는 식민지시기 의료가 치료의학에 집중되었음을 비판하며 예방의학과 사회의학을 강조하는 방식으로 활용되었다. "공중보건(혹은 국민보건)이라고 함은 예방의학에 입각한 사회의학"을 기반으로 하고 있었다. 따라서 의사와 간호사 못지않게 보건의, 보건부, 위생검찰원 및 시험실원 등 보건을 실천할 수 있는 의료인의 양성이 필요했다.[25] 보건문제가 "의사와 약품으로 해결될 성질의 것이 아니라는 것은 상식"이었다.[26]

위생국의 독립과 보건후생국으로의 전환은 식민지시기에 비해 의료의 위상이 높아진 것이라 평가할 수 있었다. "미군정당국이 군정장관 직하에 위생국을 두었던 것은 당시의 남한의 위생문제에 깊은 관심을 가지고 있었음을 나타내는 것"이라는 평가도 가능했다. 1947년 위생국은 1만 명 이상의 직원을 보유하고 있던 체신부와 운수부를 제외하면 968명으로 수위를 차지하고 있었다. 그 다음은 830명인 서무부, 704명인 경무부 순 이었다.[27] 남한이 자신들에게 낯선 지역이었던 만큼 그 지역을 통치해야 하는 미국의 입장에서 의료문제는 중요할 수밖에 없었다.

나아가 미군정은 보건 분야의 강화를 위해 한국인 의사의 미국 연수 를 추진하였다. 미국의 공중보건제도를 공부함으로써 보건후생으로 상징 되는 새로운 의료제도를 수립하는 데 도움을 주고자 한 것이었다. 한국 인 의사들의 잠재적 요구도 있었다. 보건후생부에 초기부터 참여했던 의 사의 회고이다.

나는 맥도널드에게 미국에 가서 보건학을 공부하고 왔으면 좋겠다는 말을 했다. 당시 과로로 지쳐 있기도 했지만, 일을 하다 보니 보건행정 역시 특수한 부문이라 기초 지식이 필요하다고 느꼈기 때문이다.[28]

여기서 맥도널드(Glen McDonald)는 미군정 보건행정 책임자였고, 회고 한 의사는 미군을 도와 보건후생부 행정을 돕던 최제창(崔濟昌)이었다. 1945년 11월 최제창을 포함한 10명의 의사들은 미국의 유명 보건대학원 으로 연수를 떠났고, 귀국 후 의정, 방역, 통계, 지방행정 분야에서 활동 하였다. 해방 후 한국 의료제도의 새로운 구축에 중요한 역할을 수행한 것이었다.[29]

미군정은 보건후생국의 설치, 의사의 미국 파견 등 새로운 변화를 시 도하였지만 실질적인 활동은 하기 힘들었다. 1947년도 예산을 보면 그 이유를 알 수 있다. 보건후생부의 총 예산 632,661,000원 중에서 구호비

210,400,000원, 남하동포 구제대책비 3억 원을 제외하면 순수 의료행정에 사용된 금액은 122,261,000원이었다. 전체 보건후생부 예산 중 19.3%, 미군정청 전체 예산 중 0.7%에 해당하는 금액이었다. "주한미군정청은 예산규모면에서 보건의료에 대하여 극히 적은 정책비중을 두고 있었다."는 평가가 가능하다.[30] 실상은 재정에 더 정확히 반영되었을 가능성이 높다.

경찰로부터 위생행정을 이관 받는 일도 쉽지 않았다. 경찰은 행정의 중심에 있었고, 관련 법률은 복잡했다. 경찰은 전염병이 발생했을 때 처음 통보받는 대상이었고, 방역을 처음 시행하는 주체였다. 방역 보고는 경찰 조직을 통해 이루어졌다. 경찰은 법률 집행자이자, 위생 감독자였으며, 건강정보 제공자였다. 이런 일을 하고 있던 경찰에게서 위생집행권을 박탈하자 일부 지역에서는 경찰들이 업무를 거부하거나 건강정보를 제공하지 않았다.

행정상의 혼란도 이어졌다. 보건과 관련된 업무가 경찰법에 다양한 형태로 규정되어 있었기 때문이다. 매춘부들의 성병 검진, 식품 위생, 공중목욕탕 관리 같은 업무는 계속 경찰 업무로 남아 있었던 데 반해 수역은 농무부, 통계는 법무부, 약품은 상무부로 이관해야 했다. 나아가 그 이관도 어려움을 겪고 있었다.[31] 위생검사는 보건 업무 중에서 가장 중요한 활동임에도 불구하고 보건부가 아닌 경찰이나 다른 부서가 담당하고 있었다.[32] 위생을 담당하던 경찰의 업무가 내무부에서 보건사회부로 인계된 시기는 1960년대 초반이었다.[33] 식민지 유산의 극복은 시간을 필요로 했다.

그러나 미군정의 입장에서는 한국에 효과적인 보건조직을 수립하고 떠날 수 있다는 점이 중요했다. 뼈대를 갖춘다면, 살은 나중에 입혀도 되었다.[34] 새롭게 육성될 한국인 인력이 그 살이 될 수 있었다. 미군정이 집권 초창기에 공중보건의사 육성을 위해 한국인 의사의 미국 유학을 추진한 배경이었다.

그러나 1948년 대한민국 정부가 수립되면서 보건후생부는 독립된 조직이 아니라 사회부 내의 하나의 국으로 편입되었다. 이런 축소의 가장 큰이유는 열악한 재정 상황에 있었다. 1949-50년 보건부의 재정이 국가 전체 예산에서 차지하는 비율은 1~1.3%에 불과했다.[35] 1949년 보건국은 보건행정의 독립을 원하는 의료단체의 요청으로 독립된 행정 부서인 보건부로 재탄생했고, 1955년 국회에서 보건부와 사회부의 통합론이 대두된결과 보건사회부로 개칭되었다.[36] 문제는 예산이었다. 예산이 확보되지 않는 한 규모의 변화가 가지는 의미는 제한적일 수밖에 없었다.

3. 국민의료법의 제정과 의료인 자격 인정[37]

해방 후 정치적 혼란이 지속되면서 1944년 제정된 조선의료령이 계속 활용되는 상황이 전개되고 있었다. 조선의료령이란 기존에 활용되던 의료 관련 규칙, 즉 의사규칙, 치과의사규칙, 의생규칙 등을 통합한 것으로 목적은 "국민의료의 적정을 기하고 국민체력의 향상을 도모하는 것"에 있었다.[38] 당시 의료를 담당하던 경무국장은 "대동아전쟁의 목적 완수를 위해 심신이 모두 건강하여 대동아공영권 내의 어느 지역에서도 건투 웅비할 수 있는 불요불굴의 국민을 다수 보지하는 것이 절대 필요"하며, 조선의료령이 그 목적 달성을 위해 제정되었다고 밝혔다.[39] 1937년 중일전쟁, 1941년 태평양전쟁 등 전쟁의 규모가 확대되면서 의료는 전방뿐 아니라후방 인력의 건강까지 보호하고 육성해야 했다. 한마디로 조선의료령은전시체제라는 특수한 상황에서 의료인을 국가가 자의적으로 동원, 활용할 수 있는 법적 근거를 마련하기 위해 제정된 것이었다.

해방이 되고 새로운 정부가 수립된 상황에서 특수 시기에 제정된 조선의료령을 계속 활용하는 것은 적절하지 않았다. 대한의학협회 회장이었던 윤일선(尹日善)의 언급처럼, "보건행정의 헌장"이라고 할 수 있는 의료법이 대한민국 정부가 수립된 이후에도 제정되지 못하고 "왜정시대의 의료령을 상금준용하고 있다는 것은 위신상으로나 실무운영으로나 도저히 묵과할 수 없"는 일이었다.

서양의사들의 단체인 대한의학협회는 독자적인 의사법을 기초하여 정부에 건의하였다. 그 내용은 "의사가 아니면 의료행위를 할 수 없"다는 조항이 상징하듯이 서양의사들이 주도하는 새로운 의료체계를 수립하자는 것이었다. 식민지시기부터 의료행위를 해오던 주체들, 예를 들면, 한의사, 한지의사 등에 대해서는 신규 면허 부여를 금지할 것을 요청하였다. 다만 이미 면허를 가지고 있는 의료인의 경우에는 면허를 갱신하고 별도의 명부에 등록해야 했다.[40] 식민권력이 한의사를 의생이라는 이름으로 별도 등록한 후 원칙적으로 신규 면허 부여를 제한하던 방식과 유사한 내용이었다. 하지만 대한의학협회의 요구는 국민의료법에 반영될 수 없었다. 당시 한국의 의료 현황은 서양의학의 일방적인 요구를 수용할 수 없었다.

1951년 9월 제정된 국민의료법은 "국민의 보건향상과 국민의료의 적정"을 목표로 설정하였다.[41] 이 목표는 의료의 질과 양을 동시에 상승 확장시키고자 하는 의도와 연결되어 있었다. 그 의도를 현실화시키기 위해서는 재정적 지원이 필요했다. 하지만 1951년은 한국전쟁이 진행되는 와중이었다. 인명이 살상되고 기반시설이 파괴되는 전쟁 와중에 의료를 위한 충분한 재정 지원은 실현 불가능했다. 국민의료법은 현실에서 가능한 수단을 통해 목표와 현실 사이의 간극을 메우고자 하였다. 의료인의 자격 강화가 의료의 질을 상승시키는 수단이었다면, 국가의 의료행위 개입과 한의학 인정은 의료의 양을 확장시키려는 목적에서 이루어졌다.

우선 국민의료법은 보건 향상과 관련하여 목적을 실현할 주체로 3종의 의료인을 규정하였다. 제1종인 의사와 치과의사, 제2종인 한의사, 제3종인 보건원, 조산원, 간호원이었다. 의료인의 자격은 식민지시기에 비해 상향되었다. 식민지시기에는 일정한 교육을 받거나 시험에 합격하는 방법 중 하나만 있어도 의료인으로 인정받을 수 있었다. 총독부가 인정하는 학교를 졸업하거나, 총독부가 실시하는 자격시험에 합격하면 의료인이 될 수 있었던 것이다.

그러나 국민의료법은 의사, 치과의사 또는 한의사가 되고자 하는 자의 자격과 관련하여 아래와 같이 규정하였다.

> 문교부장관이 인가한 의학·치과의학 또는 한의학을 전공하는 대학을 졸업한 자나 주무부장관이 시행하는 검정시험에 의하여 전기 학교를 졸업한 자와 동등의 학력이 있다는 인정을 받은 자로서 의사·치과의사 또는 한의사의 국가시험에 합격한 자

국민의료법은 의료 관련 대학을 졸업하거나 동등한 학력을 인정받은 사람 중에서 국가시험을 통과한 자만을 의사, 치과의사 또는 한의사로 인정하였다. 시험은 의학생들의 학습을 강화하기 위한 수단이었다. 시험을 강제하지 않았던 식민지시기에는 질 낮은 의사가 배출되는 폐단이 있었다. 당시 총독부가 인정한 의학교에 입학할 경우 학교를 졸업만 해도 의사면허를 받을 수 있었다. 그 결과 의학교 입학 후 "공부하지 않고 그냥 지나 가지고 나서 개업을 한 그런 사람들도 의사 가운데에 우리가 얼마든지 볼 수 있"었다. 충분한 학습을 거치지 않은 의사들이 진료를 하고 있다는 것이었다. 시험제도가 마련될 경우 학생들은 국가시험 통과를

위해 공부를 하지 않을 수 없었다.[42] 국민의료법의 통과를 계기로 대한민국에서 의료인이 되기 위해서는 반드시 시험이라는 과정을 통과해야 했다.

의료인의 자격 강화는 식민지시기 의료공급의 확대를 위해 시행되었던 한지의사, 한지치과의사, 한지의생의 자격시험 폐지로 나아갔다. 한지 의료인은 명칭이 말해주듯이 식민지시기 약간의 의료기술을 가진 사람이 해당 시험에 합격한 후 3년 기한으로 무의지역에 배치되어 의료행위를 하는 경우를 지칭하였다. 기한이 경과하면 면허는 갱신되었고, 진료지역은 무의면에 한해 이동이 가능하였다.[43] 하지만 국민의료법은 한지 의료인의 신규 허가를 금지하였다. 의료인의 자격을 강화하려는 목적이었다.

문제는 자격 강화가 가지는 역효과였다. 자격 강화가 의료의 질을 향상시키기 위해 필요한 조치였다고 하지만, 그 원칙을 고수할 경우 의료인 부족이라는 현실적 곤란을 해결할 수 없었다. 더구나 당시는 한국전쟁의 발발과 지속으로 의료인의 절대수가 부족한 상황이었다. "전쟁으로 인한 의료시설의 복구와 전재동포에 대한 의료대책이 시급"한 상황이었다.[44] 의사 중 47%, 치과의사 중 45%, 간호사와 산파 중 50%, 약사 중 40%가 실종 사망하거나 납북되었다는 평가가 있을 정도였다.[45] 정부로서는 최소한의 의료공급은 보장해야 했다. 국민의료법은 그 현실을 인정하는 조항 역시 가지고 있었다. 정부에 의한 의료행위 개입 허용과 한의사 등 기존 의료인의 활용이었다. 그 과정에서 식민지시기 의료법의 내용은 재활용되었다.

우선 강제적인 진료 지정이 가능했다. 국민의료법에 따르면, 주무부 장관이 국민보건의 향상을 위해 필요하다고 인정하는 때는 의료업자를 2년 이하의 기간을 정하여 지정한 장소에서 지정한 업무에 종사하게 할 수 있었다. 조선의료령 29조의 내용을 복제한 것이었다. 내용은 조선총독이 의료관계자가 되려는 자에게 2년 이내를 기한으로 지정하는 업무에 종사하도록 명령할 수 있다는 것이었다. 전쟁 승리를 위해 국가가 의료인을 활용할 수 있도록 규정해놓았던 것이다. 그 규정을 국민의료법은 그대로 복제하였다.

논란은 뒤따랐다. 민주주의를 표방하는 국가에서 의사에 대한 통제는 있을 수 없다는 반대 의견이 있었다. 반대론자의 입장에서 볼 때 이 조항은 전시 비상시에 국가가 총동원령을 내릴 때 제정할 수 있는 것이었다. 평상시를 규정하는 법령의 내용으로는 걸맞지 않았다. "민주주의국가 법령으로 대단히 모순되는 일"이었다.[46] 하지만 서양의사의 도시 집중으로 무의촌문제를 해결할 다른 방법이 없다는 반대 의견도 제시되었다. 표결 결과 관리규정은 통과되었다.[47] 다만, 의료인의 봉급이나 기타 보수에 대해서도 주무부 장관이 명령을 발하여 처분할 수 있도록 한 조문은 삭제되었다.[48] 의료 활동을 과도하게 간섭한다는 반대 의견이 채택된 것이었다.

공의 배치도 가능했다. 지방의 의료시설 또는 무의촌에 의료를 공급하기 위하여 필요한 때는 주무부 장관이 의사의 자격을 가진 자로서 공의를 지방에 배치할 수 있었다. 공의는 배치된 지방에서 의원을 개설하되 국가가 지정하는 업무, 예를 들면, 전염병의 예방과 치료, 국민보건의 증진과 환경위생의 개선, 지방풍토병 조사와 박멸, 법의학, 기타 지방행정의 장이 지시한 사무를 담당해야 했다. 대신 정부는 공의에게 일정한 수당을 지급했다. 식민지시기 공의제도를 그대로 활용한 것이었다.

다른 규정 몇 가지도 식민지시기 의료령의 규정을 그대로 활용하였다. 국민의료법은 19조에서 주무부 장관은 의료인에 대하여 의료보건시책상 필요한 지도 또는 명령을 할 수 있다고 규정하였다. 20조에서는 주무부 장관은 의료인에 대하여 기술에 필요한 강습 또는 연구를 명할 수 있다고 규정하였다. 각각 조선의료령 30조의 조선총독은 의료관계자에게 필요한 지시를 할 수 있다, 31조의 조선총독은 의료관계자에게 필요한 사항의 수련을 하게 할 수 있다와 유사한 내용이었다. 의료의 자율성보다 국가의 필요성을 앞세운 규정들이었다.

한지 의료인에 대한 과도기적 활용 역시 부족한 의료인력을 확보하고자 한 국가의 의도와 부합하는 조치였다. 한지 의료인들은 정규 의료인에 의해 동등한 자격을 인정받지 못하고 있었다. 해방 후 정부가 한지의사를 단기 강습과 자격시험을 거쳐 정식 의사로 인정하려 하자 서양의사들은 법적 국가에서 용인할 수 없는 위헌행위라고 비판하였다.[49] 그들의 입장에서 볼 때 한지의사들은 용인할 수 있는 대상이 아니었다. 한지의사란 "대개는 병원에서 그냥 조수로 있든 사람"으로 "산촌에서 의사가 필요하니까 너는 다른 지방에는 가지 못하고 이 지방에서 개업하라."고 한 의료인들이었다. 정식 의사의 역할을 감당할 수 없었다.[50] 서양의사들은 의료인의 확대를 원하는 국가의 의도를 한지 의료인들의 실력 미비라는 차원에서 비판하였다.

마찬가지 논리로 일정한 기간 동안 진료에 종사한 한지 의료인에게 정식 면허를 부여하려는 시도 역시 좌절되었다. 국민의료법 원안에는 한지 의료인에 대한 면허 부여 조항이 규정되어 있었다.

> 종래에 규정된 한지 의료업자, 즉 한지 의사, 한지 치과의사 및 한지 의생은 자격 면허를 취득한 날로부터 만 10년을 경과한 자에 대하야는 주무부 장관은 그 면허증을 당해 정규 의료업자 면허증으로 교환하여 준다.[51]

10년이 경과한 한지 의료인에게 정식 면허를 부여한다는 내용이었다.

지지 의견도 있었다. 비록 의과대학에서 교수하는 기초 분야의 지식이 부족할지는 모르지만 실제 진료경험이 풍부하고, 따라서 한지 의료인이 지방 의과대학 졸업자보다 우수할 수 있다는 의견이었다.[52] 하지만 의료인의 자격 강화를 위해 졸업 후 시험 부여까지 결정된 상황에서 기존 의료인, 그것도 정식 의료인이 아닌 한지 의료인을 승격시키자는 제안에 비판 의견이 나오는 것은 당연했다. "우리 민족 전체의 실력이나 혹은 능률을 향상시키는 점으로 보아서도 장려하지 못할 정책"이라는 비판이었다.[53]

그러나 한지 의료인을 활용하자는 제안은 관철되었다. 국민의료법은 부칙 6조에 본법 시행 전 취득한 의료업자면허증은 본법에 의하여 취득한 것으로 간주한다고 규정하였다. 한지 의료인들의 자격을 그대로 인정한 것이었다. 다만 시험 폐지를 통해 신규 배출을 금지함으로써 한지 의료인들을 과도기적으로 활용하려는 의도를 분명히 하였다.

의료인을 확대하는 방법으로 국민의료법은 시험을 통한 의료인 자격 부여도 허용하였다. 검정시험 합격자로서 의사, 치과의사 또는 한의사의 국가시험에 합격한 자는 자격을 인정받았다. 이 규정의 채택 여부를 둘러싸고 국회에서 논쟁이 벌어진 것은 당연했다. 의료인의 자격을 강화하기 위해 면허 부여에 대학 졸업과 국가시험이라는 두 가지 요건을 요구했는데, 이 취지와 배치되기 때문이었다.

반대론자의 입장에서 볼 때 의료는 암기로 성취할 수 있는 대상이 아니었다. "의학이라는 것은 절대로 의서에 있는 것을 외여 가지고서 의사가 되는 것이 절대로 아"니었다. 따라서 원칙적으로 의과대학을 졸업하지 않은 사람에게 의과대학 졸업자와 같은 자격을 준다는 것은 불가능했다.[54] 반대 의견도 있었다. 시험 수준을 강화함으로써 문제를 해결하자는 의견이었다. "국가시험에 응시할 수 있는 자격시험에 있어서 부담을 강하게 하고 실제 실현 면에 있어서 치중을 하는 이런 방침을 두는 것"이었다. 의학지식뿐 아니라 진료기술도 검증할 수 있는 시험문제를 출제하자는 제안이었다. 그런 방침이 "현재 우리 실정에 맞"았다.[55] 시험을 통한 의료인의 배출은 의료공급을 확대할 수 있는 유력한 방법 중 하나였다.

의료인력의 공급을 확대하려는 노력은 한의사의 인정으로도 나타났다. 그 인정 여부는 국민의료법이 제정되는 과정에서 가장 치열한 논쟁의 대상이 되었다. 한의사를 폐지하자는 주장과 한의학을 인정하고 유지하자는 주장은 타협을 이루지 못한 채 충돌하였다.

한의사들은 해방을 한의학 재건과 발전을 위한 기회로 활용하고자 하였다. 식민지시기 한의사는 의생이라는 이름으로 불렸는데, 그 이름은 한의사들에게 모욕적이었다. "학생이니 문하생이니 공부생(工夫生)이니 하는 다시 말하면 아직 사회인이 되지 못하고 있다는 의미의 생자(生字)"를 사용하였기 때문이다.[56] 한의사들은 해방으로 마련된 새로운 공간에서 자신의 역할에 걸맞은 이름을 찾고자 하였다. 식민지시기 서양의학에 비해 낮게 설정된 한의학의 위상을 높이고자 하였다.

그러나 해방 후 한의학이 맞이한 환경은 호의적이지 않았다. 해방 후 한반도의 남쪽을 통치하기 시작한 미군정은 한의학을 긍정적으로 평가하지 않았고, 대한민국 정부 역시 마찬가지였다. 대한민국 정부는 출범과 동시에 사회부 보건국 산하에 한방과를 설치하였는데, 1949년 사회부 보건국이 보건부로 독립, 승격되는 과정에서 한방과는 한방계로 지위가 강등되었다. 같은 해 한의학 말살운동, 한의제도 폐지 결의와 같은 움직임도 나타나고 있었다.[57] 해방은 한의사들에게 유리한 환경을 마련해주고 있지 않았다.

한의사에게 안정적인 지위는 1951년 국민의료법을 통해 마련되었다. 하지만 그 과정은 순탄하지 않았다. 한의학에 부정적인 의견을 가진 국회의원들은 한의학의 비과학성을 집중적으로 거론하였다.

<그림 3> 1950년대 세브란스의과대학 해부학 실습(연세의대 동은의학박물관 소장)

한방의사 백 명을 갖다 놓고 의학교 학생이 알 심장의 혈액 순환 회수를 똑똑히 알만한 사람은 하나도 없어요. 또 혈액의 성분이 무엇인지 이 앞에 나와서 설명할 분이 한 분도 없어요.… 현대과학으로 볼 때에는 너무나 비과학적인 것이 많습니다.… 좋은 것이 있지마는 한방의를 발전시킬려면 과학적으로 체계를 만들어놔야 되겠다. 그렇지 않고 현대과학화를 만들지 않고 그대로 좋다고만 하면 좋아지겠읍니까 절대로 좋아질 수가 없읍니다.[58]

한의학은 서양의학의 발전을 통해 성취한 성과, 예를 들면, 혈액의 순환이나 성분 등에 대한 이해가 없는 비과학적 의학이라는 주장이었다. 한의학 인정은 세계적인 의학의 발전 추세와 부합하지 않는다는 주장이었다.

반대 의견도 있었다. 한의학은 수천 년의 유구한 역사를 가진 민족문화였다. 민족문화를 발전·향상시키기 위해서는 한의학 관련 규정을 법안으로 만들지 않으면 안 되었다. 민족문화의 하나로 한의학을 보존할 필요가 있다는 주장이었다. 식민지시기 동안 탄압받았다는 사실 역시 한의학 재건의 중요한 명분이었다. "왜놈들이 만들어논 이것 그냥 둔다는 것은 우리가 직접 경험하는 한의사를 모독하는 것"이었다.[59] 하지만 무엇보다 한의학이 인정받아야 하는 이유는 부족한 의료시설에 있었다.

> 그 정도에 이르는 우리네가 의료시설을 가지고서 국민의 보건을 확보 할려고 할 것 같으면 의사 하나가 삼천 명씩 부담한다고 할지라도 오 히려 그 자기의 역할을 하는 데에 있어 가지고 시간의 부족을 느끼게 될 것입니다. 이와 같이 생각해본다고 할 것 같으면 한방의를 당분간 조치하지 않으면 안되겠다고 하는 것을 생각하지 않을 도리가 없(습니 다).[60]

서양의사와 달리 전국적으로 균등하게 분포되어 있던 한의사는 농어촌 주민들에게 주요한 의료공급원이었다. 국민의료법이 논의되던 1951년 현재 서양의사와 한의사는 각각 5,082명, 1,566명이 활동하고 있었다. 1949년 남한 인구가 2천만 명이 약간 넘었다고 할 때 의료인 1인당 3천 명이 넘는 국민을 담당한 셈이었다. 더 큰 문제는 도시 집중이었다. 서양의사 중 서울에 거주하는 숫자가 2,309명으로 전체에서 45%를 차지하고 있었다. 부산, 대구 등 대도시에서 활동하는 숫자를 합쳤을 때 그 비중은 더 높아질 수밖에 없었다. "모든 의사가 대부분이 도시에 집중하고 농촌, 어촌 이런 등지에는 거의 없다싶이 한 이런 실정"이었다.[61] 농촌은 의료의 소외지역일 수밖에 없었다.

그러나 한의사는 달랐다. 한의사 중 서울에서 활동하는 숫자는 한지한

의사 37명을 합쳐도 120명에 불과했다. 7%의 비중이었다. 지방에 오히려 더 많은 한의사들이 활동하고 있었다. 경북은 217명, 경남은 339명이었다.[62] 도시와 농어촌에 고르게 분포되어 있었고, 따라서 한의사는 상대적으로 지방민들에게 접근이 쉬운 의료인이었다. 이런 상황에서 한의학이 폐지된다면 지방, 특히 농어촌지역에 의료의 공백이 나타날 가능성은 높았다. 결국 제2대 국회는 1951년 의사와 치과의사를 제1종, 한의사를 제2종, 보건원, 조산원, 간호원을 제3종 의료업자로 인정하는 국민의료법을 통과시켰다.

한의학이 국민의료법에 의해 인정을 받음에 따라 한국은 이원적인 의료체계를 가지게 되었다. 대한민국 국민들은 한의학을 대체보완의학이 아닌 정규 의학 중 하나로 소비하게 되었다. 일종의 이류 의학으로 간주되던 식민지시기와 달리 한의학은 조선시기의 전통의학에 걸맞은 위상을 부여받게 되었다. 하지만 이론적으로 과학성에 대한 비판이 지속되는 상황, 현실적으로 의료인력이 확충되면서 초기에 부족했던 의료공급의 문제가 해결되는 상황은 한의학에게 일종의 위기를 낳을 수 있었다. 국민의료법 이후 한의학의 과제는 그 상황에 어떻게 대처하느냐에 있었다. 그 대처는 대체로 과학화의 방향을 둘러싸고 진행되었다.[63]

4. 전재동포의 귀환과 급성전염병 유행

미군정의 입장에서 볼 때 전염병은 두려움의 대상이었다. 한국에는 겨울 동안 발진티푸스, 여름에는 장내 질환과 말라리아가 문제가 되었으며, 분뇨를 비료로 사용하는 까닭에 기생충 질환이 만연할 가능성이 있었다. 두창 예방접종은 예상보다 충분히 이루어지지 않고 있었고, 성병에 대한 경계가 필요했으며, 일본뇌염에 대해서는 아무런 정보가 없었다.[64] 일본인이 떠난 한국에는 보건을 담당할 의료인도 적었을 뿐 아니라 보건이라는 개념 자체가 존재하지 않았다. 보건상태로 볼 때 남한은 무질서 그 자체였다.[65]

1944년 남한 전체의 인구는 16,203,910명이었는데, 1949년 인구는 20,188,641명이었다. 5년 사이에 3,984,740명이 증가해 있었다. 24% 증가였다. 북한에서 남하한 사람들, 외국에서 귀환한 사람들이 증가의 원인이었다. 미군정은 중국과 일본에서 귀환하는 동포들이 전염병을 전파할 가능성이 있다고 우려하고 있었다. 보건후생부 관계자도 미군정이 맞이한 가장 시급한 문제 중 하나가 38선과 부산항 및 인천항에 대한 방역이라고 말할 정도였다.[66] 서울과 경기도 지역은 특히 주의가 필요했다. 각각 28.2%, 39.5%로 높은 인구증가율을 보였기 때문이다.[67]

방역을 위해 필요한 조치는 검역이었다. 해방 후 처음 방역소가 설치되어 검역이 이루어진 장소는 부산과 인천이었다.[68] 이후 목포, 군산에 검역소가 설치되고 방역이 시작되었다. 선박의 경우 도착 전에 선원과 승객 모두 두창, 콜레라, 장티푸스 예방주사를 맞았고, 전염병 환자가 있을 경우 격리되었다. 하지만 검역 인력은 부족했고, 규정은 느슨하게 적용되고 있었다. 검역 인원의 부족으로 검역소에 의대생들이 파견되기도 하였다.[69]

방역 경계가 이루어지는 가운데 1946년 5월 부산에서 첫 콜레라 환자가 발생하였다.[70] 중국에서 온 귀환동포 운송선에 콜레라 환자가 타고 있었기 때문으로 추정되었다. 콜레라 유행 지역이던 중국 광동성으로부터 귀환동포를 싣고 온 미국선박 V.O. 36호가 지목되었다.[71] 부산항의 검역이 상대적으로 철저하지 못한 데서 콜레라가 발생하였다고 판단한 미군정은 이후 중국에서 오는 귀국선을 인천으로 회항하게 하는 조치를 취했다.[72]

그러나 6월에는 전국적인 홍수로 인해 콜레라가 확산되었고, 7월에 최고점에 달했다. 방역을 위한 예방접종은 1946년 6월부터 시작되었으며, 8월에 이르러 "남한에 있는 거의 모든 사람들이 콜레라 백신을 맞았다." 미군정은 오염된 지표수, 장례식에서 오염된 음식을 먹는 풍습이 콜레라 확산의 원인이라고 지목하였다. 다른 원인은 의사 부족이었다. 적절한 검사와 격리가 어려웠다. 병원 시설도 부족했기 때문에 대부분의 환자들은 치료를 거의 받지 못했다.[73] 당시 방역에 참여한 의사는 의료진이 치료를 위해 사용할 수 있는 방법이 거의 없었다고 회고하였다.

> 그 당시는 콜레라 환자의 치사율이 거의 100%였는데, 그렇게 높았던 이유는 당시 치료에 필수적인 수액제가 병원에 하나도 없었기 때문이었다. 그 밖의 약품들도 거의 바닥나 있었는데, 입으로 먹는 약들은 아무리 많이 있어도 계속 토하는 콜레라 환자에게는 무용지물이었다. 따라서 우리는 환자를 치료하기는커녕 용태만 파악하고 크레졸(cresol) 소독수에 손을 자주 씻는 사람들이 되고 말았다.[74]

결국 콜레라로 인해 1946년에만 15,748명의 환자, 10,191명의 사망자가 발생하였다. 치명률은 64%였다.[75] "허술한 검역망 때문에 (생긴) 엄청난 참사"였다.[76] 각 지역별 발생 환자 수와 사망자 수는 아래와 같았다.

〈표 1〉 콜레라 환자 발생 수(1946년 5–11월)

	서울	경기	충북	충남	전북	전남	경북	경남	강원	제주	총계
발생수	258	1,232	296	1,141	2,434	777	5,348	3,063	354	741	15,644
사망자수	97	775	134	653	1,645	442	4,332	1,535	187	390	10,181
비고	11월 9일 이후 발생 38건										

(『서울特別市史(解放後市政篇)』, 506쪽)

1947년 8월 25일에는 보건후생부령 제2호로 해공항검역규칙이 제정되었다. 해방 후 한국으로 돌아오는 귀환자들에 대한 검역 필요성 때문이었다.

> 전재동포가 갖이고 온 호렬자로 말미암아 1만 수천명의 동포형제가 황천으로 가게 된 쓰라린 경험에 비추어 군정청 보건후생부에서는 해외로부터 들어오는 전염병을 철저히 막기 위하여 중요 항만에 검역소를 설치하고 엄중하게 검역사업을 실시할 항만검역법을 제정하고저 그 초안을 작성(하였다.)[77]

검역규칙의 제정과 함께 1948년부터 다른 방역 조치도 취해졌는데, 항구나 국경에서 검역, 예방접종, 신속한 보고체계 확립 등이었다. 이 조치들은 효력을 발휘하여 1950년까지 콜레라 환자는 발생하지 않았다.[78]

해방 후 콜레라보다 먼저 발생한 전염병은 두창이었다. 1920년대 이후 많아도 1천 명을 넘지 않던 두창 환자 수는 1945년 해방 이후 급증하였다. 1945-6년 겨울 사이에 발생한 두창은 1946년 4월에 최고점에 달했다. 총 환자 수는 19,809명이었다. 두창 발생과 관련하여 미군정은 식민지시기 시작된 예방접종이 부실했을 가능성을 언급하였다. 접종 후 정기적인 확인이 이루어지지 않았고, 접종기술이 좋지 않았으며, 두묘가 적절하게 관리되지 못해 변질되었을 가능성이었다. 미군정이 진행한 전국적 차원의 접종은 1946년 10월 재개되었다. 이후 1947년 5월까지 113명의 환자가 발생했는데, 모두 북한 방문자이거나 강릉과 같이 소외된 지역에 거주하는 사람들이었다.[79]

두창 환자가 새롭게 발생한 해는 1948년이었다. 이해 서울에서 11월과 12월에 걸쳐 발생한 두창은 569명의 환자, 202명의 사망자를 낳았다. 치명률은 35.6%였다. 치명률은 환자의 영양 상태가 좋지 못했던 점, 비위생적인 환경 조건, 환자에 대한 적절하지 못한 관리 때문에 높았다. 환자 중 79%가 5세 이하의 아이였는데 그중 37%는 비접종자, 22.2%는 접종자였다. 접종자 중에서 두창이 발생한 이유로는 부적절한 접종, 면역력 감퇴, 면역력이 발생하기 전 질병 노출 등이 지적되었다.[80]

두창의 피해가 가장 컸던 해는 1951년이었다. 한국 질병사상 "유례없는 기록적인 대참화"였다. 전쟁 중의 불완전한 보고에도 불구하고 환자 수는 43,213명, 사망자는 11,530명이었다. 피난 시절의 군집생활, 백신의 부족 등이 원인이었다. 두창 박멸을 위한 대규모 접종이 이루어지기 시작한 해는 1952년이었다. 이해 이후 매년 200만~300만 명에게 종두가 실시되었다.[81]

두창의 예에서 알 수 있듯이 해방 후 방역과 관련하여 주요하게 동원된 수단은 백신이었다. 백신 생산은 해방의 혼란에도 불구하고 지속되어 1949년 현재 두창, 콜레라, 장티푸스 백신의 경우 "상대적으로 풍부하게 생산하고 있"었다. 1949년 필요한 백신의 양을 1946-8년 사이 생산된 최대량과 비교하면 아래와 같다.

〈표 2〉 백신 생산량(1946-48년)

종류	장티푸스, 파라티푸스	발진티푸스	콜레라	두창	디프테리아	백일해
요구량(A)	24,000,000	24,000,000	34,000,000	10,000,000	2,200,000	2,000,000
최대 생산량 (B)	9,017,400 (1947)	137,970 (1948)	32,567,650 (1946)	128,628,300 (1946)	13,300 (1946)	613,450 (1948)
B/A	37%	0%	95%	1,286%	0%	30%

(Chai C. Choi, "Public Health in Korea," 26쪽)

콜레라의 경우 요구되는 생산량의 거의 100%, 두창의 경우는 1,000%

〈그림 4〉 장티푸스 예방주사(국가기록원 소장)

의 요구량이 생산되고 있었다. 콜레라 백신을 생산했던 국립방역연구소
도 스스로 "상하 일치 주야 겸행 불굴의 투혼으로 소요량 27,751,050cc
(18,875,525인분)을 성공리에 완수"하였다고 평가하였다.[82] 백신이 부족할
경우 일본에서 수입을 하거나 미국에서 지원을 해주었다. 그 결과 백신과
관련하여 "방역에는 별 지장이 없었다."는 평가가 있을 정도였다.[83]

백신의 공급은 방역에 일정한 기여를 했을 가능성이 있다. 1947년 미
군정에서 근무한 관리 역시 방역 효과에 대해 긍정적 평가를 내리고 있
었다. 미군정이 보건에서 한 가장 중요한 기여는 전염병 통제였다는 평가
였다.[84]

그러나 이 통제가 미군정의 기여인지는 의심스럽다. 백신의 효과에 대
해 회의적인 평가가 있기 때문이다. 1946년 활용된 콜레라 백신의 "효과
는 미지수"였고, 1948년의 경우 국산 두창 백신이 거의 "반응이 없다 싶
이 효과가 없"다는 평가를 받았다.[85] 미군정이 활용한 검역과 통제 그리

고 백신이라는 방식 역시 식민지시기의 것이었다. 식민지시기 의료정책은 급성전염병을 통제하는 노력이 주를 이루고 있었다.[86] 나아가 방역에 활용할 수 있는 인력은 부족했고, 미군정은 일본 학자의 자문을 받아 그 공백을 메우기도 했다.[87] 적어도 해방공간에서 이루어진 방역은 식민지시기의 그것과 연장선상에 있었다.

전쟁과 의료의 변화

1. 약품 수입과 제약업의 재건

해방은 한국 사회가 새로운 발전을 모색할 수 있는 계기였지만 행정의 공백 과정에서 혼란은 불가피했다. 의료계의 경우 의약품이 부족했다. 병원에서는 사용할 비누조차 구할 수 없었고, 치료약을 환자 자신이 구해야 하는 상황이 연출되고 있었다. 기한이 지난 재고품이 유통되고 있었고, 부패한 매약까지 그대로 판매되는 상황이었다. 무허가 부정 약품의 유행도 이어졌다. 콜타르로 고약을 만들어 파는 제약회사가 있을 정도였다.[88] 의약품의 공백을 채운 것은 미군정이 무상 공여한 구호 의약품이었다.[89]

구호 의약품은 그동안 한국인들이 접해보지 못한 것들이었다. 페니실린, 다이아진, 구아니딘, 비타민 그리고 소독약으로 DDT, 쥐약에 모노후라톨, 비듬약으로 셀신 등이 그것이었다. 그중에서도 항생제는 소비자에게 만병통치약으로 간주되었다. 항생제인 다이아진의 경우 모든 질환에 이용되었다. 사람들은 감기에 걸려도, 배가 아파도 다이아진을 찾았다.[90]

수입 의약품이 통관되자마자 팔려나간 이유도 "탁월한 약효를 인정받았기 때문"이었다.[91] 구호 의약품이 광범위하게 유입되고 수입 의약품의 양이 증가하면서 약국의 진열장은 외국산 의약품으로 장식되는 현상이 만들어졌다.[92] 해방 후 새롭게 유입된 의약품, 특히 항생제는 의료인은 물론 일반 소비자의 기호를 바꾸어놓았다.

해방의 혼란이 정돈되면서 제약업 역시 발전을 도모하기 시작했다. 하지만 1950년 발발한 한국전쟁은 그 시도를 무화시켰다. 한국전쟁을 거치는 동안 제약시설의 경우 약 80%가 파괴되었다.[93] 유한양행의 사례는 한국전쟁이 준 피해를 상징한다. 서울에 있던 본사와 지방에 있던 공장은 북한군이 점령하면서 모든 시설을 파괴 탈취해 갔으며, 이후 UN군 병영으로 활용되면서 비축했던 원료가 흔적도 없이 상실되었다.[94]

한국전쟁으로 기존 생산설비가 파괴된 가운데서도 양약 생산규모는 팽창하였다. 군납은 그 계기였다. 전쟁 과정에서 구급약품과 위생재료가 부족해졌는데, 군은 그 조달을 위해 특정 제약회사와 계약을 맺고 약품의 안정적인 공급을 도모하였다. 의약품과 위생재료의 대부분은 미국 원조에 의존하였지만, 작전상 긴급을 요하는 품목의 경우 민간기업에서 공급을 받을 수밖에 없었다. 군납이 된 주요 약품은 디아스타제, APC정, 건위정, 머큐롬 등이었다. 건위정이라는 전통적인 이름의 약품이 있기는 하지만, 군납 대상은 대부분 양약이었다.[95] 전쟁으로 고사 직전에 놓였던 제약업계는 군납에 의해 역설적으로 "소생을 위한 불씨를 다시금 피워 올릴 수 있"게 되었다.[96]

대한민국 정부도 전쟁 복구의 일환으로 재건을 지원하였다. 생산시설의 육성을 위해 시설기준의 향상을 도모했고 새로운 제약시설의 도입을 추진하였다.[97] 1953년에는 국내의약품 생산추진 5개년 계획을 발표하였다. 10종의 중요 약품에 대해서 특수기업체의 설치를 통해 생산을 도모하고 1백 종의 의약품에 대해서는 각 제약회사에 정부융자를 알선하여 제조 생산하도록 한다는 내용이었다. 문제는 자금이었다. 정부의 계획이 성공하기 위해서는 기술 및 물자 원조와 함께 자금 지원이 필요했다.[98]

그 지원은 외국으로부터 왔다. 미국이 중심에 있었다. ICA자금을 비롯한 원조가 이어졌고, 그 원조는 제약산업을 "정상적인 궤도"에 올리는 계기였다.[99] 전쟁이라는 극한 상황을 감안한다 해도 한 제약인이 고백하듯 당시의 제약공정은 지나치게 가내 수공업적이었고 초보적이었다.

> 과립은 손으로 만들었다. 건조실의 연료로 숯을 썼기 때문에 불티와 재가 날았다. 또 아래판에 있는 건조판 위의 약품을 골고루 휘저어두지 않거나 제 시간을 놓치면 약이 녹아버리거나 불에 타 버리는 사고가 나기도 했다. 타정한 약을 포장하는 방법도 원시적이었다. 탁자 위에 종이를 펴서 알약을 쏟아 놓고 명함쪽지로 1백정씩 세어서 병에 담았다. 한 대 밖에 없는 단발 정제기도 모터가 없는 구식이어서 손으로 돌려가며 타정을 했다. 옥도정기와 머큐롬액을 만들면서 증류수 대신에 수도물을 끓여서 썼고 고무장갑이 없어서 맨손으로 작업하고 나면 손이 붉게 물들어 닦아내느라고 무척 애를 먹었다.[100]

자금은 기존 시설을 개선하고 새로운 설비를 도입하는 데 사용되었다. 대한비타민의 경우 1956년 지원받은 ICA자금을 이용하여 서독에서 비타민 생산용 설비를 도입하였다.[101] 유한양행의 경우 지원받은 자금으로 미국과 독일에서 항생물질의 소분 제제시설, 주사약 시설, 정제(錠劑)시설, 제습 및 건조시설, 세병(洗甁) 및 무균시설 그리고 공기조절 시설 등 필요한 기계와 기구를 수입하였다.[102] 자금을 제공받은 10여 개의 제약회사들은 "근대식 기계시설을 도입하였으며 굉장한 공장건설을 신축하여 일약

〈그림 5〉 동아제약 주식회사 준공식(1958년, 국가기록원 소장)

대기업체의 면모"를 갖추게 되었다.[103]

특히 국내 제약회사들은 ICA자금으로 항생물질을 생산할 수 있는 시설을 갖추게 되었다.[104] 항생물질 생산은 당시 제약업계의 숙원이었다. 웬만한 질환에는 거의 항생제를 투여할 정도로 항생제에 대한 소비가 높은 상황이었기 때문이다.[105] 1958년 최초의 국산 항생제가 시판될 수 있었던 배경에도 ICA 시설자금을 통한 새로운 시설과 기계 도입이 있었다.

항생제 공장 건설에는 ICA자금 이외에 은행 융자금, 차입금도 동원되었다.[106] 정부도 직접 항생제 생산에 나섰다. 일종의 국영 제약회사인 대한제약공사를 설립하고, 페니실린이 중심이 된 "국방약 신약"을 제조 생산하고자 한 것이었다.[107] 한국 제약업을 둘러싼 환경은 항생제를 중심으로 급속도로 전환되고 있었다.

ICA자금은 제약회사의 지형을 바꾸는 계기였다. 상대적으로 규모가 크고 설비가 우수했던 귀속업체, 즉 식민지시기 일본이 설립한 제약회사들은 약화되었다. 자금을 배정받지 못했기 때문이다. ICA자금은 장기 저리일 뿐 아니라 배정액에 따라 산업은행에서 융자가 나오는 유리한 조건에서 제공되고 있었다. 대충자금 환율과 시장 환율 사이에 간격이 가장 적었던 1955년에도 그 차이가 5.5배였던 점을 고려하면,[108] 모든 제약업체가 ICA자금을 얻기에 열중한 것은 무리가 아니었다.[109] 경쟁이 치열한 가운데 입찰업체들은 최소한의 생산능력과 일정액의 국채 매입능력을 요구받았다. 중소업체보다는 생산능력과 지명도가 높은 업체가 선정될 가능성이 높았다.[110] 상대적으로 대규모의 시설과 설비를 가지고 출발한 귀속업체들이 유리한 상황이었다.

그러나 현실은 달랐다. 자금을 배분 받은 12개의 업체 중 근화제약(槿華製藥)과 대한비타민을 제외한 나머지 10개는 모두 귀속업체가 아니었다. 모든 제약회사들이 자금 획득에 노력했던 사실에 비추면, 의외의 결과였다. 그 이유로 귀속업체들의 생산기술이나 설비가 경쟁력을 잃었을 가능성이 있다. 제약업의 생산 경향은 항생제 중심으로 변화하고 있었는데, 기존 설비나 기술은 항생제 생산에 도움을 줄 수 없었기 때문이다. 나아가 한국전쟁을 거치면서 귀속업체는 해방 직후 가지고 있었던 규모나 설비의 상대적인 우월성을 잃고 다른 업체와 동일한 선상에서 출발하게 되었을 가능성이 있다. 귀속업체들은 설비와 자금 방면에서 이미 장점을 상실했을 가능성이 높았던 것이다.[111]

ICA자금과 함께 한국 제약업의 성장을 가져온 다른 계기는 외국 회사와의 기술 제휴였다. 당시 국내 제약시설이나 기술로 단기간에 외국 약품 수준을 따라가기는 불가능했다. 지름길은 외국과 기술 제휴를 하거나 투자를 받아 합작하는 것이었다.[112] 당시 높아진 외국 의약품에 대한 인지도는 국산 약품에 대한 불신을 낳고 있었다. 국내에서 제조한 약품이 외국 의약품과 내용이나 품질이 같아도 포장이나 모양이 다르면 소비자들은 사지 않았다.

> 원료를 도입했다가 ICA불의 시설로서 외제 약품과 똑같은 공정을 거
> 쳐 제조한 국산 약품은 내용이나 품질은 같아도 포장이나 외양에 있
> 어 외제약 제품과 상품적 가치에서 차이가 있었고 심지어는 효능에 있
> 어서까지도 국내에 들어온 외국제 완제품보다 못하다는 것이 의사나
> 일반 소비자의 선입 관념이었다. 그렇게 느끼고 있었기 때문에 종래 사
> 용해왔던 외제품과 똑같은 포장, 동일한 상표, 동일한 형태를 가진 외
> 국 메이커의 이름이 병기된 소위 기술 제휴품의 등장은 국민의 국산
> 약품 불신감을 저지하는 데 큰 역할을 했다고 보아야 할 것이다.[113]

제약회사가 상대적으로 쉽게 의료인과 소비자들의 신뢰를 획득할 수
있는 방법은 기술 제휴였다. 기술 제휴는 이미 의료인이나 소비자들 사
이에 형성되어 있었던 외제 약품에 대한 신뢰도를 이용하는 방법이었다.
1955년 ICA자금에 의한 항생물질 시설의 도입은 외국 회사와 기술 교류
의 시초였다.

> 비록 소분 과정에 불과했지만 당시의 항생물질(페니실린, 스트렙토마이신
> 등)은 성질상 변질하기 쉬운 것이었기 때문에 일정한 온도, 일정한 습
> 도 등을 유지하면서 작업해야 하는 특수한 기계장치가 필요하여 외국
> 메이커가 그 시설 및 기술을 제공하게 되었(다.)[114]

기술 제휴와 합작은 한국 제약업이 성장할 수 있는 새로운 기반이었다.
산토닌이나 디아스타제 등 원료를 수입하여 소분 가공하는 낙후된 제약
수준에서 새로운 제약의 세계로 넘어가는 하나의 전기였다.[115] 하지만 그

세계는 외국에서 전문의약품을 수입한다는 조건 아래서 만들어지고 있었다. 자생적인 제약산업이 형성되기보다 외국과 일종의 분업적 협력체계가 만들어지고 있었던 것이다.

해방이 만들어놓은 새로운 조건은 한국 제약업의 체질을 바꾸고 있었다. 다른 많은 분야와 마찬가지로 제약업은 식민의 유산을 넘어서고 있었다. 지원은 다른 분야와 마찬가지로 미국에서 왔다.

2. 한국전쟁과 외과학의 발전

한국전쟁 이전에도 군진의학은 존재하였다. 1946년 대한민국 국군의 전신인 남조선국방경비대가 창설되면서 산하에 의무국이 설치되었고, 1948년에는 군 전용의료시설로 제1육군병원이 창설되었다. 이후 군병원의 숫자는 증가하여 한국전쟁이 발생한 즈음에는 육군 의료기관으로 5개 육군병원, 1개 요양소가 있었다. 기록상으로 이들 시설의 수용능력은 8,500병상이었지만, 실제 사용가능한 것은 2,250병상 미만이었다.[116] 병상 수가 적었을 뿐 아니라 다른 조건도 좋지 않았다. "인원, 장비 및 시설 면에 있어 육군병원으로서 면모를 갖추지 못하였을 뿐만 아니라 환자 진료능력을 충분히 발휘할 수 없었다."[117]

이 상황에서 전쟁은 발생하였고, 피해는 컸다. 전쟁기간 동안 발생한 입원환자 수는 39만 7,519명이었다. 기존 의료시설로 감당할 수 있는 수준이 아니었다. 임시방편으로 미군 측의 협조를 얻어 퀸셋건물을 급조하거나, 천막을 치고 환자를 받는 텐트병원이 생겨났다. 전선을 따라다니면서 전상자를 치료하는 이동외과병원이 설립되었고, 그 이전에는 외과치료반이라는 이름의 임시 의료시설이 생겼다. 미군의 지원은 부족한 시설과 기술의 공백을 메울 수 있는 수단이었다. 참전한 미군이 한국군에게 장비 지원과 원조를 시작한 후 각 사단은 구급차 46대, 후송용 트럭 49대씩을 보유할 수 있었다. 응급환자 역시 미군 헬기 또는 해군 LST 같은 함정의 지원을 받을 수 있게 되었다.[118]

수많은 전상자는 한국의 의료기술과 학문이 발전하는 계기였다. 전상자들에게는 혈관 전상, 중추 또는 말초신경 전상, 광범위 화상, 창상 전염병 등이 많이 발생했다. 손상은 파편창으로 인한 심부 손상이 대다수였고 쇼크를 유발하는 경우도 많았다.[119] 이런 부상은 외과학의 발전을 낳았다. 구체적으로 뇌신경외과학, 흉부외과학, 재활의학 등이 발전하였으며, 마취학이 도입되고 마취군의관이 양성되었다. 수혈을 위한 혈액은행이 창설되고 병리학적 제반 검사를 가능하게 한 중앙병리연구실도 창립되었다.

전쟁 과정에서 도입된 의료기기나 시설은 한국인 의사들에게 새로운 것이었다. 전쟁 시기 부산 스웨덴적십자사병원에서 근무한 한국인 외과과장의 회고이다.

> 이 병원에서 처음 대하는 의료기기나 시설에 대해 느꼈던 흥분은 아직껏 지워지지 않는다. 훌륭한 시설을 이용하여 환자를 수술한다는 일이 의사로서는 얼마나 복에 겨운 일인가.[120]

특히 한국 의료진을 훈련시킬 수 있는 미군이나 유엔군 군의관의 존재는 중요했다. 미군 군의관들의 실력은 높았다. 미국 대학에서 수련의로 있다가 징집되어 온 상태였지만, 그들의 실력은 당시의 "우리나라 의과대학 교수님들의 실력을 웃돌았다." 심지어 위생병들의 실력도 높았다. 위생병들의 구급처치 실력은 일본식 의학교육을 받은 한국인 의사보다 "훨씬

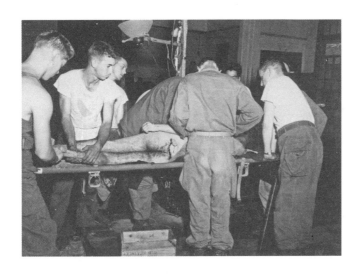

〈그림 6〉 한국전쟁 중 미 군의관 고든 파일스 대위(Capt. Gordon K. Pyles)의 응급수술(국사편찬위원회 소장)

탁월"하였다.[121] 군의관의 역할을 인정한 미국의 아이젠하워 대통령은 군의관들이 최대한 한국에 체류하며 한국의 의료문제를 해결하는 데 도움을 줄 것이라 약속하였다.[122]

당시 미군과 함께 근무한 의사의 회고는 한국전쟁을 전후로 한국의 의료기술, 특히 외과술이 어떤 변화를 겪었는지 알려준다.

> 6·25 전에는 저도 외과의사로서 크게 아는 것이 없었습니다. 총상환자를 어떻게 치료하는지 배운 적도 본 적도 없었습니다. 준비가 전혀 안 된 상태에서 미 군의관들에 의해서 급조 교육을 받았습니다.[123]

한국전쟁은 수백만에 이르는 사상자를 낳았지만, 역설적으로 그런 피해는 한국에 외과학, 나아가 전반적인 의료의 수준을 높이는 계기로 작용하였다.

1) 뇌신경외과학

뇌척추 부상자가 속출하는 가운데 UN군 참전과 더불어 외국의 신경외과의가 파견되었다. 덴마크 병원선에는 세계적 권위자인 부쉬(Busch) 교수가 활동하였다. 그는 주로 제3육군병원을 중심으로 한국 군의관들을 지도·양성하였다. 미국에서는 미라우스키(Meirowsky), 헤이스(Hayes) 등이 내한하여 최전선에서 최신 수술법을 지도하였다. 특히 전방신경외과치료반의 공헌은 컸다.

1952년에는 한국 육군에 춘천뇌신경치료반이 창설되었다. 신경외과 전공자가 없는 형편에서 미군의 미라우스키 중령이 한국인 의사 몇 명을 단기간으로 훈련시켜 만든 것이었다.[124] 이곳에서 수천 례의 뇌척수전상자들이 치료받았고, 많은 신경외과 군의관들이 훈련을 받았다. 1953년에는 후방신경외과센터가 부산 제3육군병원에 설립되어 전방치료반과 협조하는 한편 미군 신경외과의들과 합동근무를 하면서 신경계 전상자들을 치료하였다.[125]

2) 흉부외과학

부산 거제리 제17포로수용소병원을 중심으로 미 군의관들이 흉부전상자와 포로 중의 결핵환자를 대상으로 흉부수술을 시행하였다. 여기에 자극받은 한국군은 군의관을 미국이나 주한 미군병원, 기타 각국 병원에 파견하여 기술을 습득하게 하였다. 1953년에는 마산 제36육군병원에 흉부센터가 설치되어 흉부질환자 치료가 이루어졌다.[126]

3) 마취학

1951년 마취의 중요성을 절감한 육군은 UN군 마취군의관 팔마(Palma) 대위에게 한국 군의관의 교육을 위탁하였다. 한국 마취학은 이때 이루어진 2주간의 교육에서 시작되었다. 1952년에는 2명의 군의관이 6개월 간 미국으로 가 연구를 하였고, 해군에서도 2명의 군의관을 미 해군병원에 파견하였다. 이런 교육이 지속되면서 군의관을 중심으로 마취학의 기초가 확립되었다.[127]

4) 혈액은행

한국전쟁 초기 미국 적십자사는 전혈(全血), 혈장 그리고 각종 혈액제품을 한국에 공급하였다. 문제는 유효기간이었다. 수송에 걸린 시간 탓에 사용된 혈액은 대부분 유효기간인 4주가 지나 있었다. 혈액을 국내에서 제공받을 필요가 있었다. 그 결과 1951년 5월 부산에 정박 중인 해군병원선에 처음으로 혈액은행이 설립되었다. 휴전 후 미국에서 공급하던 혈액이 중단되자 1952년 가을 해군에 혈액고(血液庫),[128] 1953년 11월 육군 중앙병리연구소에 수혈부가 창설되었다. 이후 여러 육군병원에 혈액은행이 신설되었다.[129]

5) 재활의학

1952년 국방부는 동래에 제31정양원을 세워 상이영구장애자를 수용하는 한편 의지제작창을 설치하였다. 이곳에서는 선진국의 제작기법을 소화하면서 한국인에게 적합한 제품을 제작하는 독창적 기술 분야를 개척하였다. 제작된 의지, 의안 등 보조장구들은 장애자들의 재활치료를 보다 용이하게 하였다. 의지 착용 전의 준비운동과 착용 후의 훈련 등 물리치료법도 발전해갔다.[130]

6) 응급의학

한국전쟁은 응급의학이 성장하는 계기를 마련하였다. 한 의사는 자신이 직접 체험한 경험을 다음과 같이 회고하였다.

> 일선 부상병 중에 생명이 위독한 자는 해군위생병(Corpsman)의 구급치
> 료 후 곧바로 헬리콥터로 십여분 내에 전진배치된 의무중대 즉 외과병
> 원으로 후송된다. 여기서 응급센터의 역할이 수행되며, 수술을 요하는
> 환자는 즉시 수술실로 들어가서 외과적 수술을 받는다.[131]

응급 수송을 위해 헬리콥터가 활용되었고, 외과병원은 응급센터의 역
할을 담당하였다. 부상당한 군인을 후송하고 치료하는 체계는 전장에서
실천되고 있었다.

7) 혈관외과

한국전쟁이 벌어질 당시 미국에서는 대동맥을 위시하여 기타 동맥에 대
한 수술법이 활발하게 시행되고 있었다. 그때 한국에 파견된 미국 군의관
들은 새롭게 발달한 동맥외과수기(動脈外科手技)를 전상환자들에게 적용
하고 있었다. 이들은 전사 군인의 동맥을 채취하여 환자동맥에 이식, 성
공했다. 미 해군의 스펜서(Spencer), 그르(Grewe), 미 육군의 휴(Hughes) 등
은 대표적인 군의관들이었다.[132]

한국전쟁을 겪으면서 한국 의료계에 나타난 가장 중요한 변화는 미국
의료로의 경도였다. 해방과 함께 구호품의 일종으로 도입된 항생제에 이
어 전쟁 과정에서 의료인들이 직접 만난 선진 기술은 미국 의료에 대한
선호도를 높이는 계기였다. 나아가 그 의료를 한국인들이 수용해가면서
"미국의 새로운 의학지식과 발전된 의료기술은 우리의 의학수준을 격상
시키고 발전시키는 중요한 계기가 되었다."[133]

3. 미국의 의학교육 지원과 한국인 유학

1) 미네소타프로젝트와 서울의대의 개편

해방 후 한국의 의료를 변화시킨 주요 동력이 미국에서 왔다면, 의학교육 역시 마찬가지였다. 남한을 통치한 미군정은 한국 의학교육의 미래와 관련하여 "한국 의과대학 수준을 미국 A등급 의과대학 수준으로 향상시킨다."는 목표를 가지고 있었다. 이 목표 달성을 위해 의과대학의 교육은 "미국의학협회 병원들의 요구수준에 따라 커리큘럼을 표준화"시킬 필요가 있었다.[134] 미국의 의과대학은 한국 의학교육이 지향해야 할 목표였다.

한국전쟁을 거치면서 미국식으로의 전환은 구체화되어갔다. 가장 큰 동력은 미국의 지원이었다. 의학교육 시설은 전쟁으로 파괴되었고, 그 복구와 재건은 외부의 지원 없이는 불가능했다. 그 지원이 미국에서 왔다.[135] 구체적으로 미국은 한국 고등교육을 재건·개선하기 위해 지원 대상을 물색하였고, 그 대상 중 하나로 서울대학교를 선정하였다. 농대, 공대, 의대 및 간호대 지원이 중심이었다.[136] 미네소타프로젝트였다.

미네소타프로젝트의 목표는 크게 3가지였다. 의학교육의 강화와 발전을 위한 지원, 교수진 교환을 통한 연구, 새로운 장비에 대한 조언과 공급 그리고 시설 복구 협력과 일부 자금 지원이었다. 교수의 연수와 관련해서는 총장, 학장, 중견 교수, 소장 교수에 대한 구체적인 계획이 제시되었다. 총장과 학장은 약 6개월간 미네소타대학의 교육방법론을 참관할 수 있었고, 약 1개월은 다른 기관들을 방문하도록 계획되었다. 중견 교수의 경우 미네소타대학에서 6-12개월 연수를 받았고, 허가를 받아 미국의 다른 대학에서 연수를 받을 수 있었다. 소장 교수의 경우 3년을 초과하지 않는 기간 동안 미네소타대학에서 연수를 받았다.[137] 소장 교수들에게 상대적으로 더 긴 연수기간이 주어진 이유는 새로운 교육체계의 도입과 관계가 있었다. 이미 미군정은 대학교수의 자질 개선과 관련하여 기존 교수의 재교육보다 신임교수의 해외파견 정책을 추진한 바 있었다.[138]

3가지가 제시되었지만, 그중에서 가장 중요한 목표는 의학교육과 연구의 향상이었다. 교수들의 연수도 궁극적으로는 그 목표의 성취를 지향하고 있었다. 미네소타대학의 담당자는 서울대가 의학교육의 발전을 위해 입학 조건과 의예과 및 의학과 교과과정, 교수진, 설비, 교재 및 임상설비를 포함한 최소 기준을 수립할 것을 권고하였다. 최소 기준의 수립은 의학교육 발전에서 핵심적인 조건이었다. 기준 수립은 의사면허 부여에 대한 권고에도 적용되었다. 최소한 의과대학 졸업과 1년 인턴 수련을 제시하면서, 이런 기준을 포함한 엄격한 면허조건이 필수적이라고 지적하였다.

의학교육과 관련하여 미네소타프로젝트는 실습의 중요성을 강조하였다. 교수는 교단에서 진행하는 강연식 강의를 줄여야 했고, 학생들은 환자 병상 옆에서 실습하는 시간을 늘려야 했다. "근대적 교육 개념은 관찰과 경청만큼 실습을 강조"하고 있기 때문이었다. 학생들은 임상현장에서 스스로 보고 청취하고 느껴야 했다. 예를 들면, 신체 검진에 대한 것을 읽었다면 경험할 수 있어야 했다. 학생들이 환자의 병력과 신체 검진, 진행되는 질병을 관찰하는 책임을 맡게 된다면 실습 경험을 최대로 얻을 수 있었다. 따라서 임상실습은 장기간 이루어져야 했다. 최소한 1-2달 동안 다양한 사례에 대한 경험이 필요했다.[139]

미네소타프로젝트를 통해 서울의대의 교육방식은 일본식에서 미국식으로 교체되었다. 미네소타프로젝트는 "한국 의학이 급속히 미국식 현대의학으로 전환되는 데 결정적인 역할을 하였다." 구체적으로 일본식 이론 중심 의학교육방식이 창의적이고 실용적인 임상 중심, 실험 중심의 미국식 의학교육방식으로 대체되어갔다.[140] 당시 미네소타프로젝트를 통해 미국 연수를 경험한 의사는 변화된 의학교육의 양상을 아래와 같이 서술하였다.

초반기에 있어서는 시청각 교육재료와 시설이 부족하여 재래식 강의 위주의 수업이 진행되었으나 점차로 환등(슬라이드), 영화, 비디오, 모형 등을 이용한 실물 교육이 많이 등장하게 되었고 강의도 일방통행적 하향식이 아니고 상호토의적으로 진행하려고 노력하였고, 교수인력이 여유 있는 대학에서는 통합교육마저도 기도하여 이른바 block lecture(intergration lecture)들을 채택하기도 하였다. 그 외에 학문적인 교류, 통합, 조정, 협력을 조장키 위하여 CPC, Seminar, Conference, Interdepartmental lecture, Grand Round 따위의 색다른 교육수련 방식들을 도입 채택하여 수련의들과도 함께 학생들에게도 크게 학문적인 흥미를 북돋울 수 있게 하였다.[141]

토론식 수업이나 통합 교육을 진행하는 목적은 학생들이 건강이나 질병 문제를 실질적으로 해결할 수 있는 능력을 기르게 하는 데 있었다. 그 능력은 교수의 강의를 일방적으로 수용하고, 암기하고, 모방하는 것으로 형성될 수 없었다. 학생들은 분명하고 독립적인 사고를 할 수 있는 습관을 기르고 원리를 이용한 비판적인 판단을 할 수 있어야 했다.

미국의 의학교육 상황을 견학한 서울의대 교수들은 실험실이나 학생들의 임상 교육이 중요하다고 확신하게 되었다. 특히 1958년 확립된 인턴, 레지던트 등 수련의 제도는 의사교육에 한 획을 긋는 변화였다. 수련의 제도가 실시되기 이전까지는 수련 연한이나 자격, 절차 등이 주임교수 책임 하에 이루어지고 있었다.[142] 표준화되고 체계적인 교육이 이루어지지 않고 있었던 것이다. 미네소타프로젝트는 그 표준과 체계를 만든 계기였다. 수업계획, 교육재료 부문에서도 빠른 발전이 이루어졌다. 기초와 임상 분야 연구에 대한 지원도 확보되었다.[143] 미네소타프로젝트에 대한 평가는 긍정적이다.

> 미네소타프로젝트는 제2차 세계대전 후 미국이 지원한 교육 원조 사업 중 세계사적으로 다른 제3세계 어느 국가에서도 그 유례를 찾기 힘들 만큼 대규모적이었으며, 그 결과 역시도 매우 성공적이었다.[144]

미네소타프로젝트가 성공적이었던 이유로 여러 가지가 지적되고 있다. 가장 우선적인 요소는 주체적 역량이었다. 중심에는 교수들이 있었다. 그들은 미국에서 배운 의학 지식과 기술을 후진을 양성하는 데 활용하였다. 3명을 제외하면, 미네소타프로젝트로 미국에 유학했던 서울의대 교수 74명이 모두 귀국하여 의학교육과 연구에 참여하였다. 그들은 서울의대 역사상 "가장 열의와 적극성이 돋보인 집단"이었다.[145] 다른 선택이 가능했음에도 상대적으로 낙후한 한국에 돌아온 배경에는 탈식민주의의 갈망이 있었을지 모른다. 제2차 세계대전 이후 해방된 국가에서 공통적으로 나타난 그 갈망이었다.[146]

다른 요인으로는 대학과 대학 사이에 맺어졌던 결속력이 있었다. 서울대와 미네소타대학이 두 주체로 명확하게 자리잡음으로써 두 학교 사이에 특유의 동료의식이 형성될 수 있었고, 두터운 친분이 쌓일 수 있었던 것이다. 나아가 프로젝트에 참가한 미네소타대학의 교수들은 자신들의 역할을 자문으로 한정하였고, 한국인 교수들이 주체적인 역할을 담당하게 하였다. 한국인들이 프로젝트를 주도하게 한 것이었다. 이러한 책임의식 역시 프로젝트를 성공시킨 요인이었다.[147]

부작용이 없었던 것은 아니다. 이른바 두뇌유출이 발생하였다. 의과대학 졸업생들이 자신들이 습득한 지식과 기술을 한국이 아닌 미국에서 사용하는 일이 발생한 것이었다. 인력수출이라고 말할 수도 있지만 한국의 의료공급이 부족한 상황이었음을 고려하면 유출이라는 용어가 더 적절하다. 정부가 의대 졸업생의 경우 1년 인턴과정을 보건소나 도립병원 등에서 의무적으로 치르게 하겠다고 강박할 정도로 두뇌유출의 규모는 컸다.[148] 정부는 의대 졸업생 7백 명 중에서 반 정도에 이르는 350명이 미국으로 출국하고 있다고 비판했다. 이 숫자가 장래 귀국할 사람까지 포함한 과장된 숫자라고 해도, 적지 않은 의사들이 미국으로 진출하고 있던 것은 분명했다.

한국의 낮은 국민소득은 의대 졸업생들이 외국으로 나가는 원인 중 하나였다.[149] 새로운 인적 자원들을 수용할 만한 의료 환경이 상대적으로 취약했던 것이다. 양적으로 성장한 의사인력에 비해 의료시장이 충분히 성숙하지 못했기 때문에 의사들은 경제적으로 충분한 보상을 받을 수 없었다. 그 결과는 미국행이었다. 하지만 의대 졸업생의 외국행은 미네소타프로젝트가 진행된 서울대에서만 나타난 현상은 아니었다. 사립 의학교육기관이었던 연세대 졸업생들 역시 미국행을 선택하고 있었다.[150]

그러나 졸업생 중 미국으로 떠나는 수는 줄어들고 있었다. 서울의대의 경우 1956년 졸업생부터 미국으로 이주하는 숫자가 증가하기 시작하다가 1964년 졸업생 중 58%가 이주한 것으로 정점을 이루었다. 1972년 졸업생부터는 그 수가 축소되기 시작하여 1975년 14%를 기점으로 이주가 매우 드문 현상이 되었다.[151] 같은 교수에게서 같은 교육을 받았음에도 유출의 규모는 달랐다. 따라서 두뇌유출은 1960년대 미국의 이민정책, 의료상황 등과 연동시켜 고찰해야 할 대상이다.

미네소타프로젝트가 가진 문제점은 오히려 한국이라는 환경을 고려하지 않고 미국의 앞선 기술과 지식이 수입되었다는 데 있다. 비판적 검토

없이 미국의 의료가 한국에 직수입된 것이었다. 예를 들면, 한국의 의사들이 한국의 대학에서 미국에서 배운 미국의 질병을 강의하고 토의하는 상황이 전개되었다. 학생들에게 색다르고 특이한 지식을 전수하는 데 중점을 둔 까닭이었다.[152] 외국 교과서를 그대로 번역하여 소개하는 모습도 같은 비판의 대상이 될 수 있었다.[153] 마땅한 번역어가 없다는 이유 때문이었지만, 영어로 된 용어가 그대로 교육에서 사용되는 모습 역시 미국식 의학교육이 급속히 수입된 결과였다.[154]

진료능력을 향상시키기 위해 강조된 1년의 인턴제도 역시 당위성이 부각된 측면이 있었다. 비록 미네소타프로젝트가 실시되기 이전이기는 하지만, 의과대학 졸업생들에게 1년 동안 임상을 가르쳐줄 만한 큰 병원, 예를 들면 도립병원 같은 큰 병원이 없었다는 증언이 있기 때문이다.[155] 준비가 이루어지지 않은 상태에서 당위적인 목표가 제시된 측면이 있었던 것이다. 1971년 연세의대는 교육과정 개편에 대해 논의하는 가운데 첫째 목표로 한국인의 의료수요를 고려한 현실에 맞는 의과대학의 교육목표 수립 및 교육과정 개편을 제시하였다.[156] 당시 의학교육은 한국의 수요보다 한 단계 앞서 진행되고 있었던 것이다.

미국이 가지게 된 결과 역시 고찰의 대상이 되어야 한다. 미네소타대학의 교수들은 한국을 자신을 발전시키는 공간으로 활용할 수 있었다. 그들에게 한국은 미국에서 가질 수 없는 경험을 쌓는 공간이었고, 자신의 구상을 과감하게 적용할 수 있는 공간이었다.[157] 나아가 미네소타프로젝트는 미국이 다른 국가, 특히 제3세계 국가의 의학교육에 개입할 때 활용할 수 있는 경험을 제공하였다. 1959년에 서울의대에 파견되어 1961년까지 프로젝트의 마지막 총괄 자문관으로 근무했던 골트(Neal L. Gault, Jr)의 경우 귀국 후 일본 오키나와 중앙병원 교육수련부장을 비롯하여 터키, 베트남, 페루, 레바논, 파라과이 등 15개국에서 자문으로 활동하였다.[158] 그에게 서울의대에서의 경험은 다른 국가에서 활동할 수 있는 자산이 되었을 것이다.

미네소타프로젝트의 역할이 과장되었을 가능성도 있다. 의학교육이 일본식에서 미국식으로 전환되었다고 하지만, 그 변화에는 시간이 필요했다. 예를 들면, 학장으로 근무하던 이제구(李濟九)가 그랬다. 그는 1955년 2월부터 4개월 동안 미네소타대학과 다른 미국 의료기관 및 연구기관을 시찰했다. 강의, 실습, 졸업생 훈련, 연구실, 예산의 운영과 의사결정 과정을 직접 체험했고, 기초의학과 임상의학의 접목에 대한 세부적인 계획을 구상하기도 했다. 하지만 강의는 새롭지 않았다.

> 강의는 강단에 서서 강의 내용을 불러주면 학생들은 정신없이 받아쓰는 형식이었으며, 칠판에 한자, 독일어, 영어 순으로 써주는 일본식 방식을 그대로 따랐다.[159]

제도를 포함한 외적인 변화에도 불구하고 개인의 의식 차원에서는 과거로부터 전환이 쉽게 이루어지지 않았을 가능성이 높았다.[160] 물론 이제구의 연수 기간은 4개월에 불과했고, 학장이라는 지위가, 즉 상대적으로 많은 나이가 새로운 교육방법의 습득을 어렵게 만들 수 있었다. 하지만 1960년 한국의 의학교육을 점검한 미국의 보고서가 여전히 강의 위주의 주입식 방법을 비판하고 있다는 점을 고려하면,[161] 미네소타프로젝트의 성과가 과장되었을 가능성 역시 존재한다.

미네소타대학이 당시 서울의대 교수들의 유일한 유학 공간도 아니었다. 독일 혹은 다른 미국 대학에 연수를 다녀온 교수의 수는 1954년부터 1960년 사이 50명에 이르렀다. 이 숫자는 미네소타프로젝트의 79명보다는 적었으나 1959년도 법정 교직원 수가 93명이었던 점을 고려하면 적은 수는 아니었다.[162] 그들의 경험이 의학교육이나 연구에 어떤 영향을 미쳤는지 고려하면서 미네소타프로젝트를 평가할 필요가 있다.

미네소타프로젝트가 가지는 가장 큰 의미는 한국의 의료체계가 미국의 그것으로 변모되는 계기였다는 데 있다. 한국 의료의 두 조류 중 하나를 형성했던 연세의대의 경우 이미 출발 당시부터 미국식 의학교육의 영향 아래 있었다. 의학교육의 주체는 선교사들이었고, 식민지시기 졸업생들은 박사학위 취득을 위해 미국으로 유학을 떠났다. 상대적으로 강하게 일본식 의료체계에 구속되어 있었던 교육기관은 서울의대의 전신이라고 할 수 있는 경성제대 의학부, 경성의학전문학교였다. 일본식 의학교육은 1947년 두 기관이 서울의대로 통합되고 난 이후에도 지속되고 있었다. 미네소타프로젝트는 그 교육을 단절하는 계기가 되었다. 서울의대 역시 미국식 의학교육방식을 채택하고 미국식 수련방식을 도입하면서 한국의 의료체계는 전체적으로 미국의 그것으로 변모해가기 시작했다. 따라서 질문은 미국식 의료체계로 전환된 의미와 결과에 대한 것으로 나아가야 한다.

2) 차이나메디컬보드와 세브란스의대의 성장

차이나메디컬보드(China Medical Board)의 한국 지원은 1949년 중국의 공산화를 계기로 이루어졌다. 이전까지 중국의 북경협화의과대학을 지원했던 차이나메디컬보드는 공산화 이후 중국과 미국의 관계가 소원해지자 지원 대상을 아시아 전역으로 확산시켰다. 1953년 한국을 방문한 차이나메디컬보드의 총재 라욱스(Harold L. Loucks)는 전쟁으로 파괴된 한국의 의과대학 지원을 결정하였다.

지원은 세브란스의과대학에 상대적으로 집중되었다. 서울의대의 경우에도 차이나메디컬보드의 지원을 받았다. 하지만 그 자금은 주로 도서관의 책과 잡지 구입에 쓰였다.[163] 미네소타프로젝트가 교수의 연수, 건물 신축, 시설 보완 등 광범위한 분야를 포괄한 데 비해 도서 구입이라는 제한적인 분야에만 비용이 사용된 것이었다.

차이나메디컬보드의 세브란스 지원은 1953년부터 1976년까지 병원과 학교 건축, 연구비와 연구설비, 해외연수와 장학금, 의학교육 및 병원 운영 컨설팅에 이르는 광범위한 범위에 걸쳐 이루어졌다. 매년 거의 10만 달러를 정기적으로 원조하고, 의과대학 건립과 증축을 위하여 150만 달러를 지원하는 등 총 400만 달러에 가까운 원조가 이루어졌다. 차이나메디컬보드는 건물이나 항구적 시설 원조를 하지 않는 운영 원칙을 버리고 교사의 신축까지 지원하였다.[164] "보건학 교육을 위한 시설을 구비"시키기 위한 목적이었다.[165] 이 지원의 결과 1961년 세브란스의과대학은 신촌캠퍼스에 새로운 건물을 마련할 수 있었다.

의학교육의 측면에서도 변화가 있었다. 자문 과정에서 연구와 임상 사이의 균형이 강조되었다. 차이나메디컬보드가 판단할 때, 실험의학에 집중하고 교수 임용이나 승진을 위해 석박사 학위를 취득하는 행위는 자제할 필요가 있었다. 그런 행위는 교수 취직을 이상으로 삼는 독일·일본식 의학의 잔재였다. 연구에 치중하는 의학교육이었다. 대신 임상이 강화될 필요가 있었다. 의과대학 3~4학년 학생들에게는 강의의 분량을 축소하고 임상실습을 강화해야 했다. 학생들은 환자의 병력 기록, 신체검사, 진단 확인, 향후 연구계획, 실험 검사 등을 담당해야 했고, 이러한 과정은 교수들의 체계적인 지도 아래 이루어져야 했다.

임상이 강조된다고 해서 연구의 중요성이 간과된 것은 아니었다. 차이나메디컬보드는 연구의 의미 역시 강조하였다. 1960년부터 간행된 『연세메디컬저널(Yonsei Medical Journal)』은 연구 분야의 기초와 임상 지식을 확산시킬 수 있는 매체였다. 하지만 연구의 경우에도 상아탑 속에서 안주하

〈그림 7〉 미8군 의무감이 세브란스의과대학에 의학도서를 기증하고 있다.(1952년, 연세의대 동은의학박물관 소장)

기보다 한국인들이 원하는 바를 제공해야 했다. 건강 확보와 진료를 위한 지식이었다. 가장 중요한 목표는 교육, 연구, 봉사 사이의 균형이었다.

봉사와 관련해서도 개선이 필요했다. 세브란스에는 사회봉사라는 개념이 부족했고, 진료 분야에서 공중보건간호가 이루어지지 않고 있었다. 봉사 분야에서 활동이 없지는 않았다. 당시 의과대학 예방의학교실이 경기도 고양군의 보건소와 연계를 맺고 활동을 전개하고 있었다. 차이나메디컬보드의 입장에서 볼 때 격려할 만한 대상이었다. 학생들은 사회가 필요로 하는 수요를 확인하고 경험해야 했다.[166] 봉사에 따르기 마련인 초기 재정 부담을 줄이기 위해 선교봉사자를 활용하는 것도 방법이었다. 하지만 무엇보다 한국인 봉사자가 조속히 육성될 필요가 있었다.[167]

차이나메디컬보드의 지원이 해방 후 한국 의학교육의 변화에 미친 영향은 질보다는 양적인 측면에서 의미를 지니고 있었다. 서울의대가 일본식 의학교육체계를 고수한 데 비해 세브란스는 이미 미국식 의학교육방식을 채택하고 있었기 때문이다. 차이나메디컬보드가 세브란스에 집중적인 지원을 결정한 배경에도 세브란스가 한국과 미국 사이의 우호 관계를 상징하는 기관이었다는 점이 작용하고 있었다. 신촌에 새로운 병원과 교육시설이 건립되는 과정에 여러 기관들이 참여했는데, 일부 기독교선교단체를 제외하면, 다른 기관들은 미군, 차이나메디컬보드 등 모두 미국 기관이었다.[168] 따라서 차이나메디컬보드의 지원은 이미 미국식 의학교육 체계를 운영하고 있던 연세의대가 그 체계를 유지·강화할 수 있는 기반으로 작용하였다.

의학교육의 발전을 가능하게 하는 기본적인 토대는 지속적인 재정 지원이었다. 교수들이 교육에 전념하기 위해서는 안정적인 급여가 필요했고, 학생들이 실습을 진행하기 위해서는 충분한 환자들이 확보되어야 했다. 교육재료는 교육에 불편이 없을 정도로 마련되어야 했다. 모두 재정의 뒷받침 없이는 성취하기 어려운 목표들이었다. 하지만 미국의 대학과 달리 한국의 대학에 대한 개인 기부, 재단 보조, 정부 지원은 부족했다. 결국 각 대학은 학생들의 수업료나 환자 진료비에 의존해야 했다.[169] 서울의대와 연세의대를 포함한 모든 의과대학은 향후 의학교육의 발전을 위해 안정적인 재정 기반을 확보할 필요가 있었다. 하지만 그 확보는 단기간에 이루어지지 않았다.

*
* *

해방은 변화를 의미했다. 미군정은 식민의료의 상징과 같았던 위생경찰 제도를 폐지하고 보건후생부의 설립을 통해 의료를 후생, 즉 복지의 차원으로 전환시켰다. 미군정이 파악할 때, 위생은 경찰이 담당할 분야가 아니었다. 건강을 보호·향상시키고 국민 개개인에게 복지를 확산시키는 데 경찰은 적절한 기관이 아니었다. 1944년 제정된 조선의료령은 1951년 국민의료법의 제정으로 폐지되었다. 식민지시기 서양의학보다 아래의 이류의학으로 규정되었던 한의학은 서양의학과 같은 위치로 복권되었다. 이원적 의료체계라는 독특한 성격의 제도가 만들어지는 한편, 식민의 유산들은 청산되고 있었다.

그러나 해방이 모든 면에서 변화를 의미하지는 않았다. 대한민국으로 한정하면 의료제도를 구성하는 기본적 속성은 그대로 유지되었다. 해방 공간의 좌우갈등이 우파의 승리로 귀결되면서 대한민국에는 기본적으로 사적 의료제도가 구현되었다. 해방 후 국가의 책임을 강조하며 의료국영화를 지향했던 좌파의 주장이 있었지만, 실현되지 못했다. 민간은 의료공급의 주체로 상정되었고, 의료문제는 의료인과 병원의 양적 증가를 통해 해결해야 할 과제로 규정되었다. 대한민국에서 민간이 공공을 넘어 의료를 주도하게 된 배경이다.

다만 사적 의료체계를 인정하는 가운데 의료의 균등성이나 공공성을 표방하는 목소리는 이어졌다. 유상규, 백인제가 그들이었다. 그들의 목소리는 크지 않았다. 하지만 한국 의료가 이익 추구로만 귀결되어서는 안 된다는 경계의 목소리였다는 점에서 귀중하다.

식민의 유산 역시 잔존하였다. 위생경찰과 같은 제도는 폐지되었지만, 방역을 위한 시설과 기술은 그대로 활용되었다. 조선의료령의 일부 규정은 국민의료법에 계승되었다. 의료공급이 부족한 상황에서 전시체제기 의료인력의 활용을 규정한 조선의료령은 일부 활용할 필요가 있었다. 의학교육에서 혁신도 단기간에 이루어지기 힘들었다. 일본식 의학교육은 일정한 기간 동안 유지되었다.

신생 독립국에서 의료의 급속한 공급은 불가능했다. 나아가 한국전쟁은 의료시설을 파괴했고, 의료인을 분산시켰다. 의료인의 양성은 시간을 필요로 했다. 대한민국은 부족한 의료공급 문제를 해결하기 위해 법률을 동원하였다. 국민의료법은 의료인을 일정한 기간 동안 지정한 장소에서 지정한 업무에 종사하게 하는 강제적인 진료지정제도를 인정하였다. 민간을 활용한 것이었다.

활용하는 민간의 범위도 확대되었다. 한지의사 등 자격이 부족한 의료인을 그대로 인정하였고, 시험을 통해 의료인 자격을 부여하였다. 국민의료법이 한의학을 인정한 이유 중 하나는 부족한 의료수요를 충족하는 데 있었다. 정부는 민간의 확대를 통해 의료수요를 충족시키고자 하였다. 공공의 역할을 기대하기는 힘들었다.

해방 후 3년 동안 남한을 미국이 통치한 점에서 알 수 있듯이 한국의 의료제도 형성에 미국이 끼친 영향력은 절대적이었다. 특히 한국전쟁의 영향은 컸다. 한국 의료인들은 참전한 미군 군의관을 통해 미국 의료를 직접 수입하였다. 전쟁으로 발생한 부상자는 외과학이나 마취학 같은 의료 분야를 발전시킬 수 있는 토대가 되었다. 미국의 무상 공여로 수입된 구호 의약품, 예를 들면, 다이아진 같은 항생제는 부족한 의료공급의 간극을 메우는 역할을 하였다.

미국이 제공한 ICA자금 등 각종 원조는 제약업을 재건시켰다. 1960년 대에 이르러 과잉이라는 평가를 받을 정도로 제약업은 발전하였다. 한국 고등교육의 재건을 목표로 시작된 미네소타프로젝트, 차이나메디컬보드 지원 등은 한국의 의학교육을 일본식에서 미국식으로 전환시켰다. 교육에서 실습이 강조되었고 토론식 수업이 도입되었다. 한국의 의료는 미국이 닦아놓은 길을 따라 걸으며 자신의 토대를 만들어갔다.

의료의 측면에서 보았을 때 1940-50년대는 식민이 선택적으로 지속된 시기였다. 식민은 선택적으로 활용되었다. 하지만 단절은 분명히 나타났고, 식민이 떠난 공간은 미국이 메워주었다. 냉전이라는 새로운 환경은 신생 대한민국을 보호해야 할 이유가 되었고, 미국은 약품과 기술을 지원했다. 그 지원 속에서 한국인 의료진은 성장하였고, 제약업은 재건되고 있었다. 미국식 교육을 받은 의료인은 새로운 국가에 걸맞은 새로운 교육 체계를 수립하겠다는 의지와 야심을 보였다. 제약업 분야에서는 항생제를 생산할 수 있는 공상이 설립되었고, 외국과 적극적인 기술 제휴가 추진되었다. 한국 의료의 성장 기반은 1940-50년대를 거치면서 마련되고 있었다.

제2장

경제성장과 의료: 1961-88년

1961년은 군사쿠데타가 일어난 해였다. 짧았던 민주주의 실험은 실패로 끝났다. 하지만 군사정부의 집권은 의료에서 새로운 시작을 의미했다. 군사정부는 자신의 집권을 정당화하기 위해 경제성장을 첫 번째 목표로 내세웠고, 그 달성을 위해 국민의 건강을 확보하고자 했다. 허약한 국민은 건실한 노동력이 될 수 없었다. 의료는 건강한 국민을 만드는 방법이었다. 군사정부는 법의 제정, 제도의 정비를 통해 건강한 국민을 육성하고자 하였다.

건강한 국민은 정부만의 목표는 아니었다. 정부가 기획한 각종 사업에 민간은 적극 동참했다. 여러 방역사업을 기획한 주체는 의료인들이었다. 추진은 정부가 했지만, 의료인들은 가족계획사업, 기생충박멸사업, 결핵퇴치사업 등을 기획하고 진행과정에 적극 참여했다. 국민도 동참하였다. 대형 방역사업의 경우 국민의 동참 없이 성공을 거두기는 어려웠다. 이 시기 진행된 정부의 의료 관련 사업에서 민간과 정부는 강한 협력관계를 이루고 있었다. 민관협력의 시대였다.

이 시기에 민간과 정부 사이에 긴밀한 협조가 이루어지고 있었다면, 그 배경과 동력에 대한 고민이 필요하다. 사업에 참여한 주체들의 회고를 참조하면, 그들은 성실했고, 열렬했고, 때로는 무모했다. 물론 적극적으로 참여한 주체들의 회고이기에 그렇게 표현할 수밖에 없었을 것이다. 하지만 저항이나 거부의 모습을 찾기 힘든 것도 사실이다. 폭력적이었기 때문일 수도 있지만, 목표에 동의했기 때문일 수도 있다. 무엇이 그들을 참여시키고 결합시켰는지 고민할 필요가 있다.

결과에 대한 고민도 필요하다. 정부는 경제성장에 직접 연관될 수 있는 분야에 관심을 집중했다. 가족계획사업이 대표적이었고, 기생충박멸사업, 결핵퇴치사업과 같은 방역사업 역시 건강한 국민의 육성이라는 목표와 연관되어 있었다. 반면 정부는 재정투자가 요구되고 장기간의 계획이 필요한 분야에 관심을 적게 기울였다. 의료공급의 경우 보건소가 설립되고, 무의촌 해소의 노력이 진행된 것은 사실이지만, 치료 분야에서 공공이 담당하는 비중은 감소하고 있었다. 그 결과가 무엇인지에 대한 고민이 필요하다. 그 결과가 한국 의료를 어떤 방향으로 이끌었는지에 대한 고민이 필요하다.

이전 시기를 규정했던 외부의 지원이 이 시기에 어떤 의미를 가졌는지도 살펴볼 필요가 있다. 냉전은 지속되고 있었다. 분단 상황에서 남북 경쟁도 치열해지고 있었다. 외국의 지원도 유지되고 있었다. 하지만 변화도 있었다. 일방적 수혜가 아니었다. 이전 시기 외국의 지원이 일방향적인 성격이 강했다면, 이 시기 지원에는 한국 쪽의 중간 고리가 존재했다. 이들은 개인이기도 했고, 단체이기도 했다. 이전 시기는 이들이 육성된 시간으로도 의미를 가질 수 있을 것이다.

의료법 제정과 의료공급의 확대

1. 보건소의 설치와 방역사업

보건소 개념은 일반의에 의한 진료와 조직화된 예방사업을 통합시킨 시설로서 1920년 영국에서 처음 제시되었다. 지역사회 주민의 건강 유지와 향상을 위해 전국적인 규모로 보건소를 설립하여 예방, 치료, 재활, 나아가 건강증진까지 포괄한다는 내용이었다. 보건소는 예방과 치료가 통합된 공간이었다. 이 개념은 1930년대 세계적인 불황과 제2차 세계대전을 거치면서 세계적으로 확대되었다.

하지만 미국에서는 영국과 다른 보건소 개념이 발전하고 있었다. 1910년대 미국의 보건소는 아동복지와 건강증진에 주력하였다. 치료를 포함한 통합보건 개념은 빈민에게 한정하여 적용되었다. 민간 의사의 강한 반발을 경험하면서 미국은 진료기능을 민간 개업의에게 맡기고 예방보건사업만 담당하는 방향으로 보건소의 기능을 정립해나갔다.

해방 후 한국에는 예방보건사업 기능을 주로 가진 미국식 보건소 개념이 도입되었다.[1] 하지만 한국에서 보건소는 예방보건기능에 집중할 수 없었다. 해방, 분단, 전쟁으로 이어지는 정치사회적 혼란은 의료공급의 부족을 낳았고, 보건소는 그 공백을 메워야 했기 때문이다.

한국 "최초의 보건소는 1946년에 설치된 국립보건소(현 국립보건원훈련부)였으며, 이와 때를 같이 하여 대도시 지역에 보건소를 설치(1953년에 15개소)"하였다.[2] 서울의 보건소는 1959년 이전에 존재했던 중앙보건소의 전신이었다. 기구, 집기, 의료, 위생재료는 당시 보건 관련 고문관인 키니 대령의 특별 협조로 마련될 수 있었다.[3]

여기에 한국전쟁 과정에서 확대된 의료방역반이 더해졌다. 한국전쟁 전에 UN민사처의 협조를 받아 3백 개의 의료방역반이 설치되었다. 각 반은 1명의 의사, 2명의 조수 그리고 1명의 간호사로 구성되었다. 방역반의 배치는 아래와 같았다.

〈표 3〉 해방 후 설립된 의료방역반

	서울	경기도	강원도	충청북도	충청남도	전라북도	전라남도	경상북도	경상남도	제주도	서울대병원	적십자사병원	세브란스병원	capital dispensary	총계
고정 (fixed)	18	30	13	13	17	22	30	32	31	2	6	6	6		226
이동 (mobile)	6	5	4	5	11	6	3	18	6	4				6	74
총계	24	35	17	18	28	28	33	50	37	6	6	6	6	6	300

("Annual Report of Public Health in Korea, 1953", 55쪽)

전쟁의 발발로 이재민의 보건문제와 격증하는 구료환자가 중요한 문제로 대두하자 정부는 긴급대책으로 의료방역반을 전국에 걸쳐 520개로 확장하였다. 1951년 7월 의료방역반은 지방보건진료소로 개편되었다. 보건소를 전국적으로 설치하려는 의도에서 이루어진 조치였다.[4] 보건진료소의 임무는 전재민, 피난민, 극빈자에게 무료진료 시행, 담당구역 내 전염병 예방 및 방역 조치와 보고, 담당구역 내 예방주사 실시, 모든 공중 위생에 대한 책임 보고 등이었다.[5] 보건진료소에서 사용하는 인건비, 치료비, 약품비 등은 국고에서 보조하였다.[6]

법률적으로 보건소라는 용어가 공식적으로 사용된 때는 1949년이었다. 그해 국립중앙보건소 직제가 공포되었다. 내용은 국민의 위생사상 함양과 보건상 필요한 지도사항을 담당하기 위하여 보건부장관 소속 하에 중앙보건소를 둔다는 것이었다. 내부에는 서무과 및 보건과를 두었고, 보건과 밑에 유유아과, 임산과, 결핵과, 성병과, 구강과 및 보건교육과를 두었다.[7]

1956년 보건소법이 제정되었다. 이 법의 제정으로 전국에 산재해 있던 500여 보건진료소가 보건소로 승격되었다.[8] 보건소법은 각 군마다 1개의 보건소 설치를 목표로 하였다.[9] 그 결과, 1951년 500개로 출발한 보건진료소는 1958년 현재 520개로 증가하였다. 1955년 전국에 139개의 군이 있었던 점을 고려하면, 각 군당 3.74개의 보건소가 설치된 것이었다. 연도별로 정리한 도별 분포 상황은 아래와 같다.

〈표 4〉 보건소 증감 현황(1951~57년)

	서울	경기	충북	충남	전북	전남	경북	경남	강원	제주	기타	총계
1951	27	62	29	50	49	60	75	73	42	9	24	500
1952	23	63	32	54	46	62	77	75	31	7	29	500
1953	23	63	34	54	51	62	78	79	31	9	–	484
1954	14	70	39	54	53	62	79	80	33	9	1	490
1955	14	77	37	57	56	66	82	81	39	9	2	520
1956	14	77	37	57	56	66	82	81	39	9	2	520
1957	6	77	39	58	57	66	84	82	40	9	2	520

(『保健社會行政槪觀』, 171쪽)

〈그림 8〉 서울시립 중구보건소(1963년, 서울사진아카이브 소장)

보건소법은 1962년 전면 개정되었다. 개정 이유는 서울특별시와 구를
두고 있는 시에서는 보건소를 구마다 1개소, 기타의 시와 군에서는 시군
마다 1개소를 설치하는 데 있었다.[10] 법의 개정은 보건소의 역할을 예방
보건의 방향으로 집중하는 데도 목적이 있었다. 종래 시군구에서 관장하
던 공의업무의 지도감독, 보건위생에 관한 기술행정의 업무 일체를 보건
소에서 관장하게 되었기 때문이다. 이 개정으로 "질병의 진료예방의학적
조치의 강화와 보건행정의 전반에 긍(亘)하여 획기적인 발전의 토대를 마
련하게 되었"다.[11] 보건소의 설치주체 및 업무조항도 마련되었다. 보건소
의 운영주체가 시도에서 시군으로 전환되었고, 보건소의 13가지 업무조
항도 법률로 규정되었다.[12]

보건소법의 개정은 보건소의 축소 정비로 이어졌다. 1950년대까지 500
개가 넘던 보건소의 숫자는 1963년 즈음 189개로 축소되었다. 1960년에
전국적으로 군이 140개 있었던 점을 고려하면, 각 군당 1.35개의 보건소

가 설치된 것이었다. 설치 현황은 아래와 같다.

	서울	부산	경기	충북	충남	전북	전남	경북	경남	강원	제주	합계
설립계획	9	6	23	12	17	16	25	33	26	19	3	189
1961.5 이전	5	2	8	5	6	6	9	9	8	5	2	65
1961.5 이후				2	9		2	5	2			20
1962	4	4	14	5	1	10	14	15	15	14	1	97
1963			1		1			4	1			7
합계	9	6	23	12	17	16	25	33	26	19	3	

(『보건사회백서(1964년판)』, 53쪽)

정비는 되었지만 보건소의 상황은 열악했다. 1960년대 초 보건소는 건물이 마련되지 않고, 각종 의료기구·시설·장비 그리고 행정 및 기술원이 부족한 결과 보건소로서 본연의 임무를 수행하지 못하고 있었다.[13] 그 상황은 계속 이어졌다. 인원의 측면에서 볼 때, 1980년대 초반 217개소의 보건소 중 172개소만이 보건소장을 확보하고 있었다. 79%의 충원율이었다.

충원율이 낮은 이유는 승진 및 자기발전의 기회가 없다는 데도 있었지만, 무엇보다 민간의료기관과 보수 격차가 컸다. 예를 들어 의사가 민간병의원에 취업할 때는 200만 원 이상, 개업할 때는 500만 원 이상의 수익이 보장되는 데 비해 보건소장이 되면 보수는 진료수당을 합쳐도 평균 80만 원이었다.[14] 민간의료기관의 40%, 심하게는 16%에 불과했다. 우수한 의료인력을 확보하기 어려운 조건이었다.

보건소가 행정단위에 설치됨으로써 비효율적으로 운용되기도 하였다. 1980년대 초반 전국의 군보건소 139개 중 도시에 설치된 것이 27개, 도시 인근에 설치된 것이 30개였다. 군보건소의 41%가 도시생활권에 포함되어 있었던 것이다. 이런 보건소는 도시 보건소에 통합 운영하는 것이 효율성을 높일 수 있었다.[15]

1996년에는 보건소법이 지역보건법으로 전면 개정되었다. 지방자치제가 실시되면서 니타난 변화였다. 그 결과 보건소 기능은 정부가 기획하는 보건사업에서 지방자치단체별 지역보건의료계획 수립에 의한 사업 위주로 변경되었다.[16] 지역보건법 개정으로 보건소는 전염병 관리와 가족계획사업을 위주로 하는 기관에서 지역주민의 건강관리기관으로 변모하게되었다. 그 결과 보건소 업무에 건강평가·건강증진 등 국민건강증진사업, 가정·사회복지시설 등을 방문하여 행하는 보건의료사업, 만성퇴행성질환의 관리 등이 추가되었다.[17] 법 개정을 통해 보건소의 역할이 변화된것이었다.[18]

보건소의 미래에 대한 고민은 계속되고 있었다. 그중 하나는 보건소가 환자 진료에 치중하는 1차 의료기관에 머물고 있다는 것이었다. 보건진료원 배치가 그 예였다. 1981년 농어촌 주민을 위해 간호사가 보건진료원으로 위촉 배치되어 제한된 진료행위를 포함한 보건예방 및 교육, 영양개선 등 포괄적인 건강사업을 맡은 바 있었다.[19] 하지만 주요 활동은 진료에 머물렀다. 진료가 보건진료원의 목적 중 하나인 것은 분명했지만, "되도록 시간과 정력을 진료 이외의 활동에 주력하도록 되어 있는데 실지는 반대여서 그들의 존재 의의조차 문제시되고 있다."는 평가가 나왔다.[20]

이용자의 인식도 쉽게 변하지 않았다. 보건소가 예방접종이나 방역 등의 기능만을 담당하거나 가난한 사람들이 이용하는 곳으로 인식되어 지역 전체 주민의 지지와 참여를 유도하기가 어렵다는 평가는 그 인식의단편을 알려준다. 담당자들의 관료화도 문제로 지적되었다. 민간의료기관의 경우 보건소를 지원부서가 아닌 규제기관 내지는 권위적인 기관으로

인식하고 있고, 따라서 민간부문과 연계가 미흡하다는 지적이 나오고 있었다.[21]

여러 문제점이 지적되었지만, 보건소가 한국인의 건강과 장수에 공헌한 중요한 기구였다는 점은 분명하다. 보건소의 설립과 활동을 통해 한국인을 "기생충 왕국에서 탈출시켰고, 가족계획을 통하여 소자녀 규범을 정착시켰으며, 결핵관리를 통하여 결핵박멸의 가능성을 보여"주었기 때문이다.[22]

2. 공중보건의 파견과 무의촌 해소

해방 후 의료인력의 공급을 통한 무의촌 해소는 시급한 과제였다. 1951년 당시 전국 1,531개의 면 중에서 의사가 없는 무의면은 55%에 달하는 840개였다. 반이 넘는 면에 의사가 없었던 것이다.

〈표 6〉 면 소재 의사 수(1951년)

의사 수	0	1	2	3	4	5	6명 이상	총계
면 수	840	442	96	74	41	32	6	1,531
비율(%)	55.0	29.0	6.3	4.7	2.5	2.1	0.0	100

(In Ho Chu, "Public Health Reports in Korea", p. 26)

그곳에서 불법적 의료행위는 존재할 수밖에 없었다. 한의사, 한지의사가 의사의 빈 공간을 메우고 있었고, "가(假)의사, 내지 행상의사(行商醫師) 등의 혼잡한 사이비 의료행위"가 이루어지고 있었다.[23] 무의촌은 일종의 의료 사각지대였다.

무의촌 문제를 해소하려는 국가의 노력은 법률 제정을 통해 이루어졌다. 1951년 제정된 국민의료법은 의료인에 대해 2년 이하의 기간을 정하여 지정한 장소에서 지정한 업무에 종사하도록 명령할 수 있다고 규정하였다. 의사를 강제적으로 배치함으로써 무의촌을 없애고자 한 것이었다. 무의촌 해소를 위한 국가의 의지는 강했다. 개업 지역의 허가제까지 시도하였다. 국민의료법 제정이 논의되는 과정에서 법제사법위원회는 아래와 같은 안건을 제시하였다.

> 의료업자가 의료기관을 개설코저 할 때에는 주무부 장관의 허가를 얻어야 한다. 장소를 이전할 때에는 또한 같다. 주무부 장관이 전항의 허가를 할 때에는 인구의 밀도, 의료시설의 분포, 교통의 편부 등을 고려한 주무부령에 정하는 바에 의하야 장소를 지정한다.[24]

인구, 의료기관, 교통 등 여러 사항을 고려하여 의료인의 개업 지역을 허가하자는 제안이었다. 지방에 따라 의료인 분포에 차등이 있을 가능성이 있으므로 정부가 의료인의 개업을 통제하겠다는 목적을 분명히 한 것이었다. 무의촌 해소라는 과제 해결을 위해 의료인에게는 희생이 요구되었다. 무의촌을 없애기 위해, "전 민족을 위해서 의사 되시는 분에게 대해서 최소한도의 희생을 요구"하였다.[25] 하지만 이 조항은 의사의 자유를 구속할 우려가 크다는 이유로 현실화되지 못했다.[26]

1959년에는 공의제도가 시작되었다. 이들은 배치된 지방에 자신의 의원을 개설하고 유료로 환자를 치료하는 동시에 예방의학 및 공중보건에 관한 공의 사무를 수행하도록 하였다. "지방민의 건강관리를 담당"하는 것이 이들의 임무였다.[27] 식민권력이 의료인 부족 문제를 해결하기 위해 지방에 공의제도를 설치하였는데, 그 제도를 그대로 활용한 것이었다.

1962년에는 국민의료법에 의거하여 의사동원령이 발동되었다. 1차적으

〈그림 9〉 성북의약회의 무의촌 의료진료(1969년, 서울사진아카이브 소장)

로 군복무미필 의료인에게 특정 지역 종사 명령을 내려 전국적으로 1,144명의 공의를 확보 배치하고, 2차 조치로 한의사 422명에게 예방의학교육을 시켜 배치함으로써 무의면의 완전 해소를 시도하였다.[28] 하지만 공의에 대한 봉급, 의료기구와 시설 등 지원이 미비했고, 징발된 공의들도 대리의사를 보내거나 부임지를 무단으로 벗어나는 등 문제를 일으켰다. 의료공급 문제를 강제적인 의사 동원을 통해 해결하려는 시도는 쉽게 성공하지 못했다.

국민의료법 개정을 통해 의료기관 개설을 신고제에서 허가제로 전환하는 시도도 이루어졌다. 의료기관의 도농 격차를 해소하기 위해 도시에서 의료기관의 설립을 허가제로 전환하려는 시도였다. 대신 농어촌은 신고제로 운영하여 도시 의료기관의 이전을 유도하였다. 하지만 개설 지역의 예외 규정을 폭넓게 허용함으로써 사실상 이 법은 사문화되었다.[29]

이 외에도 무의촌 해소를 위한 다양한 조치가 실시되었다. 1965년부터는 600여 개의 무의낙도 주민을 진료하기 위하여 병원선이 건조되었고, 순회진료가 실시되었다. 비록 "무의면 수를 감소시키는 데 실효를 거두지 못하였다."는 평가를 받았지만, 1971년까지 한지의사제도를 존속시킨 이유도 무의촌을 해소하려는 데 있었다. 1972년에는 의사국가고시 불합격자를 2년간 특성 지역에 근무하는 조건으로 합격시켜 배치하는 특정의무지정의사, 1977년에는 정부에서 의대생에게 장학금을 지급한 후 지급 연수에 따라 2~5년 동안 무의지역에 근무하게 하는 공중보건장학의사제도가 실시되었다.[30]

1969년에는 한의사, 한지한의사 및 입치영업자에 관한 임시조치법이 반포되었다. 지정업무종사한의사, 한지한의사, 입치영업자에게 한지의사자격시험과 한지치과의사자격시험에 응시할 자격을 부여함으로써 "이들이 습득한 양방의료시술의 활용기회"를 가지는 동시에 "무의지역의 일소를 기"하기 위한 조치였다.[31] 무의촌 해소를 위해 한의사, 입치영업자를 진료지역이 제한된 의사, 치과의사로 승격시키고자 한 것이었다.[32]

무의촌 해소는 1970년대 말 공중보건의사제도가 도입되면서 실현되었다. 1978년 12월 '국민 보건의료를 위한 특별조치법'이 제정되면서 의사에게 3년간 무의지역에 근무하게 한 후 실역복무를 면제하는 공중보건의사제도가 실시되었다.[33] 이 특별조치법은 1980년 12월 '농어촌 보건의료를 위한 특별조치법'으로 흡수 통합되었다.[34] 실질적인 배치는 1981년부터 이루어져 공중보건의사 및 보건진료원이 면 보건지소와 이(里) 보건진료소에 배치되었고, 1984년 무의지역이 완전히 해소되었다.[35]

그러나 문제의 해결은 자연스러운 의료공급의 증가가 아닌 강제, 즉 법률 제정을 통해 이루어졌다. 나아가 원활한 운영을 막는 문제들이 있었다. 우선 공중보건의사의 문제인데, 이들은 대부분 임상 경험이 없었다. 농촌에서 수행해야 할 지역사회 보건, 1차 진료, 응급처치, 예방보건 활동 등에 대한 교육이 부족했다. 이들이 근무하는 시설도 좋지 않았다. 1차 진료를 수행할 수 있는 진료장비가 갖추어져 있지 않거나, 배치된 물품이 숫자를 채우기 위한 방편일 경우가 많았다.[36]

무의촌 해소 이후에도 농어촌지역의 의료수요 충족을 위한 노력은 이어지고 있다. 2004년 1월 정부는 '농어촌주민의 보건복지증진을 위한 특별법'을 제정하여 "농어촌지역의 보건복지 수요의 급격한 증가에 적극적으로 대처하고 농어촌주민의 보건복지 수준 향상"을 도모하였다. 후속조치로 농어촌지역 보건복지 분야에 대한 추진계획, 방법, 재원조달 방안 등이 담긴 농어촌보건복지 기본계획을 5년마다 수립하고 있다. 2005년 6월 제1차 농어촌보건복지기본계획(2005-09), 2009년 제2차 농어촌보건복지 기본계획(2010-14)이 그것이다.[37] 2015년에 제3차 농어촌보건복지기본계획(2015-19)이 수립되어 농어촌지역에 대한 보건복지의 증진과 인프라 확충을 추진하고 있다.[38]

문제는 농어촌이 도시와 비교할 때 여전히 의료공급이 부족하다는 점에 있다. 2019년 현재 중증질환 환자의 입원진료 비율을 보면 서울시민은 93%인 반면, 경북도민은 23%에 불과하다. 지방의 경우 진료를 위해 다른 지역으로 이동해야 하는 형편인 것이다. 시군구 기초자치단체 중 300병상 이상 종합병원과 응급의료센터가 없는 곳이 140여 개에 달하고, 인구 1천 명당 활동의사 수는 경북이 1.3명으로 서울 2.9명의 절반 이하이다. 비수도권, 중소도시와 농어촌지역의 경우 여전히 의료자원이 부족하다.[39]

건강권이 운위되는 상황에서 의료공급의 부족은 해결해야 할 중요한 문제이다. 하지만 20세기처럼 법률 제·개정을 통한 강제적인 조치는 불가능하다. 민주주의와 자치가 강조되는 시대 상황과 어울리지 않는다. 문제는 의료공급의 문제를 의료인의 자율에 맡길 수 있느냐는 것이다. 공공의료에 대한 정부의 지원과 함께 의료전달체계 수립에 대한 고민이 필요한 시점이다.

3. 약학교육의 확대와 약국의 증가

해방 이후 의료계에 나타난 변화 중 하나는 약학대학의 증설이었다. 1945년 서울대 약대, 이화여대 행림원 등 2개의 약대가 존재했다면, 1953년 성균관대, 숙명여대, 중앙대, 효성여대, 부산대, 1954년에 조선대, 덕성여대, 영남대, 1955년에 동덕여대, 경희대, 1956년에 충북대에 약대가 설치되었다.[40] 1950년대 중반까지 10여 개가 넘는 약대가 증설된 것이었다.

약대가 증설된 배경에는 여러 사회적 요인이 자리잡고 있었다. 당시 백낙준(白樂濬) 문교부장관이 일인일기(一人一技) 교육을 강조한 점, 종합대학교로 성장하려는 각 대학의 입장에서 볼 때 이공계 학문 가운데 약학대학이 시설기준을 갖추는 데 상대적으로 용이했던 점, 졸업생의 경우 마산군의학교 1개월 교육만 받으면 장교로 임관할 수 있었다는 점 등이 작용한 결과였다. 나아가 전쟁을 경험하면서 기술자가 제일이라는 관념이 자리를 잡았고, 확실하고 안정된 직업을 원하는 시류 역시 약학대학의 장점을 부각시키는 요인이었다.[41]

그러나 약학대학의 급증은 사회적 문제를 야기하였다. 약사가 과잉 배출되었기 때문이다. 약무행정을 담당하는 보건사회부가 판단하기에 약사, 약국의 증가는 문제였다. 인구증가율이나 경제성장률을 상회한 약사의 과잉 배출은 약국의 난립과 도시 집중이라는 문제를 낳았다. 약사들 간의 경쟁은 치열해질 수밖에 없었다.[42] 해방 이후 약사, 약국의 증가 추이는 다음과 같다.

〈그림 10〉 1950년대 서울약대 약용식물학교실(『서울대학교 약학대학 100년사』 (서울대학교 약학대학, 2017), 183쪽)

〈표 7〉 약사, 약국수 추이(1947–67년)

	1947	1950	1951	1952	1953	1954	1955	1956	1957	1958	1959	1960	1961	1962	1963	1964	1965	1966	1967
약사	520	–	1,194	1,343	1,446	1,499	1,958	2,232	2,738	3,273	3,856	4,696	5,025	5,999	7,202	8,519	10,028	10,236	11,510
약국	298	576	599	504	723	647	696	960	1,177	1,632	1,694	2,525	3,139	3,564	4,382	5,218	6,163	6,474	7,009

(『藥務行政白書』, 24쪽)

약사와 약국은 1960년대에 접어들어 급격히 증가하였다. 이전에는 매년 최대 500명씩 증가하던 약사 수는 1960년대에 접어들어 한 해에 최대 1,500명 이상이 증가한 적이 있을 정도였다. 나아가 증가된 약국이 도시에 집중하면서 지역적 차이가 나타나기 시작했다. 1967년 현재 시도별 약국과 의약품도매상 수는 아래와 같다.

〈표 8〉 시도별 의약품 판매업 분포(1967년 12월 31일)

	서울	부산	경기	강원	충북	충남	전북	전남	경북	경남	제주
약국(%)	41.14	9.74	9.04	3.15	2.47	5.24	4.69	8.47	11.1	4.11	0.86
도매상(%)	33.33	8.89	16.1	2.78	1.11	7.28	5	6.67	14.44	3.9	0.5

(『藥務行政白書』, 24쪽)

약국의 42% 정도가 서울에 모여 있었고, 부산까지 합치면 전체 약
국 수의 절반 이상이었다. 여기에 수도권에 해당하는 경기도까지 합치면
60%가 넘었다. 의약품도매상 역시 마찬가지였다. 서울에 34%, 부산까지
합치면 42%가 두 도시에 모여 있었다. 경기도를 합치면, 거의 60%였다.
정부는 이런 불균형을 시정하기 위해 법률 개정에 나섰다. 1963년 12월
전면 개정된 약사법은 16조에서 "약국을 개설하고자 하는 자는 보건사
회부령이 정하는 바에 의하여 서울특별시장, 부산시장 또는 도지사의 개
설승인을 얻어야 한다."고 규정하였다. 약국의 개설을 종래 등록제에서 승
인제로 변경한 것이었다.

나아가 약국 사이의 적정 배치를 시도하였다. 17조를 통해 "서울특별
시, 부산시 또는 도는 대통령령이 정하는 기준에 따라 당해 서울특별시,
부산시 또는 도규칙으로 약국의 적정배치를 위하여 필요한 개설승인기
준을 정하여야 한다."고 규정하였다. 적정배치규정은 1965년 4월 약사법
의 부분 개정을 거치면서 삭제되었다. 국민의 기본 권리인 거주의 자유,
기업의 자유, 후진의 진로 등을 막는다는 이유 때문이었다.[43] 비록 삭제되
었지만, 적정배치규정은 약국의 대도시 집중이 사회의 문제가 되고 있었
음을 증명하는 사례였다.

약국의 증가는 기존의 약사들이 보기에도 불안한 현상이었다. 1950년
대부터 약사들은 우려의 목소리를 내기 시작하였다. 초점은 약대 증설에
맞추어졌다. 대한약사회의 1955년 제1차 이사회 토의안에 따르면, 약사

들은 약대 증설에 비판적이었다. 신설되는 약대 중 시설기준을 포함하여 기타 규정을 맞추지 못하는 곳이 많았고, 따라서 정부는 시설기준을 강화하고 엄수해야 했다. 하지만 기존 약대들은 정원을 넘어서는 초과 모집을 이어가고 있었다. 정원의 2.5배 정도가 초과 모집되고 있다는 지적이 있을 정도였다.[44]

1960년대에 접어들어서도 약대 인원은 논란의 대상이었다. 대한약사회는 1964년 1월 회장 명의로 정부에 건의서를 발표하였다.

> 우리나라의 약학교육기관이 대폭 확장됨으로서 약사의 급격한 증가로 보건부문 기타 분야에서 상당한 역할을 하고 있으나 근래에 와서는 각 약학대학의 정원초과모집으로 인하여 그 수가 국가적으로 요구하는 이상의 약사가 배출되어 불원한 장래에 약사의 진로가 막연할 것이 예측되는 바입니다. 우리나라 현 실정으로는 아직 기초화학공업, 제약공업, 식품공업, 위생관계 기타부문에서 약사의 기능으로 취업할만한 충분한 직역이 마련되지 않아 매년 배출되는 대다수의 약사가 약국개업에만 지향하게 되오니 이는 약국의 난립상태로 약업질서를 문란케 하는 실정이오니 국가가 필요로 하는 약사의 수를 조절하기 위하여 각 약학대학의 설치기준과 입학생 정원의 조정이 절실히 요청되는 바입니다.[45]

과도한 약사 배출은 약국 난립으로 이어져 약업계의 질서가 무너질 우려가 있으니 약학대학의 설치기준과 입학생을 조정해달라는 건의였다. 약사회가 생각하는 약대의 적정 졸업자 수는 300명이었다. 하지만 당시 13개의 약대에서는 매년 1,500~1,600명의 졸업생을 배출하고 있었다. 인가 정원수가 780명이었음에도 불구하고 초과 모집한 학생까지 졸업하고 있었기 때문이다. 졸업생 중 약사가 되는 수는 1,300~1,400명이었다.

입학생 조정 요청에 대한 문교부의 답변은 형식적이었다. 약학대학 학생 정원을 다시 책정하는 것은 시기적으로 불가능할 뿐 아니라 이미 책정된 정원도 대학설치 기준령과 기타 여러 가지 사항을 감안한 것이라는 답변이었다.[46]

1964년 원광대 약대 신설 인가는 약사들이 누적된 불만을 폭발시키는 계기가 되었다. 불만이 누적된 상황에서 "운이 나쁘게도 원광대학이 지탄의 대상이 된 것"이었다.[47] 약사회에 따르면, 원광대는 시설이 부족했다. "시설 불비에도 불구하고 원대 약학과를 인가해준 것은 천만부당한 처사"였다.[48] 약대의 시설 미비는 1950년대부터 지적되어오던 문제였다. 1954년에는 마산에 있던 부산대 약대가 부산으로 이전하는 사태가 일어나기도 하였다. 마산시가 시설보완 및 교수충원 약속을 이행하지 않았기 때문이다.[49] 약사회는 시설 미비를 원광대 약대 신설을 반대하는 명분으로 다시 제기하였다.

원광대 약대의 신설을 지지하는 주장은 지역 균등 발전을 근거로 제시하고 있었다. 호남 주민이 5백만인데 약대는 당시 광주에 하나가 있을 뿐이었다. 약대 신설은 지역사회 발전과 직결되어 있었다. 교육법에도 "학교를 지역적 또는 종별적(種別的)으로 공평하게 배치하여야 한다."는 규정이 있었다. 약사의 과대 배출을 걱정하는 목소리는 지지자의 입장에서 볼 때 기우였다. 약사들은 도시에 집중하고 있었다. 당시 지방에는 무약촌이 많았다.[50] 과잉 배출되었다 해도 그런 지역으로 진출하면 문제는 해결될 수 있었다.

정부는 정해진 기한 내에 시설을 완비한다는 조건을 전제로 원광대의 약대 신설을 인가하였다.[51] 나아가 원광대 약대 신설이 장기적인 교육정책에 따른 불가피한 조치라고 설명했다. 교육 10개년 장기계획에 의한 대학교 지방 분산시책의 일환으로 부득이 인가하게 되었다는 설명이었다.[52] 정부는 약대 정원의 감축도 약속했다. 전국 약대 총 정원 수 810명 중 앞으로 1/4~1/5을 감축하겠다는 약속이었다. 정원 외 입학에 대해서는 법적 조치도 약속했다. 인가된 정원 이외의 "단 1인도 더 모집하는 학교는 폐과 또는 폐교까지도 단행할 방침"이라는 약속이었다.[53]

원광대 약대에 대한 문제제기는 개설 이후에도 이어졌다. 1967년 문교부는 감사 결과 자격기준에 미달된 19개 대학 29개과를 폐과하거나 신입생 모집 중단, 정원 감축 등 조치를 취하겠다고 발표했다. 여기에 원광대 약학과가 포함되었다.[54] 원광대는 문교부에 질의를 통해 이 조치가 근거가 없다는 답변을 받았고, 도내 일간지에 해명서를 게재하였다.[55]

1970년대에도 약대의 증설은 이어졌다. 1970년 14개였던 약대 수는 1979년 삼육대, 우석여대, 충남대에 약학과가 신설됨에 따라 17곳으로 증가하였다.[56] 약사와 약국의 증가는 의료공급에서 약국이 차지하는 비중의 증가로 나타났다. 아래 표에 따르면, 1980년대 초반 약국을 이용하는 환자의 비율은 64.5%로 병의원의 25.6%에 비해 2.5배나 높았다.

정부에 따르면, 약국이 선호되었던 이유는 의료비가 비싸다고 느끼는 계층의 호응을 얻기가 쉽다는 점, 의료전달체계가 확립되어 있지 않은 점

〈표 9〉 의료요구자의 선호치료처(1982년) (단위: 100명당)

	치료자		미치료자	계
	선호	실제		
병의원	65.8	25.6	79.0	70.7
보건소(지소)	2.2	3.4	4.8	3.2
한방	4.3	6.1	6.9	5.3
약국	27.5	64.5	8.9	20.5
기타	0.2	0.0	0.3	0.2

(『保健社會 1982年板』, 141쪽)

에 있었다.[57] 약국은 상대적으로 싼 가격, 폭넓은 분포를 통해 한국인의 의료수요를 충당하고 있었다. 약사회의 지속적인 반발에도 불구하고 정부가 약대 신설을 계속 용인한 이유도 부족한 의료수요를 약사 배출을 통해 해결하고자 하는 의도에 있었을 가능성이 높다. 적어도 의료보험이 시작되기 전까지 약국은 한국인의 1차 의료를 책임지는 의료기관이었다.

문제는 의료공급이 확대되는 상황에서 기존 약국의 역할이 지속되었다는 데 있었다. 1953년 제정된 약사법은 의약분업을 전제로 만들어졌지만, 실시는 연기되었다. 약사들은 의약분업이 실시되기 전까지 잠정적으로 임의 조제를 할 수 있었고, 의사 수의 부족으로 발생한 의료 부족을 보완하는 역할을 담당하였다.[58] 약사들은 제한 없이 조제와 투약을 하면서 사실상 1차 진료자의 역할을 수행하고 있었다.[59]

그러나 문제도 있었다. 약의 오남용이었다. 약국에서 항생제를 자유롭게 구입할 수 있고, 전염병 발생 시 언론을 통해 항생제 구입 방법까지 소개받는 상황은 항생제 오남용을 낳는 배경이었다.[60] 2000년 의약분업은 그 남용을 막으려는 시도였다. 하지만 식민지시기부터 백여 년 가까이 지속되던 관행은 힘이 강했고, 따라서 새로운 제도를 수립하려는 과정에서 진통은 클 수밖에 없었다.

4. 한의학의 자생과 분화

1951년 국민의료법의 통과로 한의학은 서양의학과 같은 위상의 의학으로 인정을 받았다. 하지만 인정뿐이었다. 쿠데타를 통해 집권한 군사정부는 1962년 의료법 개정을 통해 한의사제도를 폐지하려 하였다. 한의사들의 반대로 그 시도는 이루어지지 않았지만, 법 개정은 다른 방식으로 한의학에 영향을 미쳤다. 개정된 의료법은 국공립대학 의과대학에서 과정 중 최종 2년간 한의학을 전공한 자에게 한의사 면허를 부여한다고 규정하였다. 사립대학에서 한의사 육성이 불가능해질 뿐 아니라 "양의도 아니고 한의도 아닌 어정쩡한 의학도만이 배출될 수밖에 없는" 규정이었다. 역시 한의사들의 반대로 이 규정은 수정되었다.[61]

한의학에 대한 서양의학의 견제도 계속되었다. 한의사들의 의료기기 사용을 반대한 것이 대표적인 예이다. 한의사들은 한의학의 발전과 관련하여 서양의학에서 사용하는 의료기기의 사용을 주장하고 있었다. 의료기기는 환자의 상태를 판별하는 방식으로, 한의학의 증(證) 개념을 객관적으로 판별할 수 있는 과학적 수단으로, 진찰을 통해 획득한 정보를 객관화하는 방법으로 의미가 있었다.[62]

그러나 서양의사들은 동의하지 않았다. 1968년 영등포보건소는 한의사가 청진기, 혈압기, 체온기를 사용한 사실을 의료법 위반으로 고발하였다. 이 사건은 재판부가 한의사가 "신(新)의료기를 사용했어도 어디까지나 한방식의 진찰이고 한방식의 진료이기 때문에 의료법에 저촉될 수 없다."는 판결로 일단락이 지어졌다. 하지만 이후에도 주사기 사용 등 견제는 계속되었다.[63]

서양의학의 견제는 역설적이게도 한의학의 전통을 유지하게 만든 것으로 보인다. 한국 한의학의 특징 중 하나는 다양한 학파의 존재이다. 동의보감학파, 사상의학학파, 황제내경학파, 상한론학파, 사암침학파, 체질침학파 등 다양한 학파가 존재하며 그 학파 안에도 복수의 학회 혹은 연구모임이 존재한다. 중국 중의학에 비해 표준화, 과학화, 병원화의 정도도 약하다.[64] 이런 특징은 국민의료법에 의해 공식 의학으로 인정은 받았지만, 서양의학에 비해 제도적 지원이 미약했던 상황을 반영하는 것이었다. 지원이 적었던 만큼 정부의 개입이 적었고, 따라서 상대적으로 자유로운 상

〈그림 11〉 경희대의 현대적 한약제조 기계(1979년, 대한뉴스)

황에서 자신의 의료를 성장, 발전시키는 역설이 가능했던 것이다.

한의학교육도 사립기관에 의해 이루어졌다. 1946년 동양의학전문학원에서 시작된 한의학교육은 동양대학관, 서울한의과대학을 거쳐 1955년 동양의약대학에 이르렀다. 하지만 재단 비리에 이어 강화된 대학시설 기준령의 적용을 받으면서 1962년 1학년 모집이 중지되었다. 사실상 폐쇄 상태에 놓이게 된 것이었다. 해결을 위해 "한의계가 일치단결하여 난국을 헤쳐 나가"는 수밖에 없었다. 동양의약대학 재건추진위원회가 구성되었고, 노력의 결과 1964년 6년제 대학으로 동양의과대학이 탄생할 수 있었다. 나아가 정부가 요구하는 시설기준을 충족시키기 위해 전국의 한의사들을 대상으로 한 모금운동도 전개되었다.

그러나 목표로 한 액수의 모금이 불가능해지면서 대안으로 다른 대학에 의한 인수합병이 제시되었다. 가장 강력한 의지를 표시한 학교는 경희 대학교였다. 합병은 1965년 이루어졌고, 동양의약대학은 경희대 의과대학

한의학과로 재탄생하게 되었다.[65] 하지만 한의학의 재건을 위한 상황은 좋지 않았다. "한의학에 대한 사회의 인식도 불충분"했고, 그 결과 한의사제도를 폐지하자는 주장이 연례행사처럼 반복되고 있었다. 이 상황에서 경희대는 교과과정 개선, 교재 편찬, 한약의 현대화, 병명의 대조 등 한의학의 발전을 모색해나갔다.[66] 문제는 사립대학의 노력만으로 상황 개선이 가능하냐는 것이었다. 한의학의 재건이 한의사제도의 인정으로 가능했듯이 국가의 제도적 지원은 중요했다.

한의학에 대한 국가의 지원은 1975년 보건사회부 내에 한의학을 담당하는 의정국 제3과가 설치되면서 이루어졌다. 국가의 지원 아래 체계적인 연구가 진행된 때는 1970년대 후반부터였다. 1978년도부터 매년 여러 개의 연구과제를 용역에 의해 개발하는 형식으로 동양의학개발연구사업이 시작되었다.[67] 1987년에는 한방의료보험이 실시되면서 연차 사업으로 한방약제 연구용역사업이 추진되었다. 한방처방과 약제의 유효성과 안전성을 확보하기 위한 사업이었다.[68]

한의학과 관련된 사업이 시작되었지만, 이 사업은 전통한의학에 대한 비판적인 평가에 기반을 두고 진행되었다. 즉, 한의학은 병리현상의 파악방법이 주관적, 경험적이므로 실험과 검증을 통한 체계화, 과학화가 필요하다는 평가였다.[69] 한방약제에 대한 연구는 "현대의약학적 수준에서 새로이 규명·분석·평가하여 우리 고유의 전통약인 한방약제의 과학화 작업을 위한 것"이었다.[70]

그 결과 한의학 관련 사업으로 한약의 규격화와 과학화가 추진되었다. 국산 한약재의 품질관리체계와 유통질서를 확립하자는 목적에서였다. 구체적으로 대한약전 또는 보건사회부장관이 고시한 규격집에 따라 해당 규격에 적합한 한약재가 유통되도록 단계별 규격화 유통대상품목이 선정되었다. 1996년부터는 36종의 한약재에 대하여 규격품 유통의무화제도가 실시되었다. 허가받은 제조업자가 만든 규격화된 한약재만이 유통되도록 한 제도였다. 규격품이란 각 품목별로 정한 제조·품질기준, 포장·표시기준에 적합한 한약재였다.[71]

과학화는 한약재가 가지는 효능과 안전성을 검토하기 위한 방법으로 추진되었다. 1987년 한의학이 의료보험에 포함되면서 한약 엑기스의 효능과 효과를 어느 정도 범위에서 설정할지, 탕제와 비교해서 독성이 어떻게 나타날지에 대한 의문이 제기되고 있었다. 의문 해소를 위해 한방의료보험 급여대상 약제 36종 중 사용 빈도가 높은 처방을 대상으로 연구사업이 시행되었다. "한방의료보험 급여 약제의 유효성, 안전성을 현대의학적 차원에서 재검토"하고, "한방약제를 과학화"하며, 나아가 "한방처방을 이용한 새로운 국내 의약품 개발에 대한 기반을 조성"하기 위한 목적이었다.[72]

한약을 넘어 한의학 치료에 대한 활성화도 시도되었다. 1991년 국립의료원에 한방진료부가 설치되어 한의사에 의한 진료가 시작되었다.[73] 양한방 협진의 필요성도 제기되었다. 환자가 의료를 이용하는 데 양한방의 구분은 선택의 혼란과 중복진료로 인한 시간적, 경제적 손실을 초래하고 있었다. 한방의료기관의 경우 서양의학에 기반을 둔 진단검사장비를 설치 운영할 수 없었다. 대안은 양한방 협진이었다. 정부는 양한방이 각각 장점을 가지고 있으니 상호보완과 교류를 통하여 발전해나갈 것을 권유하였다.[74] 양한방 협진은 한의학의 발전을 위해 제시된 방법이었다.

1986년에는 한의학(漢醫學)이라는 용어가 한의학(韓醫學)으로 개칭되었다. "우리나라의 전통의학인 한의학을 주체적인 민족고유의학으로 승화"시키기 위한 목적에서의 개칭이었다. 1971년 개칭에 대한 요구가 공식적으로 제기된 지 15년 만에 이루어진 성과였다.[75] 한의학을 민족 고유의 의학으로 옹호하는 논리는 해방 후 한의학 재건운동의 핵심 중 하나였다. 식민지시기 동안 한의학이 제도적 차별을 받았다는 점에서 민족의학이라는 용어는 현실을 반영하고 있었다. 나아가 이 개칭은 1980년대까지 한국 사회에 민족주의적 감성이 적지 않은 영향력을 미치고 있었음을 알려주는 사례이기도 하다. 이 논리는 1990년대 한약분쟁이 전개되는 과정에서 다시 한 번 활용되었다.

경제개발과 건강

1. 가족계획사업과 인구 조절

1) 배경

해방과 전쟁을 거치면서 대한민국의 인구와 출산율은 급증하고 있었다. 한국전쟁으로 1백80만에 이르는 월남민이 생긴 것도 원인이었지만,[76] 무엇보다 전후 베이비붐으로 상징되는 높은 출산율이 원인이었다. 인구증가율은 연 3%에 달하였다. 1960년 합계출산율은 6.0명으로 1940년대의 고출산율이 지속되고 있었다.[77] 그 경향은 이어질 가능성이 높았다. 1964년 서울 성동구 주민 3,204명을 대상으로 진행한 설문에서 이상적으로 생각하는 자녀수에 대한 대답은 3명이 53.1%, 4명이 25%였다.[78] 인구증가에 대한 고민이 필요했고, 대책이 필요했다.

전쟁에 이른 베이비붐이 가족계획사업이 시작되는 국내적 배경이었다면, 냉전에 따른 공산화 방지는 국제적 배경이었다. 경제적 빈곤은 정치

불안을 야기하여 공산화로 이어질 수 있다는 우려가 미국을 중심으로 확산되고 있었다. 인구증가는 경제발전의 주요 장애물이며, 경제 안정을 위해 인구 통제가 필요하다는 주장이 이어졌다. 1950년대 말에 이르면 이런 주장이 미국 정부 내에 확고하게 자리잡기 시작하였다. 한국과 같은 제3세계의 인구 성장은 냉전시대 미국 중심의 세계질서를 위협하는 요인이었다.[79]

경제성장은 한국에서 인구문제에 대한 구체적인 접근, 즉 가족계획사업을 촉발시킨 직접적인 계기였다. 대한가족계획협회 설립취지문에서 그 내용을 확인할 수 있다.

> 우리나라는 협소한 경지면적에 비해 인구는 이미 지나치게 조밀한 상태에 있는지라 증가 일로에 있는 우리 인구를 이 이상 방치하여서는 여하한 국민 경제성장률도 우리 겨레의 생활수준을 향상하고 복지사회를 이룩할 수 없(다).[80]

인구문제 해결은 경제성장, 생활수준 향상, 복지사회 구현으로 나아가는 길이었다. "우리 민족의 숙원이라고 할 국민소득 1천 달러 달성의 복지사회"는 인구증가율을 1.3%로 둔화시켜야 달성할 수 있었다.[81]

2) 전개과정

(1) 조직

가족계획사업은 1961년 군사정부가 수립된 후 시작되었다. 하지만 준비는 그 이전부터 시작되었다. 대한어머니회, 서울대학교병원 및 세브란스병원에서 산아제한을 실천하고 있었다.[82] 하지만 직접적인 계기는 다른 국가적 사업과 마찬가지로 외국에서 왔다. 1960년 11월 국제가족계획연맹(International Planned Parenthood Federation)은 특별대표로서 캐드버리(George W. Cadbury) 부처를 한국에 파견하였다. 그들은 정부와 민간의 관계자들과 함께 가족계획운동의 출범에 관하여 협의하였고, 그 결과가 1961년 4월 실립된 내한가족계획협회였다. "가족계획의 이름을 공적으로 내세운 초유의 단체가 탄생"한 것이었다.[83]

군사정부는 가족계획사업을 국가적 차원으로 확대시켰다. 1961년 11월 국가재건최고회의는 '가족계획추진에 관한 건'을 통과시켰다. 인구증가가 경제발전에 저해요인이 된다는 판단 하에 가족계획사업을 경제개발 5개년 계획의 일환으로 추진하기로 결정한 것이었다. "한국 인구정책사의 역사적인 날"이었다.[84] 정책 입안은 보건사회부와 대한가족계획협회가 진행하였다. "보건사회부와 가족계획협회는 밀착하고 혼연일체가 되어서 일"했다.[85] 가족계획사업이 추진되면서 사업의 구체적인 실현을 위해 피임약제기구의 국내 생산이 시작되고 수입 금지조치가 해제되었으며,[86] 각종 계몽 교육사업 등에 관한 승인이 이루어졌다.

정부는 1963년 6월 가족계획사업 추진을 위한 중앙 실행조직으로 보건사회부 내에 모자보건반을 설치하였다. 가족계획사업을 전담하는 기구였다. 모자보건반은 곧 모자보건과로 강화되었고, 1964년 6월에는 각 시도 보건과에 가족계획계가 설치되었다. 1970년에는 모자보건관리관실이 신설되고, 그 밑에 가족계획과와 모자보건과가 설치되었다.[87]

중앙조직 못지않게 중요한 것은 각 지역에서 실제로 가족계획사업을 실시할 조직이었다. 1962년 정부는 전국 183개 시군 지역의 보건소에 가족계획상담소를 병설하고 조산사 및 간호사를 훈련 배치하였다. 가족계획사업을 전국적으로 진행하기 시작한 것이었다. 당시 보건소에는 30~35명의 직원이 있었는데, 그중 반 이상이 가족계획을 담당하고 있었다.[88] 이

전에 보건소의 주요 업무가 결핵관리와 모자보건이었다면, 그 비중이 가족계획사업으로 이동하였던 것이다.

1964년 정부는 시군 단위의 하부조직을 강화하기 위하여 1,473개 읍면에 가족계획계몽원을 배치하고 가족계획에 관한 홍보계몽 및 피임보급을 위한 가정방문과 집단지도를 담당하도록 하였다. 가족계획요원은 가족계획사업이 내원자 중심의 활동에서 가정 방문을 통한 적극적인 방식으로 전환하는 계기였다.[89] 사업 초기인 1960년 당시 전체 인구의 70% 이상이 농촌지역에 거주하였고, 따라서 농촌지역에 적합한 사업방식을 채택한 것이었다.[90]

가족계획사업의 추진과정에서 동원된 민간조직 중 하나가 1968년 결성된 가족계획어머니회였다. 계기는 하나의 연구였다. 연세대팀에서 1967년부터 1년간 경기도 고양군 일대에서 가족계획 연구사업을 진행하고 있었는데, 이 과정에서 어머니회 조직 여부에 따른 자궁내장치 수락률과 제거율을 비교 분석하였다. 그 결과 어머니회가 조직된 부락에서 좋은 결과를 얻었다는 연구가 나왔다. 대상자를 자주 찾아가서 상담을 하면 할수록 피임법을 받아들일 가능성은 높았다.[91] 친밀도는 중요했다. 이 연구에 고무된 대한가족계획협회에서 어머니회를 전국적으로 조직하기 시작하였다.[92]

어머니회의 사업목적은 가족계획 및 모자보건사업 실천과 보급, 환경미화와 지역사회 개발활동, 어머니의 자질 향상과 생활 개선 및 향토 개발을 위한 학습활동(어머니 교실), 절제, 검소, 근면과 협동심에 바탕을 둔 저축 및 여신 활동(어머니 금고) 등이었다.[93] 어머니회를 후원하기 위해 월례집회 비용이 지급되었고, 전국 가족계획어머니회 대표들을 대상으로 한 강습회가 수시로 열렸다.

1970년대에 접어들면서 농촌의 사회사업이 새마을운동을 중심으로 진행되면서 1977년 어머니회는 새마을운동본부 산하의 새마을부녀회에 통합되었다.[94] 그 통합은 가족계획사업이 인구 억제라는 공식적인 목적을 넘어 박정희 정부의 민간영역 장악이라는 부수적 목적도 수행하게 되었음을 알려준다. 어머니회는 이동(里洞) 단위인 행정의 말단까지 조직되어 있었기 때문이다.

가족계획사업은 1970년대를 거치면서 도시지역으로 확대되었다. 1974년에는 종합병원을 이용하는 도시 중산층 주민을 대상으로 병원가족계획사업이 실시되었다. 50병상 이상의 전국 75개 국공립종합병원에 가족계획요원이 배치되어 피임시술을 권장하였고, 서울 변두리 지역에도 10개소의 가족계획상담소가 설치되어 도시 영세민에 대한 피임서비스를 진행하였다.[95]

1973년에는 모자보건법이 제정되었다. 목적은 모성의 생명과 건강을 보호하고 건전한 자녀의 출산과 양육을 도모함으로써 국민의 보건 향상에 기여하게 함에 있었다. 이 법의 반포로 임신중절수술의 허용 한계가 정해졌고, 가족계획요원의 소요경비 등에 대한 국고보조가 가능해졌다.[96] 1973년은 "가족계획사업 사상 커다란 하나의 획이 그어진 해"였다.[97]

다만 천주교의 반대가 강력하게 제기되었다. 일정한 조건을 전제했지만, 낙태를 허용했기 때문이다. 추기경부터 주교, 평신도에 이르기까지 천주교의 반대는 광범위했다.[98] 나아가 식민지시기 이래 지속된 발전주의가 가족계획사업에 영향을 미치고 있었음도 확인할 수 있다. 임신중절 허용의 조건 중 하나로 본인이나 배우자가 "우생학적 또는 유전학적 정신장애나 신체질환이 있는 경우"를 지목하고 있었기 때문이다. 국가를 위한 개인의 희생이라는 지향이 가족계획사업에도 관철되고 있었던 것이다.[99]

(2) 기술

1961년 12월 정부는 피임약제 및 기구의 수입조치를 해제하고 국내 생산을 허가하였다. 가족계획사업이 시작되기 전까지 국내에서 피임용 약제 및 기구의 생산은 물론 외국에서의 수입도 금지되어 있었다.[100] 당시 피임용 약재는 사치품 취급을 받는 수입금지 품목이었다.[101]

1962-63년 기간 중 정부에서 보급한 피임방법은 다이아프램주기법, 젤리발포성 정제 및 콘돔과 같은 재래식 방법과 정관수술이었다. 하지만 콘돔을 제외한 다른 재래식 피임방법은 효과가 부정확하여 보급이 중단되었다. 대신 1964년부터 "시술이 간편하고 안전한 자궁장치"인 리페스루프(Lippes Loop)가 도입되었다.[102] 소위 루프였다. 루프로 상징되는 자궁내장치는 장점이 많았다. 경제적이고 부작용이 적었다. 심한 부작용이 있으면 제거를 하면 되었다. 제거를 할 경우 다시 임신이 가능해졌다. "자궁내장치는 오늘날 가장 피임효과가 높고 안전하며 모든 사람들이 받아들일 수 있는 피임방법"이었다.[103]

가족계획사업의 시행 초기 루프에 대한 신뢰도는 높았다. 한국 여성의

〈그림 12〉 유솜 가족계획용 이동진료차 기증식(1965년, 국가기록원 소장)

체질에 맞고 피임효과도 높다고 평가되었다.[104] 가족계획협회는 루프의 확산을 위해 이동시술용 차량을 이용하였다. 1964년부터 지프차를 가지고 교통이 좋지 않은 부락을 순방하여 루프를 시술하였고, 그 결과는 "매우 효과적"이었다.[105]

그러나 루프는 문제점을 안고 있었다. 부착 후 출혈과 요통 등 부작용이 나타났다. 여성들은 루프 착용을 중지하기 시작했다.[106] 대안은 먹는 피임약이었다. 1968년 먹는 피임약이 전국적으로 보급되기 시작했다.[107] 하지만 먹는 피임약 역시 효과가 좋지 않았다. 루프와 마찬가지로 중단율이 높았다. 루프시술의 경우 시술 후 1개월 이내 중단율이 18%, 1년 이내에 중단율이 47%였는데, 먹는 피임약은 1년 이내 중단하는 경우가 66%에 이르렀다.[108] 루프보다 오히려 도중에 중단하는 비율이 높았다. 아래는 가족계획사업 시행 후 1980년까지 활용된 피임방법이다.

〈표 10〉 계획기간별 피임보급 실정(1962-80년) (단위: 천 명)

	1962-6	1967-71	1972-6	1977-80	계(%)
루우프시술	725.5	1,460.8	1,619.3	899.8	4,705.4(42.5)
정관수술	82.3	84.9	156.1	144.6	470.0(4.3)
난관수술	–	–	65.6	749.2	812.7(7.3)
콘돔(월평균)	706.1	760.0	859.0	368.6	2,693.6(24.3)
먹는피임약(월평균)	–	487.6	1,134.3	521.0	2,142.9(19.4)
월경조절술	–	–	14.4	232.4	246.8(2.2)
계	1,513.9	2,793.3	3,848.7	2,915.5	11,071.2(100.0)

(『保健社會 1981年版』, 270쪽)

부작용이 나타나고 있었지만, 루프가 피임방법으로 가장 많이 사용되었음을 알 수 있고, 다음은 콘돔과 먹는 피임약이었다. 1970년대 초반부터 난관수술이 이루어졌고, 월경조절술도 사용되었다. 정관수술과 함께 난관수술이 시행된 이유는 루프와 먹는 피임약이 경제적인 것 같지만 탈락률과 중단율이 높아 결과적으로 비경제적이라는 판단 때문이었다. 수술은 탈락이나 중단이 불가능하고, 피임 효과도 높다는 점에서 1970년대부터 "최우선적으로 권장해야겠다는 주장이 강력히 대두"하고 있었다.[109]

1980년대에 접어들면서 이전 피임방법 중 4% 남짓에 불과하던 정관수술은 비율을 높이기 시작했다. 난관수술자와 비교할 때 정관시술자의 수는 1982년 1/4, 1983년 1/3, 1984년 1/2 정도로 증가하였다. 증가의 원인 중 하나는 예비군 훈련 시 정관시술자에게 잔여 교육훈련을 면제해줌으로써 "정관시술을 결심할 수 있는 좋은 기회를 제공"한 데 있었다.[110] 몇 시간의 훈련 면제를 위해 평생 피임을 선택하는 남성들이 증가하고 있었다. 더 큰 혜택도 있었다. 아파트 입주권이었다. 정부는 1977년부터 불임시술자에 공영주택 입주우선권을 부여하기 시작했다.[111] 정관수술의 비율은 계속 증가하여 1992년도 남녀불임시술의 비율은 54.9 : 54.1이 되었다. 가족계획사업을 실시한 후 처음으로 불임시술자 중 남성의 비율이 여성을 상회한 것이었다.[112]

(3) 홍보

피임시술자가 아닌 일반 국민에게도 가족계획사업의 기억은 분명하다. 시행과정에서 전방위적인 홍보가 이루어졌기 때문이다. 특히 1970년대에 접어들어서 홍보가 강화되었다. 정부가 가족계획협회를 홍보 전담기관으로 지정하면서, 협회는 종래 의사 중심의 조직기구를 홍보교육 중심으로 전환하였다. 1970년대 중반을 거치면서 의료 개입이 강했던 가족계획사업이 홍보를 통한 의식의 개혁으로 중점을 이동하고 있었던 것이다.

1971년에는 홍보의 방향이 '둘낳기운동'의 선전보급에 집중되었다. 이전 10년 동안 사용했던 '알맞게 낳아서 훌륭하게 기르자'에 대신하여 '딸

아들 구별말고 둘만 낳아 잘 기르자'가 표어로 선정되었다.[113] 전국적으로 인구시계탑도 설치되었다. 가족계획협회는 대국민 홍보용으로 서울 어린이대공원 상설전시관 안에 한국과 세계의 인구증가 현황을 알려주는 인구시계탑을 설치하였다. 인구시계탑은 1983년 7월 29일을 기해 매스컴의 초점이 되었다. 이날로 한국 인구는 4천만 명을 돌파하였기 때문이다. 한국 인구는 50.4초마다 1명씩 증가하고 있었다.[114]

정부와 가족계획협회는 인구시계탑이 인구문제의 심각성을 알릴 수 있는 수단이라는 점을 확인했다. 그 결과 1984년 5월 경남 창원시에서 시작해서 1985년 12월 서울 KBS 본관 앞 여의도 광장까지 전국 주요 도시에 모두 16개의 인구시계탑을 설치하였다. 인구시계탑은 "국민으로 하여금 인구증가 문제의 심각성을 알리는 더할 나위없는 효과"를 거두었다.[115]

3) 의미

(1) 인구율 제어

1961년 가족계획사업의 시작 이후 출산율은 지속적으로 감소하였다. 1961년 전국적으로 5.8명이던 평균자녀수는 1979년에는 2.6명으로 감소하였다. 20년 만에 반으로 감소한 것이다. 구체적인 출산 인구의 변동 추이는 아래와 같다.

〈표 11〉 출산력 변동 추이(1961-79년)

지역·연도	1961	1964	1967	1971	1973	1976	1979
농촌	6.5		5.2		5.0	3.6	3.1
도시	4.8		3.5		3.3	2.8	2.4
전국	5.8		4.5		4.1	3.2	2.6

(『保健社會 1981年版』, 275쪽)

출산력 저하의 요인으로는 사회적 변화, 예를 들면 1960년 21.6세에서 1975년 23.7세로 상승한 초혼연령 같은 요인도 있었지만, 무엇보다 가족계획사업과 인공유산이 중요했다.[116] 가족계획사업의 결과 한국은 "인구학적 변천의 마지막 단계인 후기적 균형상태로 진입"했다.[117] 가족계획사업은 목표인 인구증가 억제에 성공하였다.

가족계획사업의 성공 배경에는 해방 후 진행된 여러 의료사업이 그랬듯이 외국 기관의 지원이 있었다. 여러 국제기구와 외국 단체들이 재정·기술적 지원을 해주었다. 그중에서도 미국의 개척자재단(PathFinder Fund)과 미국인구협회(PC, Population Council)의 지원은 중요했다.[118]

그러나 무엇보다 중요한 성공 요인은 정부와 민간의 적극적인 협력에 있었다. 사업에 대한 반대는 천주교에서 제기되는 정도였다. 천주교는 인구문제의 본질이 인구증가가 아닌 식량부족에 있다고 지적하며, 농업기술의 발전, 새로운 경작지의 개척, 선진국 잉여농산물의 재분배 등을 주장하였다. 하지만 개신교마저 가족계획사업에 동참하면서 천주교는 외로운 투쟁을 해야 하는 처지에 놓이게 되었다.[119] 당시 한국 사회가 보여주었던 적극적인 협조의 내용에 대해 정부는 아래와 같이 정리하였다.

> 가족계획의 성공은 범정부적인 독려와 집중투자, 의료인, 일선가족계획요원 및 지역사회지도자들의 헌신, '적게 낳아 잘 기르자'는 표어와 같은 가족계획협회의 적절한 홍보전략과 언론기관의 호응, 경제개발에 따른 실리적인 사고의 확산(덕분이었다.)[120]

정부는 기획과 조정, 감독을 맡았고, 의료진을 활용하여 피임 조치를 확대시켰다. 가족계획사업비는 1962년 1인당 110원에서 1976년 313원으로 증가하였다. 15년 사이에 예산이 3배 가까이 증가한 것이었다. 민간단체인 가족계획협회는 홍보, 교육, 계몽, 조직, 동원 등을 담당하였고,[121] 학문적인 기반은 가족계획연구원과 각 대학의 전문 연구소, 관련 분야 학회가 담당하였다.[122]

민관을 결합시킨 중심에는 경제성장이라는 당시 한국 사회의 과제가 있었다. 정부는 가족계획사업을 경제개발계획의 한 분야로 간주하고 추진하였다. 국민들도 합류했다. 가족계획은 산업화 과정에서 계층 상승을 꿈꾸는 가정에게 자녀 교육의 기회를 확대시켜주는, 즉 자신의 자녀에게 고등교육을 가능하게 하는 기회였다.[123] 가족계획사업은 "경제개발정책의 일환이오, 다같이 잘살기 위한 복지정책"이었다.[124] 정부가 추구하던 경제성장과 개발은 1960-70년대 한국 사회를 응집시키는 힘이었다.

(2) 종합대책의 부재

가족계획사업이 인구 억제라는 목표는 성취하였지만, 종합적인 전망 아래 계획이 진행되기보다 단발적인 목적 성취를 위한 수단으로 시행되었다는 비판이 제기되었다. 목표량 달성을 위해 질보다 양에 치중하고, 아래로부터 자발성에 근거하기보다 위로부터 계몽에 치중하는 방식에 대한 비판은 이미 1960년대부터 제기되고 있었다.[125] 그 비판은 종합적인 대책의 부재에 대한 지적으로 이어졌다. 가족계획사업이 모자보건사업 등과 함께 추진되지 못하고 인구문제에 대처하기 위한 수단으로만 강조되었다는 지적이었다.[126] "1960년대를 회고하면 한마디로 가족계획사업에 대한 정책은 있었으나 종합적인 인구정책은 충분하지 않았다."는 지적이었다.[127]

그 결과는 추락하는 출산율로 나타났다. 1983년 합계출산율이 인구대체수준 이하로 하락했다.[128] 하지만 가족계획사업은 계속 추진되었다. 1987년 정부는 한국의 인구증가율은 1% 이상으로 선진국의 0.6%에 비하면 높은 편에 속한다고 판단하였다. 이어 인구증가율이 정지수준에 이를 때까지 가족계획사업을 지속 추진하겠다는 의지를 표명하였다.[129] 1953년 이후 출생한 베이비붐 세대가 1980년 전후 가임기로 접어들었는데, 이들의 출산율을 낮추지 않으면 인구증가율이 높아질 것으로 전망하였기 때문이다.[130]

가족계획사업에 변동이 논의된 시기는 1980년대 후반이었다. 1988년 현재 합계출산력은 1.7로서 인구대체수준인 2.1 이하, 인구증가율은 0.97%까지 낮아졌다. 정부는 인구동태가 안정기에 접근하고 있다고 판단하고, 향후 가족계획사업은 양적인 목표 달성을 지양하고 질적인 가치 추구에 주력해나갈 계획이라고 밝혔다.[131] 과거 가족계획사업이 할당 목표량을 달성하기 위해 원하지 않는 사람에게 원하지 않는 피임방법을 강요했다면, 앞으로는 가장 적합한 대상에게 가장 적절한 피임방법을 지도 보급하겠다는 것이었다.[132]

1996년은 정부의 인구정책이 방향을 전환한 해였다. 저출산 기조가 지속되자 정부는 1996년 6월 '향후 인구정책 추진계획'을 발표하고 인구정책을 인구 억제가 아니라 인구의 자질과 삶의 질 향상에 역점을 두어 추진하겠다고 밝혔다. 구체적으로 가족계획사업은 출산억제정책으로부터 모자보건증진, 출생성비불균형 해소, 청소년성문제 해결 등 사회적 정책문제 해결 위주로 전환되었다.[133] 특히 인구 관련 사회지원시책 중 존치되었던 공무원 가족수당 및 학비보조 등의 두 자녀 제한과 의료보험 분만급여의 두 자녀 제한, 소자녀 불임수술 수용가정에 대한 공공주택 우선 입주권 부여 등 각종 조치가 폐지되었다.[134] 인구 억제를 위해 두 자녀 가족에게 부여했던 여러 우대 조치가 폐지된 것이었다.

정부의 인구정책은 억제에서 독려로 방향을 전환하였다. 21세기 접어들어 한국은 출산 독려를 통해 적정 인구를 유지해야 한다는, 이전 가족계획사업과 상반되는 방향으로 인구정책을 추진하기 시작하였다. 2005년 5월에는 '저출산·고령사회기본법' 제정을 통해 저출산 및 인구구조의 고령화에 대응하기 위한 법적 근거를 마련하였다.[135] 정부의 저출산·고령사회 대응체계 강화를 위한 노력은 2006년부터 시작하여 제1차, 제2차, 2016년에 제3차 저출산·고령사회 기본 계획을 발표·실천하고 있다.

문제는 정부의 출산 관련 정책들이 "대부분 발전주의와 성장주의라는 국가 담론에 입각하여 논의"되고 있다는 것이다.[136] 출산 억제에서 출산 장려로 인구정책의 방향은 바뀌었지만, 그 내부에 존재하는 궁극적 목적은 여전히 국가의 성장과 발전이라는 비판이다.

2. 의료보험의 실시와 의료수요의 증가

1) 배경

해방 후 사회보장, 사회보험제 구상은 1940년대 말 정부에 의해 제안되었다. 1949년 전진한(錢鎭漢) 사회부장관은 복지행정의 일환으로 사회보험제도를 언급하였다. 1955년에는 부산에 사단법인 부산노동병원이 설립되어 노동조합에 가입한 노동자들의 질병 치료를 담당하였다. 1950년대 말에는 정부 내에 사회보장을 연구하는 '건강보험제도 도입을 위한 연구회'가 생겼다. 구성원 중 한 명인 손창달(孫昌達)은 제도 시행에 대한 예비적 구상을 담은 '의료보험 도입에 관련된 문제에 관한 견해 및 예비권고'를 발표하였다. 1961년 연세의대 교수였던 양재모(梁在謨)는 정부에 공식적으로 '사회보장제도 창시에 관한 건의'를 제출하였다. 양재모의 건의는 구체적 의료보험 시행계획으로는 최초의 것이라는 의미를 가지고 있었다.[137]

의료보험이 실시되어야 하는 이유는 당시 국민들이 질병에 걸려도 의료기관을 이용하지 못하고 있다는 사실에 있었다. 1956년 서울시민을 대상으로 이루어진 조사에 따르면, 한 가지 이상의 질환을 가진 시민 중 의사나 기타 의료인을 찾아간 비율은 40%에 불과했다. 이 조사를 진행한 담당자는 이 수치가 한국에서 가장 생활수준과 교육정도가 높은 서울의 조사 결과라는 사실에 "놀라지 않을 수 없다."고 평가했다. 의료기관이 집중된 서울에서도 시민의 절반 이상은 의료기관을 찾기보다 고통과 불편을 참는 쪽을 선택하고 있었다. 이유는 경제 사정에 있었다. 치료비가 없거나 비싸기 때문이었다.[138] 대책이 필요했다.

의료보험이 법적으로 도입된 해는 1963년이었다. 도입 이유는 사회보장제도의 일환으로 노동자가 업무 외의 사유로 질병, 부상, 사망, 분만하거나 부양가족이 동일한 상황에 처했을 때 보험급여를 함으로써 노동자와 가족의 생활에 대한 불안을 없애고, 노동능률을 증진하는 데 있었다. 당시 일부에서는 국민의 경제력, 의료비 지출능력, 의료상황 등을 고려할 때 의료보험의 도입이 시기상조라는 의견을 제시하였다. 국민소득을 계산하면 최저 식생활 유지비가 될 정도였고, 따라서 "의료보험을 위한 기금 갹출의 능력이 없다."는 의견이었다.[139]

하지만 장기적 관점에서 전체 국민을 대상으로 하는 사회보장법이 필요하고 그 첫 단계로 보험 부담이 가능한 소득수준의 노동자에 대해 의료보험을 착수하자는 지배적인 의견에 따라 의료보험법이 입법되었다.[140]

이 법에 따라 의료보험에 가입한 노동자 300인 이상을 상시적으로 고용하는 사업소의 사업주는 노동자 300인 이상의 가입동의와 보건사회부장관의 승인을 얻어 의료보험조합을 설립할 수 있게 되었다. 하지만 보험의료기관은 의료기관 중에 보험자의 신청에 의하여 보건사회부장관이 지정하고, 보험의료기관은 언제든지 보건사회부장관에게 그 지정의 취소를 요구할 수 있었다. 시행을 보험자와 의료기관 사이의 자율계약에 맡긴 것이었다. 강제적용제가 아닌 임의가입제를 취한 것이었다. 그 결과 사회보장이라는 본래의 목적을 달성하기 어려웠고, 이 법의 제정은 "제도수립이라는 의미를 가진 데 불과"하였다.[141] 국가의 역할 역시 한정적이었다. 국가는 매년 예산 범위 내에서 "의료보험사업의 사무집행에 소요되는 비용의 전액을 보조하고 그 보험급여에 소요되는 비용은 그 일부를 보조할 수 있"었다. 자신의 역할을 사무집행에 한정한 것이었다.[142]

1963년 법 제정 이후에도 의료보험을 실시하기 위한 노력은 1970년 제1차 의료보험법 개정, 민간의료보험조합으로 1968년 5월 부산청십자의료보험조합, 1970년 7월 서울청십자의료보험조합, 1973년 4월 옥구(沃溝)의료보험조합, 1974년 6월 춘성(春城)의료보험조합 등의 설립으로 이어지고 있었다.[143]

그러나 임의가입으로 이루어진 의료보험은 안착하기 어려웠다. 구체적으로 의료이용률이 높은 대상자들이 보험에 가입하면서 보험재정이 악화되었고, 재정 궁핍은 조합의 관리운영을 어렵게 만들었다. 나아가 조합이 임의적인 기준과 절차에 따라 운영됨으로써 피보험자가 급여제한 때문에 혜택을 받지 못하는 경우가 많았다. 의료기관 이용 역시 계약제로 이루어짐에 따라 활용에 제한이 있었다. 문제점을 해결하기 위해서는 임의가입제를 넘어 사회보험방식을 채택해야 했다.

의료보험은 1970년대 중반에 접어들어 현실화되었다. 의료보험연합회는 그 배경을 여섯 가지로 정리하고 있다. 산업화에 따라 국민생활구조가 재편되면서 의료문제도 재편될 필요가 있었다는 것, 유신정권이 국민적 지지기반을 강화하기 위해 의료보장제도와 같은 가시적 정책을 필요로 했다는 것, 연금제도가 실시 불가능하다면 대안은 의료보장제도밖에 없었다는 것, 저소득 계층, 저임금 근로자에 대한 복지정책이 가시화될 필요가 있었다는 것, 이미 각 기업이 복리후생 차원에서 의료비 보조나 공제사업을 부분적으로 실시하고 있었다는 것, 북한이 남북의 의료보장 실태를 비교 선전하고 있었다는 것이었다.[144]

문제는 시행에 소요될 비용이었다. 보험사업에 소요되는 재원을 효율적으로 확보하는 일은 의료보험에서 가장 중요한 과제였다.[145] 전국경제인연합회는 "각종 부담이 기업에 가중되고 있는 때에 의료보험을 실시하기는 무리이며 선진국이 아닌 우리나라 현실에서는 아직 시기상조"라는 주장을 제기한 바 있었다.[146] 기업에게 의료보험의 실시는 경제적 부담을 안기는 일이었다. 정부도 마찬가지였다. 재정 부담이 클 경우 실시는 지연되거나 좌절될 수밖에 없었다. 부산에서 청십자의료보험조합을 설립 운영하던 장기려도 국민소득이 증가하기 전까지는 "의료협동조합의 시범사업을 될 수 있는 대로 확대"시키는 것이 현실적인 방안이라고 주장했다.[147]

그러나 정책당국자의 의지는 분명했다. 박정희 대통령은 의료보험 실시에 대한 정책의지가 강했던 것으로 알려졌다. 그는 "저소득층에 의료혜택을 주는 방안을 국도 포장을 1-2년 늦추는 한이 있더라도 강력히 펼쳐나가"라고 지시했다.[148] 그 지시는 경제개발계획이 성과를 보이면서 사회 내 불균등과 균열이 나타나기 시작했다는 배경과 함께 이해할 필요가 있다. 1960년대 후반부터 박정희 정부는 경제개발과 함께 사회개발을 운위하기 시작했다. 경제개발이 낳은 폐해, 즉 도시와 농촌, 빈자와 부자 사이에 격차가 심화되고, 각 계층 사이에 불균형이 발생하는 상황을 극복하는 방법으로 사회개발이 운위된 것이었다. 의료보험은 사회개발의 중요한 요소 중 하나였다.[149]

정부의 의료보험 실시에 대한 의지는 1976년 3월 발표된 '국민보건향상을 위한 의료시혜 확대방안'을 통해 천명되었다. 이 발표에서 정부는 "전국민의 의료보장기반을 확립함으로써 국민보건향상을 도모하기 위하여 생활보호대상자에 대한 의료시혜를 확충하고 기타 국민에 대하여는 의료보험을 통하여 의료비 부담을 분산 경감시키는 방안을 제도화한다."는 점을 명료히 하였다.

그러나 국가는 다른 경제주체와 마찬가지로 재정을 부담하려 하지 않았다. 담당부서인 보건사회부는 국가 부담 감소를 강조하였다. 대통령은 보건사회부가 "피용자의료보험이 국가경제에 결코 부담을 주지 않고 그 성공을 자신한다."는 의견을 제시하자 의료보험법을 포함한 의료보장계획을 승인하였다. 앞에서 이야기한 대통령의 의지는 재정적 뒷받침이 전제되지 않은 것이었다. 실제로 의료보험이 실시되는 과정에서 정부가 부담해야 할 비용은 적었다. 국고지원금 90억 원의 대부분은 의료보호사업비였고 의료보험 착수에 소요되는 비용은 3억 5천만 원에 불과했다.[150] 이런 점 때문에 박정희 정부가 정치적 위기를 맞은 가운데 자신의 정통성 부족을 보완하기 위해 "돈이 거의 들지 않으면서도 상징적 효과를 누릴 수 있는 의료보험제도를 도입"했다는 비판이 제기되고 있다.[151]

2) 과정

1977년 7월 의료보험제도가 시행되었다. 처음 출범할 때는 500인 이상 사업장 및 공업단지 내 사업장의 노동자부터 적용되었다. "현실적으로 강제적용의 범위를 일시에 전근로자에게 확대하기에는 곤란"했다.[152] 당시 포괄범위는 498개 조합, 피보험자 수 약 110만 명, 피부양자 수 약 190만 명, 도합 약 300만 명으로 전체 인구의 8.2%에 해당했다. 의료보호 인구 약 210만 명을 합쳤을 때 총인구의 14%였다.

의료인에게 지불되는 수가는 의사들의 의견이 반영되어 행위별 수가제로 결정되었다. 논의되던 인두제, 포괄수가제, 행위별 수가제 중에서 행위별 수가제가 기존의 관행 수가제와 유사하였기 때문이다.[153] 나아가 그동

〈그림 13〉 의료보험관리공단(e영상역사관 소장)

안 사적 의료체계 아래 자유롭게 이루어지던 의료행위를 강제지정제도인 의료보험체계로 끌어들이기 위해서는 행위별 수가제 외의 대안은 없었다.[154] 의료계는 만족하지 않았다. 의사협회는 결정된 수가가 관행수가의 55%에 불과하다며 시정을 촉구하였다.

그러나 정부의 입장은 달랐다. 관행수가의 75% 정도에는 이른다는 입장이었다. 결정수가는 서울지역 종합병원을 기준으로 한 것이므로 가산율 20%와 약가 등을 추가해야 한다는 것이었다. 나아가 의료보험 실시로 진료비용이 보장될 뿐 아니라 의료수요가 증가할 것이라고 설득했다.[155] 의료보험은 전 인구의 10% 미만에게만 적용되기 때문에 의료기관 경영에 그다지 압박을 가져오지 않을 것이라고도 설득했다.[156] 상충하는 설득이었다. 의사협회는 "거국적인 의료보험 실시를 거부하지는 않겠다."며 수동적인 참여 의사를 밝혔다. 대통령에게 모든 권력이 집중된 유신체제 아래서 정부가 시행하고자 하는 제도를 의료계가 거부하기는 힘들었을 것이다.

의료보험이 실시될 당시 정부는 의료기관의 요양취급기관 지정과 관련하여 강제 지정을 시도하지 않았다. 의료계의 반발을 우려했기 때문이다. 의료기관이 지정을 거부하거나 지정 취소를 요구했을 때 어떻게 대응한다는 명문규정이 없었다. 당시 의료기관은 수가에 대한 불만, 청구사무의 복잡성 등으로 인하여 지정을 달갑지 않게 여기고 있었다. 그 결과 1977년 말 현재 의료기관의 참여율은 70%가 되지 않았다.

〈표 12〉 의료기관의 참여율(1977년 말)

구분	계	종합병원	병원	의원
총 의료기관 수	6,390	52	185	6,153
참여 의료기관 수	4,436	52	160	4,244
참여율(%)	69.4	100	86.5	69.0

(『의료보험의 발자취』, 127쪽)

그러나 계약제에 가까운 지정제도는 효율적 사업수행에 장애요인이 된다는 평가가 지속되자,[157] 정부는 1979년 의료보험법 개정을 통해 요양취급기관의 일괄지정과 강제지정제를 실시하였다. 의료보험의 정착을 위해 의료계의 요구를 무시한 것이었다. 그 결과 민간이 공공의 역할을 일부 담당하는 환경이 조성되었다. 그 환경은 한국에 중요한 사회안전망의 형성을 의미했지만, 계속적인 조정이 필요했다. 강제성 때문이었다.

의료계, 특히 의사들은 지속적으로 의료보험에 대한 불만을 표시하였다. 보험당국이 수가를 결정하였고, 의료보험의 확대를 위해 그 수가는 통제되었기 때문이다. 의사들은 의료보험에서 초래되는 결손을 비보험환자의 수입으로 임시 보충하고 있었다.[158] 일종의 편법을 사용하고 있었던 것이다. 문제는 그 방법이 말 그대로 편법이라는 것이었다. 대안 없이 교정이 가해질 경우 반발은 당연히 일어날 수밖에 없었다. 20여 년 후 일어날 의사파업의 기원은 의료보험에 있었다.

의료보험은 의료전달체계 형성의 배경이 되었다. 정부는 1차 진료기관인 의원 이용을 권장하였지만, 환자들은 규모가 있는 병원을 선호했기 때문이다. 의료보험 실시 전후의 병의원 이용도를 살펴보면 아래와 같다.

〈표 13〉 의료보험 실시 전후 병의원 이용도(1977-78년) (단위: %)

구분		종합병원	병원	의원
입원	1977년 하반기	39.1	17.4	32.9
	1978년 상반기	41.7	17.6	28.6
외래	1977년 하반기	18.3	13.2	68.2
	1978년 상반기	23.0	14.7	62.0

(『의료보험의 발자취』, 145쪽)

상대적으로 병원은 차이가 없었던 데 비해 종합병원은 입원과 외래에서 환자 증가가, 의원은 환자 축소가 나타나고 있었다. 1978년 6월 대한의학협회가 조사한 바에 따르면, 의료보험 요양기관으로 지정된 전국 의원의 12.3%가 보험 실시 후 11개월간 1명의 보험환자도 취급하지 못했다. 취급 경우에도 월 평균 취급인원이 입원 1.6명, 외래 48.5명이었다.[159] 진료에서 "신뢰도와 유명도를 중시하는 성향"이 나타나기 시작한 것이었다.[160]

1950년대 중반 치료를 위해 서양의학을 선택한 83.4%의 조사인원 중 종합병원을 선호하는 비율은 4.7%에 불과했다. 대다수는 의원을 원했다. 71.9%였다.[161] 이 비율이 1960-70년대를 거치면서 변한 것이었다. 의료보험은 그 속도를 가속화시켰다. 의료보험이 환자의 의료이용 범위를 확장시켜 복지가 향상된 것은 분명하지만, 이후 나타난 환자의 종합병원 선호 경향은 한국 의료제도의 주요 문제점으로 자리잡게 되었다.

의료보험이 시작되면서 의료보험 확대에 대한 필요성은 커져갔다. 1980

년대 초반 의료보험 수가와 일반 관행수가의 차이는 100 : 157이었다. 두 수가 사이의 차이는 1.5배가 넘었다. 보험 혜택을 받지 못하는 사람들의 의료비 부담과 보험 미적용에 따른 소외감은 증대하고 있었다.[162] 보험 적용범위를 확대하라는 요구는 지속적으로 제기될 수밖에 없었다.

그 결과 의료보험은 점차 적용대상 사업장의 규모를 하향하여 1982년 16인 이상 사업장은 당연적용, 5인 이상 사업장도 원할 경우 적용이 가능하게 되었다. 1981년에는 농어촌에 거주하는 주민에게 의료보험을 확대 실시하기 위해 대통령령이 정하는 지역에 거주하는 주민을 당연적용 피보험자로 하는 의료보험법 개정이 이루어졌다.[163] 지역의료보험의 성격이 임의에서 강제방식으로 바뀌게 된 것이었다.[164] 향후 과제는 보험 적용대상자의 확대, 직장보험과 지역보험의 통합 등이었다.

3. 민간병원의 성장과 공공의료의 약화

해방공간의 좌우갈등이 정리되고 대한민국에 사적 의료체계가 형성되면서 한국 의료는 민간의 역할 증대를 통해 공급문제를 해결해왔다. 분단, 전쟁으로 이어지는 사회상황은 정부가 의료에 공적인 투자를 하기 힘들게 만들기도 했다. 그 결과 진료업무는 개업의에게 의존하게 되었고, 이들의 성장을 통해 의료공급이 확충되어나갔다.[165] 공공의료는 예방사업 및 보건행정에서만 역할을 맡을 뿐이었다.[166]

의료인 증대를 위한 조치에서도 정부는 민간에 의지하였다. 의사 부족 문제를 해결하기 위해 1970년대 중반부터 10여 년 동안 의과대학 15개교가 신설되었다. 그 결과 의과대학은 1975년 14개교에서 1987년 29개교로 증가하였다. 주목할 점은 이 기간에 증설된 15개 대학 중에서 13개교가 사립이고 2개교만이 국립이라는 점이었다. 사립 의과대학들은 병원의 설립과 확장에 적극적이었고, 민간부문 병원시설 확충을 주도하는 주체였다.[167]

민간부문이 성장하면서 의료에서 공공이 차지하는 비중은 축소되었다. 아래 표는 그 현상을 알려준다.

1959년만 해도 국공립병원의 병상 수는 전체 병상 수의 60%가 넘었다. 하지만 1970년대를 거치면서 그 비율은 50% 미만으로, 1980년에 이르면 30% 초반대로 감소하였다. 의료공급에서 "공공부문의 역할이 줄어드는 대신 민간부문의 역할이 커져감을 의미"했다.[168]

〈표 14〉 설립주체별 병원급 의료기관의 병상수(1959~80년)

연도	국공립			사립			계(%)
	일반	특수	소계(%)	일반	특수	소계(%)	
1959	3,747	2,838	6,585(66.6)	2,764	545	3,309(33.4)	9,894(100.0)
1966	3,693	2,514	6,207(48.1)	6,033	651	6,684(51.9)	12,891(100.0)
1973	4,671	2,913	7,584(41.4)	9,684	1,038	10,722(58.6)	18,306(100.0)
1980	8,206	3,782	11,988(31.5)	24,150	1,958	26,108(68.5)	38,096(100.0)

(『한국현대의학사』, 680쪽)

〈그림 14〉 1958년 스칸디나비아 3국과 UNKRA의 지원으로 설립된 국립중앙의료원(2013년, 국립중앙의료원 홈페이지)

정부는 차관자금에 의한 금융지원 등 재정·행정적 지원을 통해 민간 병원을 확충하였고, 법률의 개정을 통해 민간병원의 증가를 보조하였다. 1975년 의료법이 개정되면서 의사가 의원, 병원, 종합병원을 모두 설립할 수 있는 제도가 도입되었다. 1977년에 출범한 의료보험은 의료수요를 급증시켰는데 민간병원은 그 수혜자였다. 민간병원은 급증했다.[169] 1980년 현재 시도립병원에 근무하는 의료인의 비율은 전체 의사의 0.01%, 간호보조사를 포함한 간호사의 0.01%에 불과했다. 국공립병원은 "역사는 무구한데 반하여 시설 장비 등은 노후화되어 현대 의료기관으로서 제구실을 다하지 못하고 있"었다.[170]

정부는 소외지역에 의료를 공급하는 방식 역시 민간에 의지하고 있었다. 의료시설이 부족한 의료취약지구에는 일본이 제공한 해외경제협력기금(OECF) 차관 및 국내 금융기관의 일반시설대출금을 공여하는 한편 금리지원을 위한 이차(利差) 보전을 해줌으로써 민간의료시설의 설립을 유도하였다.[171] 그 결과는 아래와 같다.

〈표 15〉 민간의료시설 확충 현황(1978–80년)

	1978	1979	1980	계
공업단지병원 건립	5(750)	3(330)	3(380)	11개(1,460병상)
취약지구병원 건립	5(340)	3(210)	2(130)	10개(680병상)
민간지역병원 건립	–	–	21(1,990)	21개(1,990병상)
계	10(1,090)	10(540)	25(2,500)	42개(4,130병상)

(『保健社會 1981年版』, 101쪽)

그러나 농어촌이나 중소도시에 설립된 일부 병원은 의료수요의 부족, 의료인력의 확보난, 개원 초기 병원 경영 미숙과 자금난 등으로 도산하는 경우가 있었고, 취약한 상태에서 운영이 지속되는 경우도 있었다. 정부는 역시 민간에 의지해 이 문제들을 해결하고자 하였다. 운영이 취약한 병원에는 운영비의 일부를 지원해주었고, 도산한 병원은 병원 운영 경험이 많고 재정능력이 있는 대규모 병원이 인수하도록 하였다.[172]

1980년대에도 정부는 의료공급의 확대를 위한 방법으로 공공병원보다 민간병원의 설립을 일차적으로 유도하였다. 주민들의 병원급 의료기관 접근이 곤란한 39개 군에 대해 세제·금융상의 지원을 통해 민간병원의 설립을 유도한 것이었다.[173] 이후에도 재정지원을 통한 민간병원 설립은 지속되었다. 정부는 1990년부터 부족한 병상의 확보를 위해 시중은행채 발행 등의 방안을 활용하여 3천억 원가량의 재원을 조달하고, 그 자금을 장기저리로 융자·지원함으로써 민간부문의 투자를 유도하였다. 동시에 6천만 불의 공공차관을 도입하여 민간병원의 첨단의료장비 확보를 지원하였다.[174]

국가의 재정이나 운영능력이 부족할 경우 민간에 의지할 수 있다. 식민지시기를 거치면서 강화된 개업의제도는 변화시킬 수 있는 대상이 아니었다. 부족한 의료공급의 문제를 해소하기 위해 민간병원에 의지하는 것도 하나의 방법이었다. 민간 중심의 의료체계는 가용자원이 부족하던 경제성장기에 예산상의 큰 부담 없이 단기간 내 무의촌을 없애고 국민의료수요에 부응하는 데 기여하였다.[175]

공공성의 대상을 병원으로 한정할 필요도 없다. 예를 들면, 감염병 대응체계에서 공공병원의 역할은 중요하다. 민간병원과 달리 격리병상으로의 변형 등 상황에 맞게 병원의 구조변경이 가능하다. 하지만, 공공병원 단독으로는 부족하다. 지방자치단체, 보건소가 함께 포함되는 협력망이 만들어질 필요가 있다. 민간병원도 참여해야 한다.[176] 공공성을 병원으로 한정할 경우 이런 구상은 만들어지기 힘들다. 공공을 가치로 판단할 경우 가능한 구상이다.

문제는 민간에 대한 지원과 활용과 관련하여 정부 차원의 종합적인 구상이 없다는 것이었다. 민간병원이 비중이나 기능면에서 역할이 증대하고 있었음에도 불구하고 민간부문을 어떻게 발전시켜가겠다는 전략이나 접근수단은 마련되지 않았다.[177] 공공부문과 연계에 대한 구상도 부족했다. 농어촌지역을 중심으로 확장되고 있던 보건소의 경우 진료의 측면에서 개업의와 기능상으로 단절되어 있었다.[178] 한국의 의료는 체계나 기획이 부족한 상황에서 각개약진의 방식으로 성장해가고 있었다.

사회의 발전과 질병 양상의 변화

1. 급성전염병의 약화

분단과 전쟁의 혼란이 가라앉으면서 전염병이 감소하기 시작하였다. 해방 후 도입된 항생제의 역할은 컸다. 페니실린과 마이신, 설파제인 다이아진으로 전염병을 치료할 수 있었다. 백신의 역할도 컸다. 예방접종사업은 성과를 보이고 있었고, 두창의 소멸은 중요한 결과였다. 살충제의 도입도 부수적인 효과를 거두었다. DDT는 발진티푸스를 옮기던 이, 나아가 말라리아의 원인인 모기까지 없앴다.[179]

1950년대를 거치면서 방역도 체계를 갖추어 진행되기 시작하였다. 1954년 2월 전염병예방법이 제정되었다. 이 법은 "전염병의 발생을 방지하여 국민보건의 향상에 기여"한다는 목적 아래 전염병 종류의 구분, 환자와 시체에 대한 신고 방법, 정기 예방접종 대상 전염병, 전염병환자에 대한 제한, 방역관 설치 등을 규정하였다.[180] 방역을 위한 법제는 1960년대를 거치면서 체계화되었다. 1962년 보건소법이 제정되었고, 1966년 기

생충질환예방법, 1967년에 결핵예방법이 제정되었다.[181]

1976년에는 전염병예방법이 개정되었다. 1종 전염병인 발진열, 성홍열, 재귀열 및 유행성뇌척수막염이 제2종 전염병으로 변경되었고, 황열은 1종 전염병으로, 유행성출혈열 및 파상풍은 2종 전염병으로 신설되었다. 방역업무의 효율화를 위해 법정전염병을 현실에 부합되도록 재분류 조정한 것이었다.[182] 구체적으로 격리가 필요한 질환의 수효는 줄었다. 발진열, 성홍열, 재귀열 및 유행성뇌척수막염이 제2종 전염병으로 변경되었다. 보고와 신고가 필요한 제2종 전염병의 수효는 7개에서 14개로 늘었다. "과거의 지나치게 엄격하였던 환자 다루기나 격리, 교통차단 등의 방식이 순리적이 되어 많이 완화된데 비하여 의사의 신고의무에 대하여는 강력한 지시가 내려"진 것이었다.[183]

1960년부터 2010년까지 주요 급성전염병의 발생 현황을 살펴보면, 그 양상이 축소되고 있음을 알 수 있다.

〈표 16〉 주요 급성감염병의 발생 현황(1960~2010년)

연도	1960	1970	1980	1990	1995	2000	2005	2010
1만 명당 발생률	143.4	94.9	21.5	14.6	3.6	93.9	27.7	192.4

(『보건복지70년사 보건의료편』, 208쪽)

2000년에 접어들어 양상이 변화하는 이유는 보고해야 하는 전염병의 수가 1954년 전염병예방법 제정 당시 10여 개에서 2000년부터 70여 개로 증가했기 때문이다.[184]

1) 두창

두창과 관련하여 해방 후 가장 많은 환자가 발생한 해는 1951년으로 4만여 명이었다. 하지만 다음 해부터 환자 수는 급감하였고, 1955년 이후에는 10명 이하의 환자가 발생하였다. 1961년 1명을 마지막으로 한국에서 더 이상 환자는 발생하지 않았다. 아래 표는 해방 후 1961년까지 발생한 두창 환자 수이다.

〈표 17〉 두창 환자 수(1945–61년) (단위: 명)

연도	1945	1946	1947	1948	1949	1950	1951	1952	1953	1954	1955	1956	1957	1958	1959	1960	1961
발생자 수	–	20,810	402	1,197	10,085	2,845	43,213	1,313	3,349	790	2	9	10	6	0	3	1

(『2012 감염병감시연보』, 62–64쪽)

두창의 소멸은 예방접종의 결과였다.[185] 아래는 1950년부터 이루어진 예방접종 수이다. 1951년의 965만여 명을 정점으로 하여 1970년대까지 2백여만 명에 대한 정기접종이 이루어지고 있었다.

〈표 18〉 연도별 두창 예방접종 실적(1950–78년) (단위: 명)

연도	1950	1951	1952	1953	1954	1955	1956	1957	1958	1959
예방접종	4,369,883	9,652,821	5,223,254	7,619,978	5,560,029	4,972,243	3,572,182	3,112,554	2,603,825	2,938,578
연도	1960	1961	1962	1963	1964	1965	1966	1967	1968	1969
예방접종	3,543,967	2,813,709	3,638,693	4,526,610	2,648,547	2,033,868	2,418,508	2,944,669	2,923,366	2,742,385
연도	1970	1971	1972	1973	1974	1975	1976	1977	1978	
예방접종	5,930,052	2,911,293	2,849,635	3,376,754	2,560,353	2,532,094	2,552,803	1,748,686	1,591,464	

(『保健社會 1981年版』, 43–44쪽)

세계적으로는 1977년 마지막 환자가 발생한 이후 두창은 지구상에서 사라졌다. WHO는 1982년 1월 1일을 기해 두창을 검역대상에서 제외하였다.[186] 한국도 뒤를 따랐다. 1979년부터 두창에 대한 예방접종을 임의접종으로 변경하면서 국가예방접종사업에서 제외했으며,[187] 1993년 전염병 예방법 개정으로 법정전염병에서 삭제하였다. 하지만 두창은 2002년 제4군감염병으로 재지정하였다. 생물테러에 이용될 수 있었기 때문이다.[188]

2) 콜레라

1946년 대유행 이후 1950년대까지 발생하지 않던 콜레라는 1963년에 414명 환자, 그중 36명 사망, 1964년에 20명 환자, 그중 2명 사망이라는 피해를 입혔다. 다시 소강상태에 있던 콜레라는 1969년 1,538명 환자, 137명 사망자, 1970년 206명 환자, 12명 사망자라는 피해를 입혔다.[189] 이후 콜레라는 1970년대 내내 간헐적인 발생 현황을 보였다. 유행기간도 짧았고, 사망자도 발생하지 않거나 적었다.

콜레라 감소와 관련하여 백신이 준 효과는 크지 않았다. 예방접종 효과는 대체로 30~40%였다. 따라서 1980년대 초에 이미 콜레라 예방접종의 경우 콜레라 전염방지를 위한 하나의 수단으로 편용(便用)될 뿐이라는 지적이 나왔고, 향후 접종은 "가급적 억제할 방침"이 정해졌다.[190] 1990년대 초부터는 세계보건기구에서도 예방접종을 권장하지 않았다.[191]

콜레라 감소와 관련해서는 콜레라균의 독성 약화가 중요 요인으로 지적되고 있다. 1960년 이후 병독성이 약한 엘톨(El Tor) 콜레라가 유행을 한 것이었다.[192] 1969년의 치사율은 8%, 1970년은 5%였다. 의료기술의 발달이 콜레라 감소에 기여를 하였다. 조기수액 등 치료방법이 향상되고 있었던 것이다.[193]

의료체계의 발전 역시 콜레라와 같은 급성전염병의 약화, 소멸에 기여를 하였다. 1980년의 유행이 그 예이다. 그해 신안군 외딴섬에서 콜레라가 유행하면서 145명의 환자가 발생하였고, 그중 4명이 사망하였다. 예상보다 큰 피해였다.[194] 도서지역에서 다수 환자가 발생했다는 사실은 환자

〈그림 15〉 춘계 방역소독(1963년, 서울사진아카이브 소장)

발견과 신고, 나아가 치료와 예방으로 이어지는 방역체계가 콜레라 발생
을 억제하고 있다는 반증이었다. 조기 발견과 치료가 치명률 감소에 주
역할을 하고 있었던 것이다.

1990년대에 접어들어 신고체계는 강화되었다. 각 보건소에서는 관내에
5명 이상의 집단환자가 발생하거나 콜레라와 유사한 증상을 나타내는 환
자가 1명이라도 발생하였을 경우 역학조사 전에 이 사실을 보사부 방역
과에 보고해야 했다. 원인 미상의 설사로 인한 사망자가 발생했을 경우에
도 조사하여 보고해야 했다.[195]

국내에서 콜레라는 2001년도에 경상도 지역을 중심으로 한 전국적인
유행으로 142명의 환자가 발생한 이후 유의미한 피해를 주지 못하고 있
다. 2005년의 16명을 제외하고는 매년 10명 이내로 신고되었고 이 중,
2002년 2명, 2007년 1명을 제외하고는 모두 국내 발생과 무관한 국외 유
입환자였다.[196] 따라서 질병관리본부 감염병관리과 중심으로 운영되던 콜
레라 보초감시도 2008년 이후 실시하지 않고 있다.[197]

3) 장티푸스, 이질

두창, 콜레라와 달리 1970년대 이후까지 지속적으로 환자가 발생하고 있는 전염병은 장티푸스와 이질이었다. 아래 표에서 알 수 있듯이 장티푸스의 경우 1970년대까지 2~5천 명의 환자가 발생하고 있었다.

〈표 19〉 장티푸스 연도별 발생률(1946-80년) (단위: 명)

연도	1946	1947	1948	1949	1950	1951	1952	1953	1954	1955	1956	1957	1958	1959	1960	1961	1962	1963
환자	11,278	8,250	5,062	5,691	8,810	81,575	3,969	1,352	617	353	351	619	1,319	2,139	2,798	4,982	2,862	4,989
사망자	1,921	1,371	0	515	1,270	14,051	330	70	21	28	17	33	77	122	125	186	97	126
연도	1964	1965	1966	1967	1968	1969	1970	1971	1972	1973	1974	1975	1976	1977	1978	1979	1980	
환자	4,380	3,760	3,454	4,230	3,931	5,404	4,221	3,146	2,030	813	656	534	672	304	427	215	201	
사망자	124	94	66	53	38	57	42	33	30	9	8	8	6	1	2	2	1	

(『2012 감염병감시연보』, 52-53쪽.)

〈표 20〉 이질 연도별 발생률(1946-80년) (단위: 명)

연도	1946	1947	1948	1949	1950	1951	1952	1953	1954	1955	1956	1957	1958	1959	1960	1961	1962	1963
환자	2,389	1,161	1,318	876	322	9,004	1,506	1,139	477	319	40	106	30	32	47	145	101	818
사망자	1,239	598	0	118	54	824	64	17	28	11	0	5	2	3	2	4	2	21
연도	1964	1965	1966	1967	1968	1969	1970	1971	1972	1973	1974	1975	1976	1977	1978	1979	1980	
환자	434	355	133	139	251	282	814	306	215	110	72	21	78	9	40	38	57	
사망자	16	9	2	7	7	8	13	7	0	0	0	0	0	0	0	0	2	

(『2012 감염병감시연보』, 52-53쪽.)

1980년대도 마찬가지였다. 장티푸스의 경우 매년 200~400명 정도의 환자가 발생하고 있었다. 장티푸스는 토착화되었고, 따라서 예방접종, 보균자 관리, 환경위생의 개선, 보건교육 등 효과적인 예방활동이 요망된다는 지적이 나오고 있었다.[198] 이질 역시 마찬가지였다. 세균성 이질의 경우, 특정 시군구를 중심으로 반복하여 발생하였다. 특히 전남 지역에서는 세균성 이질 중 B형(shigella flexneri)이 발견되어 중증환자가 발생할 수 있

는 상황이었다.[199]

　그러나 장티푸스와 이질의 환자와 사망자 수가 감소하고 있는 것은 분명했다. 독력 약화 혹은 항생제의 기여 덕분이었다. 장티푸스의 치명률은 항생제의 사용으로 5% 이하로 낮아졌다. 세균성 이질의 경우는 독력이 강한 종류에서 약한 종류로 대치되고 있다. 1990년대에는 가장 독력이 약한 종류가 주 유행균주가 되어 1994년의 경우 분리된 이질균 중 76.5%를 차지하였다.

　동시에 수인성 전염병의 감소에 환경 개선이 미치는 영향 역시 고려해야 한다. 1950년대 장티푸스의 발생률을 볼 때 지방이 서울보다 높았으나, 1970년대 이후에는 서울, 부산, 대구 등 대도시의 발생률이 높아졌다. 도시화에 따른 빈민가의 형성과 무관하지 않았다.[200] 따라서 발생을 감소시키기 위해서는 환경 개선에 노력할 필요가 있었다. 상하수도 시설이 보급되면서 장티푸스, 파라티푸스, 세균성 이질 등 수인성 전염병은 급속히 감소했다.[201]

4) 일본뇌염

해방 후 새롭게 부상한 급성전염병 중 하나는 뇌염이었다. 1946년 인천지역의 주한 미군이 최초의 환자였다. 같은 해 사람과 가축의 혈청에서 일본뇌염 바이러스 항체가 발견됨으로써 일본뇌염이 예전부터 한국에 토착화되었음이 밝혀졌다.[202] 해결은 쉽지 않았다. 모기의 완전 박멸이 불가능했기 때문이다. 하절기 환자 발생은 불가피했다. 특히 뇌염의 경우 증상이 심하고 치명률이 높아 문제가 되고 있었다.[203]

　뇌염 대책으로는 정기적인 예방접종이 이루어졌다. 예방접종은 가장 효과적인 방어수단이었다.[204] 1967년 처음으로 일본에서 백신이 도입되어 임시예방접종이 시행되었다. 당시에는 접종대상군의 접종률이 5% 미만이었으나, 1981년에는 16.8%로 높아졌다. 1976년에는 치명률이 높고 후유증이 심한 질병임을 감안하여 정기예방접종 대상 질환이 아님에도 최초로 국가접종제도에 편입되었다. 1981년부터는 보건소가 주관하여 자비접종제도를 추가 실시하였다. 접종 대상자를 넓히려는 목적이었다.[205] 1983년에는 유소아 연령층에 대해 강제접종이 이루어졌다. 1982년에 대규모 유행이 있었기 때문이다. 백신접종률은 60%까지 증가하였고, 1984년부터는 거의 90%대에 근접하였다. 1990년대 중반에는 97% 이상을 기록하였다.[206]

1960년대 말까지 일본뇌염은 연간 1,000~3,000명의 환자, 300~900명 사망자를 낳고 있었는데, 1970년대에 접어들면서 환자가 줄어드는 경향이 나타났다. 이유는 크게 네 가지였다. 예방접종 확대로 인한 면역인구의 증가, 우수 살충제의 선정 보급, 돼지 예방접종 및 돼지우리의 집중적인 살충활동 전개, 레저인구의 증가와 생활형태의 변화에 따른 여름철 야외활동 및 야외생활자에 대한 적극적인 계몽활동이었다.[207]

일본뇌염은 1982년 1,197명의 환자가 발생하고 10명이 사망하는 마지막 유행 이후 거의 퇴치 수준에 이르렀다.[208] 그 결과 2005년부터 학교에서 단체접종 형태로 실시해오던 추가접종을 개별접종으로 전환하였다.[209]

2. 만성질환의 증가

1960년대를 거치면서 한국인의 사인에서 급성전염병이 차지하는 비중이 축소되고, 만성질환이 주요 원인으로 부상하기 시작하였다. 아래 표는 1950-80년대 10대 질병 사인의 추이이다.

<표 21> 10대 질병 사인 추이(1950~80년대)

순위	1953	1965		1979			1981			1985		
	사인	사인	백분율	사인	10만명당 사망률	백분율	사인	10만명당 사망률	백분율	사인	10만명당 사망률	백분율
1	결핵	호흡기계 질환	24.2	뇌혈관 질환	93.7	14.8	악성 신생물	59.0	10.5	뇌혈관 질환	76.0	13.5
2	위염	소화기계 질환	23.1	악성 신생물	74.0	11.7	손상 및 중독	53.2	9.5	고혈압성 질환	47.8	8.5
3	뇌졸중	신경 감각기계 질환	16.3	기타 순환 기계 질환	73.1	11.5	고혈압성 질환	51.4	9.2	폐순환 질환 및 기타 심장 질환	46.7	8.3
4	폐염 기관지 염	전염병 기생충 질환	14.8	고혈압	54.5	8.6	기타 순환 기계 질환	43.9	7.8	위의 악성 신생물	32.6	5.8
5	신경계 질환	신생물	6.5	사고에 의한 손상	44.4	7.0	뇌혈관 질환	43.7	7.8	만성 간질환 및 경변증	28.1	5.0
6	노환	순환기계 질환	5.7	결핵	30.7	4.9	만성 간질환 및 경변증	17.5	3.1	간의 악성 신생물	18.6	3.3
7	심장병	골관절 근육계 질환	5.8	만성 간질환 및 경변증	24.1	3.8	결핵	17.5	3.1	교통사고	18.0	3.2
8	감염성 질환	신진대사 및 영양결핍	4.6	폐렴	19.8	3.1	기관지염 천식 폐기종	9.9	1.8	기타 불의의 사고	18.0	3.2
9	악성 신생물	정신병	1.9	기관지염 폐기종 및 천식	15.2	2.4	폐렴	9.1	1.6	결핵	17.4	3.1
10	증상, 증후 불명	기타 모든 질환	0.4	증상, 증후 불명	118.8	18.8	증상, 증후 불명	196.8	35.1	만성 및 상세불명 의 기관지 염 폐기종 천식	11.2	2.0

(김정순, 『한국인의 건강과 질병양상』, 39쪽)

1965년까지 사인의 1위를 차지했던 결핵, 호흡기성질환이 1979년 시점에 이르면 5위권 이하로 밀려나고 상위 질환은 뇌혈관질환, 현재 암으로 통칭되는 악성 신생물, 순환기질환, 고혈압이 차지하였다. 1981년에는 암이 1위에 올라섬으로써 질병 양상이 급성에서 만성으로 변이했음을 알 수 있다.[210] 만성질환의 증가와 관련하여 원인으로 크게 세 가지가 지적되고 있다.

<그림 16> 세브란스병원 암센터 개원(1962, 연세의대 동은의학박물관 소장)

첫째는 영양상태, 환경위생, 노동조건 등의 개선을 동반한 생활수준의
향상이 감염성 질환으로 인한 사망을 줄여서 평균수명을 연장시켜 노
인인구의 비율이 높아진 것, 즉 인구를 노령화시킴으로써 여기에 수반
된 만성질환의 증가를 고려해 볼 수 있으며, 둘째는 감염성 질환이 감
소됨으로써 오는 만성 퇴행성 질환의 상대적인 증가이고, 셋째, 환경오
염, 생활양식의 변화, 정신적 긴장감 등 여러 가지 위험요인에의 노출
기회가 많아지면서 실제적인 증가를 초래했으리라는 것이다.[211]

급성전염병이 감소하고 노령화가 진행되면서 상대적으로 만성질환이
증가하였고, 환경오염, 생활양식의 변화 등 다른 위험요소 역시 영향을
미치고 있다는 지적이다.

만성질환은 의료비를 증가시키는 근본적인 원인으로 부상하였다. 문제
는 해결책이 도출되기 어렵다는 데 있다. 인구 고령화, 산업화와 도시화
에 따른 환경여건 및 생활양식의 변화가 주요 원인이기 때문이다. 의료체
계의 개선만으로는 해결할 수 없는 것이다.[212] 만성질환에 대한 국가 차
원의 대책은 1990년대에 접어들어 수립되기 시작했다.

국가적 방역사업의 전개와 민관협력

1. 다각적 결핵 퇴치사업과 결핵의 지속

1) 1950년대 결핵사업

(1) 예방 및 치료사업

해방 후 결핵은 전염병 중 우선적인 관심의 대상이었다.[213] 다른 전염병에 비해 환자가 많았기 때문이다. 1950년대 인구 2천만 명 중 결핵유소견자 추정 수는 1백만 명에 달했고 이 중 절반가량인 50만 명이 치료를 요하는 환자로 추정되었다.[214] 1946년 설립된 서울보건소의 여섯 개 부서 중 결핵부가 가장 앞에 있었던 이유도 환자 수 때문이었을 것이다.[215]

그러나 결핵은 치료가 쉽지 않았다. 식민지시기 이래 주요한 결핵 치료 방법은 안정, 영양, 공기로 이루어진 요양원 입원이었다. 요양을 통해 신체 내 저항력을 증가시키고, 그 힘으로 결핵을 고치려 한 것이었다. 적극적인 치료술로 인공기흉요법이 한때 성행하였다. 하지만 흉막 삼출액이 생기고 후에 농흉으로 발전되는 부작용이 적지 않았다. 심한 흉막 유착이 생기는 환자도 많아서 흉곽경을 보면서 유착된 흉막을 박리하기도 하였다.[216]

문제는 입원을 할 수 있는 요양소가 적다는 데 있었다. 1951년 정부가 운영하는 대규모 결핵요양소로는 보건부가 운영하는 마산요양소, 교통부가 운영하는 마산요양소, 인천에 한국적십자사가 운영하는 요양소가 있었고, 각 도립병원에 평균 10~20병상의 수용시설이 있을 뿐이었다.[217] 1955년까지 결핵환자가 요양할 수 있는 병상 수는 전국적으로 약 3,000개였다. 결핵환자의 입원 수용은 현실적으로 불가능했다.[218] 요양비용도 비쌌다. 1949년 당시 대학 졸업생의 평균 월급은 5천 원이었는데, 결핵요양소에 입원하기 위해서는 3만 원의 비용을 부담해야 했다.[219] 요양소는 쉽게 이용할 수 있는 공간이 아니었다.

해방 후 결핵 퇴치와 관련하여 획기적인 일은 항결핵 약제로 스트렙토마이신(streptomycin, SM)이 수입되기 시작했다는 것이다. 결핵 치료의 가능성이 높아진 것이었다. 하지만 수요에 비해서 공급량이 적었다. 자연히 가격이 올라갔고, 치료과정에서 가산을 탕진하는 예도 있었다. 나아가 스트렙토마이신을 단독으로 사용할 경우 내성이 출현했다.

한국전쟁이 진행되는 과정에서 파스(PAS)가 도입되었다. 스트렙토마이신과 병용하여 사용할 경우 내성 발현을 막을 수 있다는 사실도 밝혀졌다. "결핵치료에서 다제병용의 효과를 인식하는 계기"였다. 1952년 이소니아지드(isoniazid, INJ)의 항결핵 작용이 밝혀졌고, 앞의 두 가지 약제와 함께 사용되기 시작하였다. 그 결과는 90%의 완치율이었다.[220] 치료와 관련해서 요양소로 대변되는 안정치료의 시대가 가고 치료약을 활용하는 화학요법시대가 도래하고 있었다.[221] "망국병이라고까지 일컬어지던 결핵병의 치료방침이 겨우 확립"된 시기였다.[222]

〈그림 17〉 시립중부병원 결핵요양소 증축 준공식(1963년, 서울사진아카이브 소장)

결핵에 대한 정부 차원의 조치는 1950년대부터 시작되었다. 예산, 전문가, 수용시설이 부족한 상황에서 사업의 중점은 예방사업인 BCG접종과 자택 통원치료에 놓여졌다. BCG접종은 1952년 일본제 건조 BCG를 주로 초등학생들에게 접종한 것이 시작이었다.[223] 물론 이전에도 접종은 있었다. 1949년에는 보육원 및 유치원 아동, 초등학교 아동 및 중학생 등 총 7,791명에게 BCG접종이 실시되었다. 1952년은 전국적인 접종계획이 입안된 후 BCG접종이 시작된 해였다.

BCG 국내 생산을 위한 노력도 병행되어 1960년에 국립보건원 설립과 함께 BCG 생산에 관한 연구가 시작되었다. 1964년에는 WHO로부터 국내에서 생산된 액상 BCG가 사용이 가능하다는 승인을 받았다.[224] 이후 매해 약 백여만 명의 미취학아동과 초등학교 1학년, 6학년 학생에게 예방접종이 이루어졌다.[225] 1977년에는 액상백신의 단점, 즉 장기보존 및 신선도 유지 문제를 개선한 건조 BCG 생산이 시작되어 1979년부터 일부이지만 액상 BCG를 대체하기 시작하였다.[226] BCG접종은 결핵에 대한 대책을 "조기에 마련하는 계기"였다.[227]

자택 통원치료는 1952년부터 미국의 원조로 X선 촬영을 통한 환자 발견이 가능해지면서 이루어졌다.[228] 1955년 4월 정부는 전국 80개 공공의료기관을 외래 결핵진료소로 지정하고 외국 지원으로 확보된 약품과 자재를 제공하였다. 이 지정진료소에서 읍면장이 증명한 구호대상자와 집단검진에서 발견된 환자를 치료하기 시작하였는데, 이것이 한국에서 "통원치료의 효시"가 되었다.[229]

(2) 진단사업

1950년대 결핵환자를 발견하기 위한 진단사업이 시작되었다. 진단은 중요했다. 환자발견과 치료관리가 이루어질 수 있기 때문이었다.[230] 1953년 보건부에 의해 익산 지역의 초등학교 교직원과 청소년을 대상으로 최초의 X선 집단검진이 이루어졌다. 1954년에는 국립중앙결핵원에서 3년에 걸쳐 주로 초등학교와 중학교를 대상으로 한 검진사업을 진행하였다. 전국적인 규모로 집단검진이 실시된 해는 1957년이었다. 1961년에는 정부에서 각 시도에 설치 운영하던 X선 이동검진반을 해체함으로써 이 업무를 대한결핵협회가 전담하게 되었다.[231]

2) 1960-70년대 결핵사업

(1) 예방 및 치료사업

결핵환자에 대한 국가적인 차원의 대책은 1960년대에 접어들어 마련되었다. 그 중심에 보건소가 있었다. 1962년 보건소법이 개정 공포되면서 전국 보건소 조직을 통하여 결핵관리사업이 전개되었다.[232] 계기는 외국의 지원이었다. 1961년 한국과 WHO가 결핵관리사업에 관한 원조협정을 맺었고, 그 결과 종합적인 사업이 착수되었다. 1962년에는 UNICEF의 재정지원이 이어졌다.[233]

1962년 보건소가 중심이 되어 환자 등록과 치료사업을 시작하였다. 전국 189개 보건소와 670여 개소의 공의진료소, 59개소의 지정진료소가 참여하여 등록환자의 재가치료를 담당하게 되었다.[234] 1963년에는 제주도를 제외한 각 시도에 결핵관리의사 1명, 총 10명이 배치되었다. 이들은 담당지역의 모든 결핵사업 기술지도와 계획에 참여할 의무를 지니고 있었다.[235] 구체적으로 관내 보건소를 순회하면서 재가치료 투약, 객담검사, 가정방문 사업을 지도하였고, 시도의 결핵관리 사업계획 수립과 사업실적 평가업무를 담당하였다. 이들의 배치로 "결핵관리 사업의 기초를 확립"할 수 있었다.[236] 1960년대 중반 각 시도에 배치된 결핵관리의사의 배치 현황은 아래와 같다.

〈표 22〉 결핵관리의사 배치 현황(1964–66년)

시도	서울	부산	경기	강원	충북	충남	전북	전남	경북	경남	제주	계
1964		1	1		1	1	1	1	1			7
1965		1	1		1	1	1	1	1	1		8
1966	1	1	1	1	1	1	1	1	1	1		10

(『대한결핵협회 30년사』, 211쪽)

1963년에는 대한결핵협회에서 전국 189개 보건소에 일정한 훈련을 거친 결핵관리요원을 배치하였다. 정부조직에 근무할 인원을 민간단체에서 파견한 것이었다. "정부의 예산부족과 이들 전담요원의 필요성에 대한 이해부족" 때문이었다.[237] 이 요원들에 대한 관리 책임이 정부로 이관된 때는 1967년이었다. 당시 각 시도에 배치된 결핵관리요원의 현황은 아래와 같다.

〈표 23〉 결핵관리요원 배치 현황(1963년)

시도	서울	부산	경기	강원	충북	충남	전북	전남	경북	경남	제주	계
인원수	9	6	23	19	12	17	16	25	33	26	3	

(『대한결핵협회 30년사』, 210쪽)

1965년은 전국적인 결핵조사가 이루어졌다는 점에서 의미가 깊다. 이
해 대한결핵협회는 정부의 행정지원, WHO의 기술지원, UNICEF의 자
재지원을 받아 제1차 전국결핵실태조사에 착수하였다. 구체적으로 1965
년 5월부터 11월까지 약 6개월간 도시 28개 지역, 농촌 26개 지역, 도합
54개 지역 주민을 대상으로 성별, 연령별 및 시군별로 본 결핵감염률, X
선상 폐결핵 유병률 및 결핵균 양성률 등을 조사하였다. 이러한 조사는
국제적으로 일본, 대만에 이어 세 번째로 규모가 컸다.[238] 이후 전국결핵
실태조사는 매 5년마다 전국을 대표하는 표본지역을 선정하여 실시되었
다. 주요한 결과는 아래와 같다.

〈표 24〉 전국결핵실태조사 결과(1965-90년)

구분·연도	1965	1970	1975	1980	1985	1990	비고
전인구(천 명)	29,160	31,435	34,679	37,449	41,055	42,869	
5세 이상 인구(천 명)	24,222	26,770	30,740	33,946	36,970	39,590	
연간 감염위험률(%)	5.3	3.9	2.3	1.8	1.2	1.1	5-9세
유병률(%)	5.1	4.2	3.3	2.5	2.2	1.8	5세 이상 인구
환자수(천 명)	1,240	1,118	1,014	852	798	728	5세 이상 인구
균 양성률(%)	0.94	0.74	0.76	0.54	0.44	0.24	5세 이상 인구
도말 양성률(%)	0.69	0.56	0.48	0.31	0.24	0.14	5세 이상 인구
균양성환자(천 명)	227	197	235	186	164	95	5세 이상 인구
BCG접종률	24.3	44.4	60.6	69.9	80.1	86.0	29세 이하

(『우리나라의 결핵관리』, 『보건주보』, 1992. 3. 27., 6쪽)

1967년 정부는 결핵예방법을 제정하였다. 주요 목적은 국가 및 지방자치단체가 결핵을 예방하고 환자에 대한 적정한 의료를 하도록 한 것, 건강진단 대상자는 지정된 기일 또는 기간 내 수검하도록 의무화한 것, 결핵관리심의위원회를 두도록 한 것, 크리스마스실 모금을 할 수 있도록 한 것 등이었다.[239] 같은 해 보건사회부 직제 개편을 통해 보건국 내의 만성병과에서 결핵과가 독립되었다.[240] 1960년대를 거치면서 결핵에 대한 정부 차원의 법제도 그리고 조직이 체계적으로 형성되어나갔다.

1967년부터 BCG접종 성적이 좋아졌다. 이해에 소정의 교육을 마친 간호보조사들이 전국의 읍면동에 결핵요원으로 배치되어 미취학아동들에게 BCG를 접종하였기 때문이다. 계몽사업의 효과도 작용하여 미취학아동의 BCG접종실적이 급증하였다. 1967년 한 해 동안 전국의 접종자 수는 150만 명에 이르렀다.[241] 1965년부터 1980년까지 BCG접종률은 아래와 같다.

〈표 25〉 BCG접종률(1965-80년) (단위: %)

연령·연도	1965	1970	1975	1980
0-4세	6.1	38.8	48.2	49.8
5-9세	28.1	54.3	72.8	74.2
10-14세	49.3	52.6	77.1	88.8
0-29세	24.3	44.4	60.6	69.9

(『保健社會 1982年板』, 104쪽)

1980년 현재 0세에서 29세 사이 BCG접종률은 69.9%였다. 전국민결핵조사사업이 시작된 1965년의 24.3%에 비하면 40% 정도가 증가한 수치였다. 이후 접종성적은 계속 좋아져 1996년 초등학교 6학년 때 실시하던 재접종제도가 폐지되었다.[242] 2002년에는 결핵예방법이 개정되면서 전국의 보건소에서 접종효율이 가장 높은 생후 1개월 미만의 신생아 및 미취학 아동인 저연령층을 대상으로 무료접종이 시행되고 있다.[243]

(2) 진단사업

1962년에 시군보건소가 설치되면서 대한결핵협회의 집단검사사업은 보건소와 제휴를 통해 전개되었다.[244] 1960년대 이루어진 이동검진의 결과는 아래와 같다.

〈표 26〉 이동X선 검진 실적(1960-70년) (단위: 명)

구분·연도	1960	1961	1962	1963	1964	1965	1966	1967	1968	1970
검진실적	141,027	119,476	281,925	451,361	463,168	391,744	368,061	458,260	519,687	668,387
활동성 결핵	1,724	5,269	18,812	22,041	22,660	17,992	14,645	21,965	18,271	13,526
발견율(%)	1.2	4.4	6.7	4.9	4.9	4.6	4.0	4.8	3.5	2.0

(『대한결핵협회 30년사』, 148쪽)

1960년 14여만 명이던 검진자 수는 1970년 66만여 명, 즉 5배 가까이 증가하였다. 다만, 검진실적이 높아지면서 결핵환자 수도 같은 비율로 증가하였다. 발견율은 대체로 3~4%였다.

3) 재정

결핵관리사업이 본격적으로 진행된 1960년대 정부의 결핵 관련 예산은 총예산의 0.1%, 의료 관련 예산의 10% 내외였다. 백만 명이 넘으리라 추산되는 환자를 치료하기에는 "너무나 형편없는 실정"이었다. 그 공백을 대한결핵협회, WHO, UNICEF의 지원사업이 메우고 있었다. 대한결핵협회의 경우 예산의 41%를 정부 결핵관리사업에 투입하고 있었다.[245]

크리스마스실 발행은 대한결핵협회가 예산 확보를 위해 진행한 사업

중 하나였다. 1931년 미국 선교사 셔우드 홀(Sherwood Hall)이 시작한 크리스마스실 발행은 1949년 홀의 지인이었던 문창모(文昌模)에 의해, 1953년 결핵협회에 의해 재개되었다. 하지만 호응은 높지 않았다. "우리나라 사람으로서 크리스마스실을 사주는 사람은 거의 없는 실정이었고, 주한 미8군 구내서점을 찾아가 몇 장씩 파는 정도"였다.

모금에 어려움을 겪던 크리스마스실 판매는 1950년대 중반에 접어들면서 변화하기 시작하였다. 1956년 모금액이 목표액의 36%에 이르렀다. 서울, 경기, 충남, 경북 등 각 도지부가 설치되면서 크리스마스실 모금사업을 조직적으로 진행할 수 있었고, 새로운 모금 대상으로 육군이 포함되었기 때문이다. 육군은 "막대한 모금원"이었고, 모금 대상이 해군과 공군으로 확대되는 계기가 되었다.

1957년에는 이승만 대통령이 직접 크리스마스실을 구입했고, 이어 국무회의에서 크리스마스실 구입을 국민운동으로 전개할 것을 결의하였다. 크리스마스실 모금사업이 거국적인 운동으로 발전하게 된 것이었다.[246] 그 결과 강제모금도 이루어졌다. 1974년까지 군인, 공무원, 기업체 종사자 등의 급여에서 일정한 액수의 금액을 실 성금으로 공제하였다. 비자발적 할당방식의 모금이 이루어졌던 것이다.[247]

〈표 27〉 크리스마스실 판매액(1954-59년)

연도별	목표액	모금액	비율
1954	6,000,000원	271,000원	4.5%
1955	5,000,000원	385,000원	7.7
1956	4,500,000원	1,611,000원	35.8
1957	5,000,000원	2,824,000원	56.5
1958	6,000,000원	4,903,000원	81.7
1959	8,000,000원	7,201,000원	89.7

(『대한결핵협회 20년사』, 70쪽)

준조세 방식의 모금은 다른 공간에서도 이루어졌다. 극장과 고궁 입장권에 일정 금액을 결핵기금으로 부가한 것이었다. 1963년에 시작된 극장 특별모금은 "대한결핵협회의 주요 재원의 하나로 사업의 뒷받침에 크게 기여"하였다. 서울 소재 고궁인 창경원, 덕수궁, 창덕궁, 경복궁, 종묘 등 관람자를 대상으로 입장권에 결핵기금을 추가하는 시도도 이루어졌다. 1964년 시작된 이 모금사업은 성과가 좋지 않았으나 "새로운 모금원의 개발이라는 점에서 중요"했다.[248]

4) 결과

1960년대부터 본격적으로 진행된 결핵사업은 성과를 거두었다. 1965년부터 1980년까지 결핵감염률을 정리한 아래 표를 통해 그 성과를 알 수 있다.

〈표 28〉 결핵감염률(1965~80년) (단위: %)

연령·연도	1965	1970	1975	1980
0-4세	10.2	8.5	4.8	4.9
5-9세	33.7	26.1	15.9	12.6
10-14세	69.5	54.1	49.6	32.1
0-29세	44.5	46.9	46.9	41.7

(『保健社會 1981年版』, 102쪽)

결핵감염률은 1965년 첫 번째 전국민결핵실태조사 이후 지속적으로 감소하였다. 1965년 0세에서 29세 사이 44.5%이던 결핵감염률은 1980년에 41.7%로 감소하였다. 특히 0~4세 비율이 10%대에서 4%대로 감소하였다. 1년 사이에 결핵균에 의해 새롭게 감염되는 위험도 역시 감소하였다. 아래 표에서 알 수 있듯이 1965년 4.2%였던 감염률은 1980년 1.3%로 감소하였다.

<표 29> 결핵 감위험률(感危險率)(1965-80년) (단위: %)

연도	1965	1970	1975	1980
위험률	4.2	2.8	1.9	1.3

(『保健社會 1981年版』, 102쪽)

결핵의 감소에는 BCG로 대변되는 예방조치, 신약의 도입을 통한 치료의 진전 등이 도움을 주었다. 하지만 결핵 감소와 관련하여 주목되는 조치는 정부가 주도한 결핵관리체계의 정립이었다. 특히 보건소는 결핵의 감소에 중요한 역할을 담당하였다. 보건소는 "모든 결핵사업의 중심"이 되어 활동하였다.[249] 결핵검사, 환자 등록과 관리 등 결핵사업의 진전은 보건소의 확대와 연동되어 있었다. 나아가 정부는 전국적 차원의 조사를 통해 관리사업을 진행하기 위한 기초자료를 축적하였다. 전국적인 객담검사 및 X선 검진, 5년마다 이루어진 전국적인 결핵실태조사가 그것이었다.[250]

보건소 중심의 관리체계는 1990년대 이후에도 이어지고 있다.[251] 문제는 전문성이었다. 결핵을 전담하는 의사의 수가 적었다. 1970년대 중반 전국에서 결핵관리사업에 종사하고 있는 2,500여 명의 요원 중 결핵 전담 의사는 50여 명에 불과했다. 1,700여 명을 차지하는 대부분의 요원은 읍면 보건지소에 종사하는 간호사 혹은 간호보조사였다. 통상 의사 1인당 최고 300명의 환자를 관리한다고 할 때 필요한 의사 수는 약 500명이었다. 하지만 당시 의사는 이상적인 의사 수의 약 1/10에 불과했다.[252] 1980년대에도 상황은 개선되지 않았다. 전담 의사들이 보건소에 배치되지 못함에 따라 "전문적인 치료가 필요한 환자에 대한 적절한 치료를 시행할 믿을만한 의료전달체계가 거의 갖추어지지 않은 상태에 있다."는 평가를 받고 있었다. 민간의료기관과 협조가 필요한 상황이었다.[253]

1990년대 정부는 결핵환자가 감소하고 있으나, 한국이 여전히 결핵의 유병률, 발병률, 사망률 및 환자 수에서 "후진국 수준을 벗어나지 못한 수준"이라고 평가하고 있었다. 결핵 퇴치는 미완의 과제였다. 수십만 명에 이르는 미발견 환자를 조기에 찾아 적정한 진료를 받도록 해야 했고, 적절한 처방과 규칙적인 투약을 위해 결핵예방법에 규정된 환자발생 신고제를 이행해야 했다.[254] 하지만 이행은 쉽지 않은 요구였다. 결핵은 2000년대에 접어들어 다시 중요한 의료문제로 부상하였다.

2. 기생충 박멸사업과 전 국민적 참여

1) 배경

기생충은 해방 후 한국인이 가장 보편적으로 가지고 있던 질병이었다. 1948년 보건후생부에 의해 진행된 조사에 따르면, 조사대상자 915명 중 장내기생충 감염자는 94.7%, 장내원충은 36.6%였다. 인구 10명 중 9명 이상이 기생충에 감염되어 있었던 것이다. 조사가 특정 지역에 국한되지 않고 서울, 광주, 대구, 부산 등 9개 지역에서 진행된 점으로 미루어 해방 직후 한국인 기생충 감염률이 전반적으로 높았음을 알 수 있다.[255]

기생충 감염률은 1960년까지 큰 차이를 보이지 않았다. 1962년 서울위생병원 의료봉사대가 강원도 일대의 농어촌을 순회하면서 치료활동을 전개하였는데, 진단 결과 환자 2,308명 중 기생충질환자는 22.1%로, 소화기질환 25.8%, 호흡기질환 22.9%에 이어 제3위를 차지하였다. 하지만, 소화기질환 즉 위장계통의 이상도 기생충 감염이 원인인 예가 허다했던 점을 고려하면, 기생충질환이 수위를 점했다고 해도 과언은 아니었다.[256] 기생충이 만연하다보니 한국인은 "뱃속에 기생충이 없으면 소화가 잘 안된다."는 속설이 나돌 정도였다.[257]

높은 감염률은 변소시설의 미비, 인분비료 사용 등이 원인이었다. 한국인에 유행하던 기생충은 적혈구에 기생하는 말라리아원충, 임파선에 기생하는 사상충, 폐장의 폐디스토마를 제외하고 모두 소화기계통 기생충이었다. 결국 분변으로 빠져나갔던 기생충이 음식물을 통해 다시 몸속으로 들어오고 있음을 의미했다.[258] 이 외에 야채, 물고기, 육고기를 씻지 않고 먹는 습관, 맨발로 농사를 짓는 관습, 오염된 식수, 전반적으로 열악한 위생 등이 만연의 다른 원인이었다.[259]

기생충으로 인해 발생하는 손실은 적지 않았다. 기생충은 성장기 어린이의 발육을 저해하고 성인에게는 노동력을 저하시켰다. 경제적인 손실뿐 아니라 경우에 따라 생명을 앗아가는 수도 있었다.[260] 합병증 때문이었다. 1960년대 중반 기생충으로 입는 피해는 아래와 같이 추정되었다.

> 이 분야의 전문 학자들은 40여 종에 달하는 기생충이 국민들에게 직간접적으로 주는 손실은 놀랍게도 연 10억 달러(2,550억 원)가 넘고, 그 중에서 회충 한가지만으로도 연 사망자 수가 2천여 명이나 되며 십이지장충에 빼앗기는 피가 하루 560여 드럼으로서 연간 1백 16억 8천만*ml*나 되어 이로 인한 노동생산율의 감소가 돈으로 따져 해마다 약 480억 원이나 되는 것으로 추정(하였다.)[261]

1964년 1인당 국민소득이 2만7천 원이었으니,[262] 기생충이 낳는 피해는 당시 거의 천만 명의 소득과 일치했다. 과장이 섞여 있다 해도, 기생충에 의해 적지 않은 피해가 생기고 있었음을 알 수 있다.

2) 과정

본격적인 기생충 박멸사업은 1960년대에 접어들어 시작되었다. 1964년 한국기생충박멸협회의 창립은 중요한 계기였다. 1965년 정부는 기생충 박멸협회를 통해 전국적인 사업을 전개하되 지부장에는 부시장 혹은 부지사, 부지부장에는 시도 보건사회국장이 취임하라는 공문을 발송하였다.[263] 민간단체인 기생충박멸협회에 공무원을 배치한 것이었다.

1966년에는 기생충질환의 예방과 근절을 목적으로 하는 기생충질환예방법이 제정되었다. 당시 동아시아와 남아시아를 포함해서 이런 법률이 제정된 곳은 한국과 일본뿐이었다.[264] 법률에는 보건사회부장관이 정하는 기생충질환에 감염되기 쉬운 지역에 있는 자, 업무의 성질상 공중과 접촉이 많은 직업에 종사하는 자는 매년 1회 이상 검사 및 치료를 받아야 하고, 각급 학교장은 매년 2회 이상 학생에 대하여 기생충의 감염 여부를 검사하고 치료해야 한다는 내용이 규정되었다.

나아가 기생충에 관한 조사연구와 예방사업을 진행하기 위하여 한국기생충박멸협회를 두되 당시 설립되어 있었던 사단법인 한국기생충박멸협회를 해당 협회로 지정한다는 내용도 있었다.[265] 정부와 민간의 결합이 법률적으로 확정된 것이었다. 이 법의 제정은 "기생충에 대한 전면적인 선전포고"로 평가되었는데, 이유는 "적어도 초중고 각급학교에는 총동원령이 내려"졌기 때문이었다.

1969년 기생충박멸협회는 정부의 지정을 받아 봄가을 2회에 걸쳐 전국의 초중등학생 전원에게 기생충검사와 구충사업을 실시하기 시작하였다.[266] 사업의 초점은 토양매개성 연충, 특히 회충의 퇴치에 맞추어져 있었다.[267] 가장 많이 감염되어 있고 가장 피해가 심했기 때문이다. 나아가 기생충질환예방법은 국민 전부가 매년 1회 이상 검사를 받도록 규정하였다. 그야말로 전 국민을 대상으로 한 방역사업이 전개된 것이었다.

〈그림 18〉 보건사회부 주관 기생충예방 강조주간 기념식(1972년, 국가기록원 소장)

법령은 공포되었고, 학생들을 대상으로 한 검사는 진행되었지만, 시행 주체의 준비상황은 좋지 않았다. 제도적인 장치는 갖추어졌으나 집단검변을 할 수 있는 훈련된 인력, 검사장비 등이 부족하였다.[268] 감염조사를 담당한 기생충박멸협회는 군 보건소나 서울에 있는 본부에 검변 재료를 보내 감염자를 가려내는 등 궁여지책을 쓸 수밖에 없었다. 1968년에 이르기까지 실제적인 활동은 이루어지지 못하였다.

이때 외국의 협조는 검사와 구충사업 등 사업 진행을 가능하게 했던 중요 요소였다. 특히 일본의 협조가 중요했다. 일본은 사업 초기인 1968-72년 기생충박멸협회에 검사 장비와 약품을 원조하였다. 1차 연도인 1968년에 인수된 지원물자는 검진차 6대, 단안용 현미경 176대, 쌍안용 현미경 126대, 원심분리기 20대, 구충약 250상자였다. 장비와 약품이 도입되면서 "각 시도지부에 검사소가 완비되고, 그 사업에 필요한 각 분야별 요원이 배치"되었다.[269]

1970년에 즈음하여 일본에서 집단검사법에 이용되었던 셀로판후층도말법(셀로판厚層塗抹法, Cellophane Thick Smear Technique)이 업무에 이용되었다. 이 방법은 기생충질환을 집단관리한다고 할 때 "세계적으로 인정된 유일한 집단검사법"이었다. 집단관리의 경우 완선 구충보다 지역사회 단위의 감염원 제거 혹은 감염 강도의 저하가 제일의 목표였고, 따라서 개인진단에 활용되는 정밀검사법을 사용할 수 없었다. 이때 필요한 기준은 신속성, 경제성, 효율성이었다. 셀로판후층도말법은 이런 기준을 고려할 때 "가장 적합한 방법"이었다.[270] 이 방법은 "기생충 0%를 위한 목표달성에 커다란 기여"를 하였다.[271]

일본은 사업 담당요원에 대한 교육도 담당하였다. OTCA(Overseas Technology Cooperation Agency)의 기생충학 전문가와 기술요원들이 기생충학 전반에 걸친 교육을 실시하였다.[272] 한국에서 진행된 기생충 관리사업은 일본이 지원한 국제적 협력사업 중 가장 성공적인 것으로 평가되고 있다.[273] 결핵사업이 WHO나 UNICEF 등 국제기구의 지원에 힘입어 진행되었다면, 기생충박멸사업은 일본의 지원이 보다 적극적으로 이루어진 예라고 할 수 있다.

1971년에는 보건사회부와 기생충박멸협회에 의해 전국 장내 기생충 감염률 실태조사가 실시되었다. 1969년부터 실시된 조사는 학생 집단을 대상으로 하였고, 비율로 보면 전체 인구의 1/5 정도를 차지하였다. 대상을 확대할 필요가 있었던 것이다. 이 조사는 매 5년마다 실시되었는데 1차 조사는 도시 46개 지역, 농촌 40개 지역 등 총 86개 지역에서 이루어졌다.[274] 아래는 1977년부터 2012년까지 이루어진 조사의 결과이다.

<표 30> 장내 기생충 실태조사 검사건수 및 양성률(1971-2012년)

	피검자수	충란 양성자 수	충란 양성률	회충	구충	편충	동양모양선충	간흡충	폐흡충	요코가와흡충	유무구조충	참굴큰입흡충	광절열두조충	요충
1차 (1971년)	24,887	20,970	84.3	54.90	10.7	65.4	7.7	4.6	0.090	–	1.90	–	–	1.30
2차 (1976년)	27,178	12,171	63.2	41.00	2.2	42.0	1.0	1.8	1.070	–	0.70	–	–	–
3차 (1981년)	35,018	14,381	41.1	13.00	0.5	23.4	0.2	2.6	0.000	1.20	1.10	–	–	12.00
4차 (1986년)	43,590	5,630	12.9	2.10	0.1	4.80	0.02	2.7	0.002	1.00	0.30	–	–	3.60
5차 (1992년)	46,912	1,806	3.8	0.30	0.01	0.20	0.004	2.2	0.000	0.30	0.06	–	–	0.90
6차 (1997년)	45,832	1,098	2.4	0.06	0.007	0.04	0	1.4	0.000	0.30	0.02	–	–	0.60
7차 (2004년)	20,541	879	3.7	0.05	0.0	0.27	0	2.4	0.002	0.50	0.00	–	–	0.60
8차 (2012년)	23,956	645	2.6	0.03	0.0	0.41	0	1.9	0.000	0.26	0.04	0.02	0.01	*

* 8차 조사의 요충 결과는 검사대상자 및 검사법의 차이로 비교할 수 없음.
(이순형, "우리나라 기생충감염 집단관리 사업의 성공적 수행",
『한국 기생충감염의 연구 및 퇴치』, 182쪽)

조사 결과에 따르면, 1971년 84.3%로 나타났던 충란 양성률은 1976년 63.2%, 1981년 41.4%, 1986년 12.9%, 1992년 3.8%로 낮아졌다. 회충의 경우도 1971년 54.9%에서 1976년 41.0%, 1981년 13.0%, 1986년 2.1%, 1992년 0.3%로 감소하였다. 구충, 편충 등의 감염률도 비슷해서 1992년에 이르면 대부분의 기생충 감염률이 1% 미만으로 낮아졌다는 것을 알 수 있다.

감염률이 낮아지자 정부는 학생 검변 집단관리제도를 개정하였다. 서울, 부산 등을 비롯한 대도시에서는 1992년부터 집단관리를 중단하고, 중소도시와 농어촌도 연차적으로 축소하여 1996년부터 집단관리를 전면 중단하기로 결정한 것이었다. 기생충박멸사업의 성공은 기생충박멸협회의 변화를 통해서 확인할 수 있다. 1982년 기생충박멸협회는 한국건강관리협회를 출범시켰고, 1986년 두 협회는 한국건강관리협회로 통합되었다. 기생충 감염률이 저하하고 질병 양상이 변화하면서 "본연의 기생충검사사업의 수행만으로는 더 이상 국민건강증진에 기여할 수 없다는 판단"

때문이었다.[275]

3) 의미

한국의 기생충박멸사업은 집단검진, 집단치료 방식으로 진행되었다. 1969년 학생을 대상으로 시작되어 1971년부터 전 국민으로 확대된 검진사업이 그 예였다. 하지만 이런 방향에 대해 모든 사람들이 동의한 것은 아니었다. 분뇨처리 및 사용 금지, 화장실 개선, 청정채소 보급 등 환경정화 쪽에 중점을 두어야 한다는 주장이 있었다. 환경 개선을 강조하는 학자들은 기생충 감염률이 높은 유행지역은 재감염률도 높기 때문에 1년에 한번 집단검변, 집단치료를 시행할 경우 1년 후 다시 치료 이전의 감염률 수준에 도달하게 된다고 주장하였다.[276] 일본에서 성공한 집단검진, 집단투약이라는 방식이 다른 나라에서 재현될 수 있을지에 대한 우려도 있었다. 집단검진, 집단투약은 경제적 자립, 즉 검사수익을 강조한 일본식 방법이었다.[277]

방역을 둘러싸고 이견대립이 일어난 것이었고, 서로 보완적인 측면을 지니고 있었다고 평가할 수 있다. 하지만 1966년 제정된 기생충질환예방법은 방역의 초점을 집단검진, 집단치료에 두었다. 비용이 드는 환경 개선보다 인력을 동원한 검진과 치료가 현실적이라는 판단 때문이었을 것이다. 1960-70년대는 동원의 시대였다.

검진과 치료사업이 가지는 의미는 분명했다. 사업을 주도한 기생충박멸협회는 기생충 감소의 가장 큰 배경으로 검진을 지목하였다. 특히 매년 봄가을에 걸쳐 실시된 초중고 학생들의 집단검사 및 치료는 감염률 격감에 가장 큰 공헌을 하였다. 대상만 연인원 1,800만 명이었다. 협회의 노력은 컸다. 대상지역이 전국에 산재해 있을 뿐 아니라 대상가구를 찾아도 부재중이거나 검사에 불응하는 경우가 있었기 때문이다. 담당자들은

"'하면 된다'는 결의와 마음가짐"을 가지고, 조사를 진행하였다.[278] 심지어 검사요원이 70여 회를 방문한 끝에 검변 재료를 받아낸 가구도 있었다.[279]

정부도 사업을 적극 지원하였다. 정부가 검사수수료를 지원했기에 초중고 학생에 대한 대규모 검사가 가능했다. 수수료는 당시 금액으로 버스한 번 이용하는 값에도 미치지 못했지만, 전체 규모로 보면, "결코 작은 금액만은 아"니었다. 정부가 "학생의 보건향상을 그만큼 중요시한 결과"였다.[280] "권위주의 정부의 강력한 행정 지원"은 "우리나라 기생충 질환변천사에 획기적인 실효를 거두고 오늘날 같은 낮은 감염률을 유지하게 되는 근본적인 원인행위"였다.[281]

학교의 참여도도 높았다. 교육위원회와 학교 당국의 행정지원이 원활했는데, 그 이유는 학교장이나 담당교사 및 학생들이 "집단관리의 의의와 중요성을 잘 인식"한 때문이었다.[282] 전 국민이 기생충 박멸의 의의에 대해 공감하고 있었다는 것이다.

그러나 사회의 변화 역시 중요했다. 근대화, 선진화는 국민들이 기생충박멸사업에 참여하는 배경이었다. 기생충 보유율은 문화발달과 반비례했고, 선진국이 되려면 보유율을 낮추어야 했다.[283] 한국이 지닌 후진성을 벗어나기 위해 기생충 감염을 당연히 여기는 인식을 바꾸어야 했다. 인식 못지않게 농업구조의 변화도 필요했다.

기생충박멸사업이 본격적으로 진행되기 이전부터 농법의 변화가 필요하다는 주장이 제기되고 있었다. 환경 개선을 강조한 학자들처럼 기생충 예방을 위해서는 인분비료의 사용을 금지해야 한다는 주장이었다.[284] 따라서 농법의 변화는 중요했다. 화학비료의 사용이었다. 1970년대에 이르면 한국은 질소비료의 자급능력을 갖추게 되었다.[285] 기생충박멸협회도 그 의의를 인정하고 있었다. 화학비료의 생산과 사용량이 급속하게 증가

하면서 기생충이 뚜렷한 감소를 보이고 있다고 인정한 것이었다.[286]

위생적인 환경 역시 중요했다. 기생충 감염률은 수세식 화장실 설치와 하수시설의 개선을 통해 인분을 위생적으로 처리하면서 저하될 수 있었다.[287] 하지만 환경의 구축은 쉽지 않았다. 1970년대 중반까지도 정부는 화장실 개선과 관련하여 시범부락을 통한 간접적인 전시교육에 치중하고 있을 뿐이었다. 투여할 예산이 부족했기 때문이다.[288] 변화는 성장을 통해 이루어질 수밖에 없었다. 기생충질환의 감소는 한국이 경제적으로 성장하여 위생시설이나 주위 환경을 개선하면서 이루어졌다.[289] 경제성장, 그에 따른 위생적인 환경의 구축은 기생충 박멸의 근본적인 배경이었다.

3. 치료제의 개발과 한센병 정착부락사업

식민지시기에 접어들면서 새롭게 의미가 규정된 질병이 한센병이었다. 피부가 괴사되는 증상 때문에 이전에도 터부의 대상이 되었지만, 일제는 한센병을 문명국가의 수치로 간주하였다. 나아가 한센병은 격리 외에 근절책이 없다는 인식을 확대시켰다.[290] 소록도에 자혜의원을 설립하고 격리를 시행한 이유가 거기에 있었다.

해방이 식민의 유산을 극복할 수 있는 계기라면, 한센병 환자에 대한 대책도 변화의 계기를 맞이하였다. 한센병 환자들이 생활할 수 있는 공간 마련, 즉 정착부락사업은 의미를 가지는 변화였다. 가장 큰 변화라는 평가도 가능했다. "식민지적 통제를 구조적으로 부정하는 것"이었기 때문이다.[291]

정착사업은 1947년 설립된 대한나예방협회에 의해 제창되었다. 의사로서 한센병에 관심을 깊게 가지고 있던 유준(柳駿)은 한센병에 대한 역학 조사를 통해 총 4만 명 이상의 환자 중 73%는 일반인과 마찬가지로 노동에 종사할 수 있음을 확인하였다. 나예방협회는 이 조사를 기초로 "전염방지와 규칙적인 치료를 받게 하려는 목적으로 집단부락운동을 제창"하였다. 정착사업은 여러모로 장점이 있었다.

> 나환자들이 설령 병이 낫지 않는다 하더라도 100명 중 95명이 생산할 수 있는 체력이 있으므로 서로 협력하고 사랑을 나누면서 작은 협동체를 구성, 구걸대신 생산을 통해 생활할 수 있는 자립기반이 조성된다면 최소한 그 비극적인 나병전염의 감소는 물론 환자 자신들의 인간으로서의 존엄성도 유지할 수 있게 되고 나아가서 국가 경제에도 유익하리라 생각(했다.)[292]

정착부락은 환자들에게 인간으로서 존엄성을 가질 수 있게 할 뿐 아니라 전염을 방지하고 국가경제에 도움을 줄 수 있다는 장점이 있었다. 첫 정착부락사업은 1948년 서울 주위를 부랑하는 환자 1백 40명을 모아 성북동에 임시 수용한 것이었다. 한센병 환자를 4만 명으로 추정하면, 0.35%에 불과한 숫자였다. 성북동은 출발로서 의미가 있었다.

정부도 정착부락사업을 지원하였다. 1949년 정부는 '정부 나병대책 기본정책 및 사업연차계획'을 성안하였고, 1951년에는 3개 요양시설을 국립화하고 다른 요양시설을 자립 자활하도록 하는 '이상촌 설치계획'을 수립하였다. 이상촌계획이 수립된 배경에는 한센병에 대한 일반 사회의 인식을 전환시키고, 환자에게 새로운 공간을 마련해주자는 이유가 있었다.

그러나 다른 이유도 있었다. 환자 수용에 따른 국가 부담의 축소였다.[293] 1949년 보건부 예산의 약 40%가 한센병 환자 관리에 사용되고 있

<그림 19> 박정희 대통령 영부인 육영수 여사 나병환자촌 방문(1970년, 국가기록원 소장)

였던 점을 고려하면,[294] 정착부락사업은 다른 분야에 예산을 활용하고자 하는 정부의 현실적인 이유가 작동한 결과였다.

1952년 정부 차원의 정착부락사업이 처음 실시되어 전라남도 나주군에 호혜원이 설립되었다.[295] 호혜원은 각 요양원의 경증 환자를 모아 자립 자활할 수 있도록 지원하는 공간이었다.[296]

치료제의 개발은 정착을 가능하게 만든 의료적 배경이었다. 1952년 DDS 도입은 한센병 치료에서 획기적인 전환점을 이루었다.[297] DDS는 비교 실험의 결과 한센병의 "화학요법제로서 발병 후 치료에 유효"할 뿐 아니라 "발병을 예방하는데 복용할 수 있는 화학제"임을 증명하였다.[298] DDS의 효과를 확인한 정부는 한센병 대책으로 치료에 중점을 두기 시작하였다.[299] 1978년부터는 한센병 2차 약품으로 리팜피신 및 크로파지민(람프렌)이 사용되기 시작하였다.[300] 신약이 활용되면서 환자들은 전염력을 가지지 않은 무보균자가 되어갔다.

본격적인 환자 정착사업은 1960년대에 접어들어 시작되었다. 1961년

나예방협회와 나학회가 전국의 집단 나환자 19,980명을 대상으로 기초조사를 실시하였다. 정착사업 추진을 위한 준비로 환자들의 사회복귀 가능성을 확인하기 위한 조사였다. 세균검사와 노동력, 외모 등을 고려한 조사 결과 정착대상으로 분류된 환자는 국립병원 2,534명(29.4%), 사립병원과 집단부락 6,081명(70.6%)이었다.[301]

같은 해 정부는 나예방협회와 공동투자로 집단부락과 사립 나요양시설의 환자 중에서 노동력이 있는 환자에 대해 당시 거주하는 부락을 단위로 개간할 수 있는 임야를 확보해주고 축산을 장려하기 시작하였다.[302] 한센병 환자에 대한 정착부락사업을 본격적으로 시작한 것이었다.

1963년에는 전염병예방법이 개정되면서 '제1종 전염병 또는 나병에 관한 강제처분'이 '제1종전염병에 관한 강제처분'으로 변경되었다. 1954년에 제정된 기존 법령은 진찰 결과 전염병 환자로 인정될 때는 치료 또는 격리시킬 수 있다고 규정하고 있었는데,[303] 여기서 나병 환자가 제외됨으로써 재가 치료가 가능하게 된 것이었다.

그러나 한센병 환자의 정착사업은 쉽게 이루어지지 않았다. 국제기구의 반대가 있었다. WHO였다. WHO는 "치유된 환자의 진정한 사회복귀는 개개인이 사회 속으로 침투하여 세포화함으로써 이루어지는 것인데 정착사업은 제2의 수용소를 만드는 것"이라며 반대하였다. 이 반대에 대해 정부나 의료계는 동의하지 않았다. 여전히 사회에 존재하는 반감, 자신들의 신체적 결함이나 처지를 내보이고 싶지 않은 한센병 환자들의 성향을 고려할 때 "전통사회로의 직접 침투는 사실상 시기상조"였기 때문이다.[304]

1955년 한국을 방문한 한센병 권위자 코크란(R. G. Cochrane)도 비슷한 비판을 제기하였다. 그는 한국의 정착부락이 집단적 거주지(settlement)이지 치료소(leprosarium)는 아니라고 평가했다. 치료와 진단을 위한 의료시설이 없었기 때문이다. 정착부락은 서양 중세에 한센병 환자들이 일반인을 피해 마을에서 떨어진 곳에 집단거주를 하는 형태와 비슷했다. 정착부락은 환자들에 의해 운영되는 고립된 작은 사회였다.[305]

더 큰 문제는 정착부락 인근에 거주하던 주민의 반대였다. 한센병 환자가 "완전히 사회로 복귀하는 데는 아직도 국민들의 깊은 이해가 필요"하다는 지적이 있었던 것처럼,[306] 사회가 환자를 수용하기 위해서는 시간이 필요했다. 그 과정에서 충돌이 발생하였다.

1957년 발생한 소위 비토리 사건은 정착 과정에서 발생한 주민과 충돌이 사망자를 낳은 경우였다. 그해 경남 삼천포시 소재 영복원생들이 자활을 위해 인근 비토리 개간에 나서자 거주 주민들이 반대에 나섰다. 이유는 식수 오염의 염려가 있고 해산물의 판로가 막히며 나아가 조상 대대로 물려받은 생활터전을 버리고 떠날 수 있다는 우려에 있었다. 양측의 갈등은 물리적인 충돌로 이어졌고, 영복원생 26명이 사망하고 70여 명이 중경상을 입었다. 여기 개입한 주민 91명은 살인 및 살인미수 혐의로 검찰에 구속되거나 불구속 송치되었다. 사회는 한센병 환자에 대한 편견을 강하게 가지고 있었다.

주민들의 반대는 거의 모든 지역에서 일어났다. 대부분 식수 오염으로 인한 전염 우려, 농산물 판매 곤란으로 인한 생계 위협, 전통적인 지역공동체 파괴 등이 이유였다. 주민들의 반대 없이 비교적 조용히 정착할 수 있었던 몇 군데도 사람의 발길이 닿지 않고 눈에도 잘 띄지 않는 깊숙한 산골 오지, 따라서 일반인들이 접근하기 힘든 곳이었다. 환자 정착에 대한 주민들의 반대는 1970년대를 거치면서 잦아들기 시작했다. 신문 및 방송 등 언론기관의 계도와 함께 강연, 좌담, 교육, 전시, 영화 상영, 전문지 발간, 문예작품 모집 등 각 사업기관의 계몽 효과 덕분이었다.

1961년 10,757명이었던 부락 인구는 1966년 조사 당시 14,860명으로 증가했다. 요인은 전입 3,104명(73.5%), 출생 995명(23.6%), 결혼 121명(2.9%)이었다.[307] 환자의 자립을 위한 정부의 지원사업은 환자의 유입을 낳은 배경 중 하나였다. 생활이 어려운 환자를 생활보호법에 의거하여 지원하였고, 정착부락의 자립기반 조성을 위해 비육우(肥肉牛)단지 조성, 양축(養畜)용 사료공장 및 낙농단지 조성, 면장갑공장 등을 설치한 것이었다. 1982년 현재 등록환자 27,631명 중 정착부락 거주 환자는 재가치료 48%, 국립나병원 및 사설 수용 16%를 제외한 35%를 차지하고 있었다.[308]

1980년대에 접어들어서도 정착부락사업은 지속되었다. 1980년대 초반 지역별 특성에 따라 공동조업장이나 축산단지 조성, 비육우 증식, 계분(鷄糞)처리시설 설치, 특수작물 재배 등 수익성이 있는 사업을 지원하고 수익금을 재투자하는 정책이 시행되었다.[309] 1984년에는 아시안게임과 서울올림픽을 앞두고 수도 서울을 정화한다는 기조 아래 서울 시내에 거주하는 무주택 환자 40세대를 경기도 고양군 원당읍 정착부락에 이주시키는 사업이 진행되었다. 한국 한센병 대책에서 "마지막이 될지도 모를 정착사업"이었다.[310]

한센병 환자는 1970년대 이후 급격히 감소하여 2008년 이후부터는 연간 10명 이내로 신고가 되고 있다.[311] 새로운 환자 발생이 한 자리 수로 줄어들면서 정부는 2012년 한센병 환자에 대한 통계 작성을 중지하였다.[312] 정착부락은 기존 환자들의 자연적인 소멸을 통해 사라져가고 있다. 한센병은 역사 속의 질병으로 변해가고 있다.

*
**

1960년대는 정부의 주도로 현재의 의료체계가 형성되는 시기였다.

1962년 보건소법이 전면 개정되면서 보건소가 내실을 갖추게 되었다. 보건이라는 용어와 걸맞지 않게 치료에 집중한다는 비판도 받았지만, 보건소는 각종 방역사업이나 가족계획사업을 진행하는 중심에 있었다. 보건소는 진료에서 민간영역이 확대되는 가운데 공공을 대변하는 상징성도 가지고 있었다. 방역과 관련된 각종 법률도 공포되었다. 1966년의 결핵예방법, 기생충질환예방법 등이었다. 법제가 정비되면서 정부가 주도하는 각종 사업이 진행되었다. 정부의 협조 혹은 개입 없이 전국적인 결핵 조사, 매년 2차례 이루어졌던 기생충 감염 조사는 이루어질 수 없었다.

무엇보다 정부는 1977년 의료보험을 실시하였다. 의료보험은 시행 초기 대형 사업장 중심이라는 한계를 지니고 있었지만, 의료 분야에 사회적 안전망을 구축했다는 점에서 의미가 컸다. 의료에서 공공성이 확대되는 계기였다. 의사들의 불만에도 불구하고 정부는 의료기관을 강제로 의료보험체계에 편입시켰다. 정부의 의지 없이는 불가능한 일이었다. 1960년대 이후 한국의 의료체계는 정부의 주도로 형성되었다.

그러나 민간의 역할 역시 중요했다. 대한가족협회, 대한결핵협회, 한국기생충박멸협회, 대한나예방협회 등 민간단체는 관련 사업이 진행되는 과정에서 중추적인 역할을 담당하였다. 각종 방역사업을 초기에 추진한 주체는 민간단체였다. 그들은 정부에 사업을 제안하고, 연구와 실천을 통해 사업을 진행하였다. 기생충박멸사업이 진행되는 동안 관련자들은 검변을 위해 전국 방방곡곡을 방문하였고, 가족계획요원들 역시 홍보와 계몽을 위해 각 가정을 방문하였다. 한센병 환자를 사회로 복귀시키는 정착부락사업은 한센병 학자에 의해 제기되었다. 정부를 추동한 주체는 민간이었다.

국민들도 적극 참여하였다. 국민의 협조 없이 대규모 사업의 진행은 불가능했다. 여성들은 검증되지 않은 피임기구를 자신의 몸에 장착했고, 남성들은 예비군 훈련장에서 정관수술을 받았다. 학생들은 냄새 나는 채변 봉투를 학교에 제출했고, 주민들은 자신의 지역에 결핵검진차가 오면 줄을 서서 X선 기계 앞에 섰다. 반강제적으로 크리스마스실을 샀고, 기생충이 검출되면 친구들 앞에서 배당받은 약을 먹었다. 저항이나 거부의 모습은 찾기 힘들었다. 수동적이든 능동적이든 사업에 참여했다.

1960년대 민간과 정부의 결합, 즉 긴밀한 민관협력이 이루어진 이유를 '지연된 근대화 욕망'에서 찾을 수 있지 않을까 생각한다. 민족주의적 열정에 기반을 둔 탈식민 의지라고 말할 수도 있을 것이다. 해방은 새로운 국가 건설을 위한 요구가 폭발한 시기였다. 하지만 요구는 구현되지 않았다. 분단과 전쟁은 그 요구의 실현을 막았다. 1950년대는 전쟁의 상흔을 치료하는 시기였다. 새로운 출발은 어려웠다.

본격적인 출발은 1960년대를 기다려야 했다. 군사정부는 자신의 집권 정당성을 경제 부문에서 찾으려 했고, 국민은 경제성장이라는 목표에 동참했다. 경제성장은 민관의 근대화 의지가 결집되는 통로였다. 의료 분야에 만들어진 통로는 방역이었다. 당시 정부는 기생충 박멸을 위해 민간단체에 공무원을 배치하기까지 했다. 경제성장, 그 전제로 필요했던 건강한 국민의 확보, 이러한 요구들은 식민지시기 동안 자신의 국가를 갖지 못했던 한국인을 결집시키는 요소였다.

그러나 1960년대의 의미를 국내적 요소에서만 찾을 수는 없다. 가족계획사업과 여러 방역사업이 시작될 수 있었던 배경에는 외국의 지원이 있었다. 결핵사업의 경우 전국적 조사를 위해 WHO, UNICEF의 기술과 자금 지원이 있었고, 기생충박멸사업의 경우 일본의 지원을 통해 기술·조직적 기반을 마련할 수 있었다. 가족계획사업의 경우 미국의 인구 관련 단체들이 재정·기술적 지원을 해주었다. 1940-50년대와 마찬가지로 1960년대 역시 외국의 지원은 중요했다. 외국의 지원은 최소로는 자극제, 최대로는 지속제로서 역할을 하였다.

나아가 그 배경으로 냉전이 있었다. 가족계획사업은 빈곤이 공산화로 이어지는 것을 막기 위해 시작되었다. 일본이 기생충박멸사업을 지원한 이유는 동아시아 냉전 상황에서 자신이 일정한 역할을 담당해야 했기 때문이다. 하지만 1960년대는 1940-50년대와 달랐다. 지원을 수용하여 토착화시키는 주체가 형성되고 활동하였다. 그 주체는 정부이기도 했고, 민간이기도 했다.

1960년대를 거치면서 진료 분야에서 민간이 차지하는 비중이 높아졌다. 사립 병의원은 물론 사립 의학교육기관의 수도 증가했다. 정부는 병의원이 담당하지 못하는 의료의 공백을 메우기 위해 약대 증설을 진행했고, 약대는 정원을 넘어서는 입학생을 받아들였다. 1960년대 약사의 수가 증가하자 약사들 스스로 새로운 약대의 설립을 반대할 정도였다. 민간의 영역은 확대되고 있었다. 정부가 민간의 도움을 받으며 주요한 방역정책을 추진해나갔다면, 민간은 치료 분야에서 자신의 영역을 확대하고 있었다.

문제는 민간이 장기적이고 종합적인 이익에 관심을 가지기 어렵다는 데 있었다. 전체를 포괄하는 고민은 정부의 몫이었다. 하지만 적어도 1960-70년대 정부가 공공과 민간을 포괄하는 종합적 의료체계를 고민했다는 증거를 찾기는 어렵다. 활용할 수 있는 재정이 적었던 것이 이유일 수 있다. 정부는 재정 부담을 최소화하면서 의료문제를 해결하고자 했다. 의료보험에서 정부의 역할은 보험자와 피보험자를 중재하는 수준에 머물렀고, 무의촌 문제를 해결하기 위해 정부가 한 일은 법률을 통해 의료인력을 강제적으로 배치하는 것이었다.

보다 중요한 이유는 정부가 경제성장에 지나치게 집중했다는 데 있을지 모른다. 물론 경제성장에 집중한 정부의 선택은 성공했다. 하지만 그 성장이 체계적이고 장기적인 관점에서 이루어지지 않으면서 문제가 발생하였다. 가족계획사업이 대표적이었다. 가족계획사업은 성공했다. 사업을 시작한 지 20년이 지난 1983년 한국의 합계출산율은 인구대체수준 이하로 하락했다. 하지만 지금 한국은 저출산 문제로 고통 받고 있다. 인구문제에 대한 종합적인 고려가 부족했던 탓이다. 경제성장이라는 단일한 목표에 매몰되었던 탓이다. 변화가 필요했다. 장기적이고 종합적인 고려로의 변화이다. 적어도 그 변화에 대한 고민이 시작될 필요가 있었다.

큰 걱정 한가지 덜게 되었웁니다

- 우리고장 에도 의료보험 이 -

보건사회부

제3장

현대의료의
성장:
1989–현재

1970-80년대를 거치면서 한국은 경제적으로 성장하였다. 상대적으로 정치적 변화는 늦었다. 시차가 있었다. 1980년대 중반을 거치면서 본격적으로 구현되기 시작한 민주화는 1990년대 말에 첫 평화적 정권교체로 결실을 맺었다. 민주화는 국가 운영의 주인이 국민에게 있음을 확인하는 작업이었다. 이전 시기 의료 관련 사업이 정부의 능동적 주도와 국민의 수동적 참여로 이루어지고 있었다면, 변화가 이루어질 수 있는 계기가 제공된 것이었다. 그 변화의 상징 중 하나가 복지였다.

1994년 보건사회부가 보건복지부로 개칭되었다. 이 시기를 상징하는 단어로 복지가 등장하였다. 1980년대 복지가 선언적 차원에서 제기되었다면, 이 시기 복지는 현실적으로 구현될 수 있는 기반을 마련하기 시작하였다. 복지는 의료에 비해 제도적 성격이 강했다. 법을 제정하고 체계적 기반을 마련하는 방식으로 복지는 구현되었다. 의료보험의 건강보험으로의 변화가 대표적인 예라고 할 수 있다. 반면 의료의 영역은 상대적으로 축소되었다.

민주화는 통제의 이완으로 나타났다. 이전 시기 정부는 필요한 경우 의료를 통제할 힘을 가지고 있었다. 폭압적인 힘이었다. 그 힘은 의료계의 반대를 무릅쓰고 의료보험을 출범시킬 정도로 강했다. 하지만 이 시기 그런 힘의 발휘는 불가능했다. 민주화는 자율을 의미했다. 힘의 공백을 맞이하여 그동안 억눌렸던 제반 권리를 주장하는 목소리가 커졌다. 그 목소리에 의료도 함께했다. 조율되지 않은 다양한 목소리가 분출되었고, 조율이 이루어지지 않은 만큼 그 목소리들은 충돌했다.

이 시기의 특징 중 하나는 각 직역들 간의 갈등과 대립이었다. 이전에도 이런 모습은 있었지만 이 시기에 접어들어 규모는 커졌고, 세기는 강해졌다. 한약 조제를 둘러싸고 한의사와 약사들이 갈등했고, 약의 조제권을 둘러싸고 의사와 약사들이 대립했다. 정부는 이들을 통제할 수 없었다. 시민단체가 나섰지만 그들 역시 힘이 없기는 마찬가지였다. 한국 사회가 이전에 보지 못했던 의사파업이라는 초유의 사태가 일어났다. 이런 투쟁의 배경을 살펴보고 그 결과와 의미를 확인할 필요가 있다.

의료의 다른 주체라고 할 수 있는 환자나 소비자, 국민의 역할에 대해서도 고민해볼 필요가 있다. 경제성장이나 민주화는 국민의 동참 없이 이루어질 수 없었다. 하지만 의료 분야에 나타난 동참은 수동적이고 소극적인 성격이 강했다. 자신의 요구를 능동적이고 적극적으로 내세운 모습을 찾기 어렵다. 건강권이라는 권리도 쟁취했다기보다 부여받았다는 표현이 적절하다. 민주화의 시대, 자율과 자치의 시대에 걸맞은 환자나 소비자, 국민의 역할을 고민할 필요가 있다.

의료제도의 변화와 복지

1. 의료보험의 건강보험으로의 확대

1) 전국민의료보험(1989)

(1) 배경

1989년 의료보험의 혜택 대상이 전 국민으로 확대되었다. 확대는 당위였
다. 언제 이루는지가 문제였을 뿐 이루어야 할 목표임에 분명했다. 1977
년 의료보험이 시작되면서 보험수가와 일반수가의 차이가 벌어졌고, 의
료보장 계층과 비보장 계층 간의 차별성이 사회적 문제로 대두되었다.
1981년에 조사된 연간 1인당 병의원 방문 수는 아래와 같다.

<표 31> 의료보험 수혜 여부별 연간 1인당 평균 병의원 방문 수(1981년)

의료보험	도시	읍지역	면지역	벽지
수혜인구	7.16	5.59	2.60	1.50
비수혜인구	3.89	3.18	1.81	0.59

(『보건사회백서 1984년도』, 30쪽)

도시의 경우 병의원 방문 수는 의료보험 수혜 여부에 따라 2배 이상 차이가 났고, 읍면지역도 2배 가까이 차이가 났다. 의료보험의 혜택은 분명했다. "아직 의료보험제도 적용이 되지 않고 있는 인구계층에서의 의료보험 확대는 가장 큰 여망사항으로 대두되고 있"는 상황이었다.[1] 여기에 전두환 정부의 정치적 요구가 가세하였다. 1987년부터 실시되는 제6차 경제사회발전 5개년 계획에서 사회보장과 관련된 청사진을 제시할 필요가 있었고,[2] 의료보험의 확대는 1987년 대선과 1988년 총선을 앞두고 정치적 지지를 확보할 수 있는 가장 유력한 방법이었다.[3] 의료보험이 확대된 배경이었다.

(2) 과정

1988년 농어촌지역으로 의료보험이 확대되었다. 보험료는 소득, 재산, 세대 및 가족 수를 기준으로 지역 실정에 따라 부과하는 방식을 채택하였다. 소득 이외에 다른 요소를 기준으로 활용한 것이었다. 이유는 현실에 있었다. 농어민 등 자영업자는 소득을 정확하게 파악하기 힘들고 과세자료 자체가 실생활 수준을 정확히 반영하지 못하고 있었다. 소득만 가지고 보험료를 부과할 경우 형평성 문제가 생길 수 있었다.[4]

그러나 저소득층의 보험료 부담이 과중하다는 문제가 대두되었고, 정부는 총소요재정의 50% 정도를 지원하기로 결정하였다. 직장가입자가 고용주로부터 받는 지원과 같은 수준이었다. 보험재정의 50% 지원은 세

〈그림 20〉 의료보험 홍보 만화(1988년, 연세의대 동은의학박물관 소장)

계적으로 유례가 드문 것이었다.[5] 이러한 조치는 보험의 재정운영상 정부의 역할을 인정했다는 점에서 "한국 복지발달사에서 획기적인 조치"로 평가되었다.[6]

다만, 약속한 50% 국고지원은 첫 해에만 이행되었다. 1989년 국고지원율은 42.1%, 1990년은 36.1%였다. 지원 감축과 관련하여 정부는 50% 지원 약속이 농어촌의료보험 초기의 어려움을 타개하기 위한 임시조치였지 지원기준을 제시한 것은 아니라고 방어하였다.[7] 정부에게 중요한 것은 보험의 확대였다. 확대 후 발생한 문제는 점진적으로 해소하면 된다는 입장이었다.

1989년에는 도시지역에 의료보험이 실시되어 전국민의료보험이 완성되었다. 보험료 부과나 정부 지원은 농어촌과 같았다. 소득, 재산, 세대 및 가족 수를 기준으로 보험료가 부과되었고, 정부는 보험재정의 안정적 운영과 도시지역 저소득층의 보험료 부담 경감을 목적으로 총소요재정의

50%를 지원하였다.[8] 도시지역 보험료 산출 근거로 재산, 가족 수 등이 활용된 이유는 농어촌과 같았다. 도시지역 주민은 소득의 출처가 다양하고 소득의 파악이 어려웠다.[9]

의료수가는 인상되었다. 1977년 의료보험이 실시될 때 수가는 일반관행수가의 75% 수준이었고, 1980년 이후 연평균 물가상승률 등을 감안하여 매년 인상되어왔다. 전국민의료보험의 실시는 적정 의료수가에 대한 논의를 촉발하였다.[10] 의료계는 관행수가로 진료비를 받던 비보험 적용 인구가 없어지게 되고 병원에 근무하는 종사자들의 인건비가 인상된 요인 등을 고려하여 26.5~30.5%에 이르는 수가 인상을 요구하였다. 하지만 받아들여지지 않았다. 정부는 물가 안정과 전국민의료보험 시행 초기의 보험재정 등을 고려하여 9% 인상으로 마무리지었다.[11]

(3) 결과

1977년 실시된 지 12년 만에 의료보험은 전 국민을 포괄하게 되었다. 의료보험을 시행했던 선진국의 경우 전국민의료보험을 달성하는 데 약 100년 정도가 소요되었던 점을 고려하면, 빠른 속도였다. 정부 스스로 "짧은 기간 내에 이룩한 제도발전은 그 성과가 자못 크다 아니할 수 없겠다."고 자평했다.[12] 의료보험이 확대되면서 지역의료보험 수진율은 1988년 1,653회에서 1989년 2,477회로 49.8% 증가하였다.[13] 의료보험의 혜택은 분명했다.

문제는 한국형 의료보험체계의 특징으로 간주되는 '저부담, 저급여'였다.[14] 보험료가 적은 대신 비급여 진료가 그만큼 존재하는 체계가 형성된 것이었다. 단기간 내에 의료보험의 포괄범위를 확대하려는 정부의 선택이 낳은 결과였다.[15] 그 문제의 해결을 위해 1998년에는 보험의 기조가 '적정부담, 적정급여' 체계로 개편되었다. 본인부담 진료비의 과다 등으로 의료보장의 기능이 제대로 수행되지 못하고 있다는 판단 때문이었다.[16] 하지만 '적정'이라는 용어에서 알 수 있듯이 비급여 진료는 지속되었다. 의료보험이 민간병의원을 기반으로 운영되는 조건에서 전면 급여화는 불가능한 과제였다.

2) 조합방식 통합과 건강보험의 출범(2000)

(1) 배경

전국민의료보험이 실시되었지만, 개선의 필요성은 지속적으로 제기되었다. 특히 임금노동자와 지역소득자를 나누어 운영하는 조합방식은 개선되어야 할 중요 문제였다. 임금노동자는 소득 파악이 용이하고, 따라서 보험료의 부과나 원천징수가 가능했다. 반면 농어민이나 도시 자영업자 같은 지역소득자는 그렇지 않았다. 그 결과 대상을 달리하는 두 개의 보험이 존재하게 되었고, 의료보험은 독립채산방식에 의한 다보험자 방식으로 운영되고 있었다.[17]

조합방식의 의료보험 운영은 조합 간 재정불평등이라는 문제점을 낳았다. 소규모 조합은 규모의 경제성을 확보하기에 한계가 있었다. 관리의 경제성이 확보되기 위해서는 일정한 조합의 규모가 필요했다. 따라서 소규모 조합을 통폐합하는 시도가 이루어지기 시작했고, 이 과정에서 통합의 필요성과 방식에 대해 다양한 의견이 제시되었다.[18] 의료보험 통합을 지지했던 세력은 농민과 노동 조직이었다. 이들은 통합을 통해 보험료를 낮추고 급여를 확대할 수 있다고 기대하고 있었다.[19] 의료체계의 구조적 개혁에 관심이 있던 의료운동단체도 공평한 보험료 부담으로 사회적 형평성을 실현한다는 목적 아래 통합을 지지하였다.[20]

그러나 조합관리방식을 고수해야 한다는 주장도 강했다. 이유는 크게 세 가지였다. 우선 재정의 통합운영은 계층이나 직역 간 형평성 있는 보험료 부담이 전제되지 않는 경우 오히려 갈등을 유발할 소지가 컸다. 다음으로 통합관리방식은 상호경쟁에 의한 자율적인 관리운영과 책임경영 체계의 확립이 불가능했다. 결국 국가에 의존하는 체계로 고착될 가능성이 컸다. 마지막으로 자영업자의 소득 파악이 어려운 상황에서 단일한 소득 기준에 따라 보험료를 부과할 경우 소득 파악률이 상대적으로 높은 계층의 부담이 증가할 가능성이 높았다. 하지만 지역의료보험의 재정 적자 등 문제점이 계속 발생하였고, 김대중 정부는 의료보험 통합을 100 대 국정과제로 제시하고 추진해나갔다.[21]

(2) 과정

국민건강보험은 두 단계의 준비를 거쳐 출범하였다. 1단계 통합은 1997년 이루어졌다. 그해 공무원교직원의료보험과 지역의료보험을 통합하는 '국민의료보험법'이 제정되었다. 목적은 세 가지였다. 조합마다 달랐던 보험료를 통합체제 아래서 통일된 기준으로 결정하는 것, 사업장이나 지역 단위로 다수의 보험이 존재하면서 자원의 비합리적, 비효율적 운영이 이루어진 부정적 측면을 극복하는 것, 나아가 보험재정의 안정화를 통해 적정 수준의 의료서비스를 보장하자는 것이었다.[22] 두 보험이 합쳐지면서 국민의료보험관리공단이 탄생하였다. 다만, 두 보험의 재정 및 보험료 부과기준은 당분간 별도로 운영하였다.[23] 일종의 과도기를 설정한 것이었다.

2단계 통합은 2000년 국민의료보험관리공단과 직장조합을 통합하여 국민건강보험공단을 설립하는 방식으로 이루어졌다. 건강보험체계가 출범하게 된 것이었다. 나아가 2003년 직장가입자와 지역가입자 간의 재정 통합이 이루어지면서 건강보험 재정까지 완전하게 통합을 이루게 되었다.

하지만 가입 자격은 여전히 직장가입자와 지역가입자로 이원화되어 관리되고 있다. 양 직역 사이에 자격 관리와 보험료 부과방식에서 일원화하기 어려운 차이가 있기 때문이다.[24]

건강보험이 출범하면서 1999년까지 330일로 제한되었던 연중 요양급여 기간이 폐지되었다. 원할 경우 1년 내내 보험급여로 진료를 받을 수 있게 된 것이었다.[25] 하지만 과도한 의료기관 이용이라는 문제가 발생하였다. 하루에도 여러 번 다른 의료기관을 방문하는 의료쇼핑 혹은 남수진(濫受診)의 문제가 발생하였다.[26]

(3) 재정 문제와 보장성 강화

통합이 이루어진 해 건강보험은 적자를 기록하였다. 2000년에 1조 90억 원, 2001년 말 4조 2천억 원의 재정적자가 발생하였다.[27] 가장 큰 원인은 의약분업 시행과정에서 이루어진 다섯 차례의 수가 인상이었다. 다음으로 의약분업 실시에 따른 약품비 급증이 있었다. 의사들이 고가 약이나 오리지널 약을 처방하는 비율이 증가하였고, 환자 본인이 지불하던 약국 조제비도 건강보험 재정에서 부담하였기 때문이다. 지속되는 적자구조 역시 원인이었다. 1990년대 중반 이후 보험급여는 계속 증가하였지만, 보험료 수입이 그 지출에 이르지 못하고 있었다. 이 외에 행위별 수가제, 고령화에 따른 노인의료비 증가, 보험급여 확대 및 의료인력과 시설의 증가도 의료비를 증가시키는 요인이었다.[28]

보험재정이 악화되자 정부는 2001년 '건강보험 재정안정 및 의약분업 정착 종합대책'을 발표하였다. 주요 내용은 수가 급여제도 개선을 통한 지출 억제, 정부 재정지원 확대, 연차적인 보험료 인상 등이었다. 이어 보험적용일수 365일 제한, 일반의약품의 비급여 전환, 약품비 절감을 위한 약가 재평가 등의 조치가 취해졌다. 2002년에는 '국민건강보험 재정건전화 특별법'을 제정하였다. 주요 내용은 보험료와 보험수가를 동일한 기구에서 심의 조정하기 위해 건강보험정책심의위원회를 구성 운영하고, 지역 보험재정의 50%를 정부 재정에서 지원하는 것이었다.[29] 그 결과 2003년을 기점으로 재정적자 상황은 흑자로 전환되었다.

건강보험의 재정 안정을 위한 노력은 계속되었다. 정부는 2006년 한시법이었던 '국민건강보험 재정건전화 특별법'이 만료됨에 따라 그해 '국민건강보험법'을 제정하였다. 내용은 2007년부터 2011년까지 한시적으로 당해년도 보험료 예상수입액의 14%에 상당하는 금액을 국고에서, 6%에 상당하는 금액을 국민건강증진기금에서 지원하도록 하는 것이었다.[30] 이후에도 2011년, 2017년 국민건강보험법 개정을 통한 국고 지원은 계속되고 있다.[31]

건강보험이 보장하는 의료 혜택의 범위는 지속적으로 확대되었다. 2004년 본인부담 상한제가 실시되었다. 이 제도의 실시로 6개월간 환자가 부담하는 진료비용은 300만 원으로 제한되었고, 이 금액을 넘는 진료비는 건강보험공단에서 부담하게 되었다. 진료비의 범위에는 입원 외에도 외래, 약제비가 포함되었다. 2005년 '건강보험의 보장성 강화 방안'이 발표되었다. 주요 내용은 진료비 부담이 큰 중증환자의 보장률을 높여 부담을 경감하는 것이었다. 암질환, 뇌혈관질환 및 심장질환이 집중지원 질환으로 선정되었고, 이들의 경우에는 환자 본인부담률이 일률적으로 10%로 인하되었다.[32]

2013년 정부는 암, 심혈관, 뇌혈관, 희귀난치질환으로 대표되는 4대 중증질환자의 의료비 부담을 해소하기 위해 '4대 중증질환 보장강화 계획'을 발표하였다. 적용은 초음파 검사부터 시작되었다.[33] 2017년에는 '건강보험 보장성 강화대책' 발표를 통해 선택진료비 완전 폐지, 상급병실료 급여화, 간호·간병통합서비스 확대 추진 등 비급여 제도 개선을 추진하

겠다는 의지를 밝혔다.[34]

그러나 비급여의 급여화라는 정책 기조에 대해 비판적 목소리가 나오고 있다. 건강보험 문제를 근본적으로 해결할 수 없다는 비판이다. 비급여를 급여화해도 비슷한 속도로 비급여가 증가할 것이고, 급여화 속도역시 느리고 제한적일 것이라는 전망에서 나온 비판이다.[35] 의료 불평등을 개선하고 사회 통합을 강화하는 방법으로 건강보험의 보장 범위를 넓혀야 한다는 주장도 지속적으로 제기되고 있다.[36] 한국 의료의 미래를 고민할 때 건강보험은 그 중심의 하나를 이루고 있다.

(4) 의미

1977년 출범한 의료보험제도는 1989년 전국민의료보험, 2000년 통합 건강보험으로 성장해나갔다. 하지만 개선해야 할 여지 역시 적지 않았다. 출범 당시 대형 사업장을 중심으로 제도를 시행함으로써 노동력 재생산이 가능한 계층의 노동력 회복에 초점이 맞춰져 있다는 비판이 제기되었다. 노동시장에 참여하기 힘든 만성질환자, 장애인 등은 외면했다는 비판이었다.[37] 질병의 예방이나 조기발견보다 사후적인 치료에 치중하고 있다는 비판도 제기되었다.[38] 1994년에 바라본 의료보험의 문제점은 지금도 유효한 지적이라고 할 수 있다.

> 의료보험 정책측면에서 의료기관에 대한 통제위주의 급여관리, 수가통제 중심의 의료관리 및 의료수준 향상을 위한 공급자의 유인기능 취약 등 규제 중심으로 되어 있어 적정 의료서비스 제공을 위한 의료공급기반의 조성이 어려운 실정이다.[39]

의료보험이 소극적인 통제와 규제 위주로 운영되고 있고, 적극적인 공급기반의 확대를 이루고 있지 못하다는 비판이었다. 하지만 이러한 문제점은 의료보험이라기보다 한국의 의료체계 자체에서 기인하였다. 민간 주도의 사적 의료체계 속에서 공적 사회보험을 실시함에 따라 문제가 발생하고 있는 것이다. 예를 들면, 국가에 의해 일방적으로 수가를 통제당하는 의료인들의 불만은 높을 수밖에 없다. 의료보험제도는 "의사들의 일방적 희생으로 지탱"되고 있다는 지적은 타당성이 있다.[40]

국가의 제한적 재정 지원도 비판의 대상이 되고 있다. 국가의 지원은 저부담, 저급여, 저수가로 상징되는 건강보험의 문제점을 해결하는 방안 중 하나이다. 현재 건강보험 재정의 대부분은 가입자가 부담하고 있다. 2014년 기준으로 가입자가 부담하는 보험료 비율은 87%, 국고 부담은 13%였다.[41] 다른 국가들과 비교할 때 한국의 국고 부담이 적은 것은 분명하다.

〈표 32〉 주요 국가의 보험재정에 대한 국고지원 비율(단위: %)

	한국	일본	대만	네덜란드	프랑스	벨기에	이스라엘	오스트리아	스위스
지원비율	14.8	37.1	26.0	55.0	47.0	33.7	39.0	25.1	17.0
비교연도	2010	2008	2008	2010	2008	2009	2005	2004	2007

(우석균 외, 『의료붕괴』, 207쪽)

유럽의 주요 국가와 비교해서도 국가의 부담이 적고, 동아시아의 일본이나 대만에 비해서도 적다. 하지만 국가의 재정 책임 강화에 대해서는 당위적인 차원의 요구가 제기될 뿐 실질적인 진전은 이루어지고 있지 않다. 통합 건강보험을 출범시킨 김대중 정부조차 의료보험 통합으로 절약되는 재정을 교육과 연구개발에 투자하겠다는 선거공약을 내세웠다.[42] 정부가 건강보험의 안정적 운영을 위해 재정을 투자하는 일이 쉽지 않음을 입증한 예였다.

근본적인 문제점으로 인구의 노령화와 만성질환의 증가가 있다. 생산 가능인구의 감소와 노인 인구의 증가로 건강보험이 부담해야 할 의료비는 높아질 수밖에 없다. 급성질환 시대에 효과적이었던 치료 위주의 방식도 만성질환의 시대에 걸맞지 않게 되었다. 건강보험제도의 지속가능성을 고민해야 하는 것이다.[43]

건강보험체계는 여러 문제점이 지적되고 있지만, 한국이 가지고 있는 중요한 공적 자산이 되었다. 민간의료기관을 기반으로 운영되면서도 미국보다 유럽에 가까운 공공성을 갖추고 있다는 평가를 받고 있다. 국가가 의료재정을 축으로 의료수가 조절과 법적 규제를 통해 민간 중심의 의료제공 체계를 효과적으로 통제하고 있기 때문이다.[44]

조기 검사, 조기 추적, 조기 치료로 상징되는 코로나 방역이 가능한 배경에도 건강보험이 있다. 경증환자의 경우 평균 500만 원, 중증환자의 경우 평균 1,300만 원에 이르는 치료비 중 80%를 건강보험이 감당하고 있다. "치료비 낼 돈이 없다는 이유로 도망 다닌 코로나19 확진환자는 아무도 없"는 이유이다.[45] 이익 위주로 운영되는 사적 의료체계 내에서 건강보험은 한국 사회의 공공성을 유지하는 주요한 수단이 되고 있다.

3) 의료전달체계

의료전달체계의 확립은 의료 이용의 균점을 실현하기 위해 시도되었다. 진료 받을 수 있는 지역의 설정과 1차, 2차, 3차 진료 등 진료체계의 수립, 환자 후송체계의 강화, 의료보험요양취급기관의 이용방법 등을 설정하자는 것이 의료전달체계의 주요 내용이었다.[46] 종합병원의 경우 중환자, 특수질환자, 응급환자를 취급하고, 일반 병의원은 1차 진료를 전담하며, 환자의 필요에 따라 진료를 의뢰하는 의료망의 제도화가 필요했다.[47]

의료전달체계에 대한 관심은 1970년대 초부터 각 지역에서 이루어진

보건의료시범사업과 관련하여 개진되었다.[48] 배경은 농어촌지역의 의료
소외였다. 의료자원이 도시에 편재하면서 농어촌 주민의 의료 이용률은
저조했고, 그 결과 그들의 건강은 악화되고 있었다.[49] 1979년에 이루어진
농어촌지역 주민의 건강 실태를 보면, 도시에 비해 유아사망률, 모태사망
률 등 지표에서 반에도 미치지 못하는 상황에 처해 있었다.

〈표 33〉 농어촌지역 주민의 건강 실태(1979년)

	평균	도시	농촌
유아사망률(천 명당)	32인	20인	50인
모태사망률(만 명당)	4.2인	2.5인	6인
시설분만율(%)	–	53.2	11.7
유자격분만개조율(%)	–	59.6	17.7

(『保健社會 1981年版』, 104쪽)

의료전달체계는 1977년에 시행된 의료보호사업에 포함되어 있었다. 당
시 체계에 따르면, 1, 2, 3차 지정 의료기관이 설정되어 이송체계가 확립
되어 있었고, 보건소와 보건지소가 일반개업의와 연결되어 있었다. 구체
적으로 보건소 → 시도립병원 → 국립의료원 또는 특수병원으로 이어지
는 전달체계가 형성되어 있었다.[50] 전국적 규모로 형성된 의료전달체계의
시작이었다.[51]

1989년 전국민의료보험 시대를 맞이하여 새로운 의료전달체계가 만들
어졌다. 내용은 전국을 8개 대진료권과 140개 중진료권으로 구획하고 가
벼운 상병의 환자는 중진료권 내의 1차 의료기관을 먼저 이용하도록 하
는 것이었다. 대형 유명 병원으로 환자가 집중되는 것을 막기 위해 1, 2차
의료기관 진료의사의 의뢰서 없이 3차 의료기관을 이용하는 환자는 특
별한 사유가 없는 경우 의료보험 적용대상에서 제외되었다.[52] 생활권을

중심으로 설정된 진료권에 따라 단계별로 의료기관을 이용하도록 하는 의료전달체계가 시행된 것이었다.[53] 의료공급의 측면에서 의료자원의 적정 공급, 의료요구에 비례하는 지역 간 균등분포 그리고 이들 의료자원의 기능별 체계화 등을 목표로 한 시행이었다.[54]

의료전달체계의 시행 초기 결과는 기대에 부응하는 것이었다. 1차 외래 제한조치로 3차 진료기관의 외래환자가 평균 16% 정도 감소하였다. 그 결과 환자의 대기시간이 단축되었고, 대학병원의 연구 및 교육 기능이 제고되는 효과가 일어났다.[55] 하지만 이미 전국민의료보험의 실시를 앞두고 회의적인 시각이 제시되고 있었다. 농어촌지역 의료자원의 불균형 분포와 공공의료기관에 대한 주민의 이용도 등을 감안할 때 환자들이 진료를 위해 대도시를 찾는 현상은 더욱 심화될 것이라는 예상이었다.[56]

예상은 어긋나지 않았다. 의료전달체계는 원활하게 운영되지 않았다. 3차 의료기관은 병상이 부족해 환자들이 치료를 받지 못하는 상황이 나타나고 있었고, 상대적으로 중소병원은 환자가 부족해 병상이 비는 결과를 맞았다.[57] 해결을 위해 1차 의료에 대한 보험수가 조정, 가정의학전문의의 확충 등 1차 의료 기능 강화와 의료기관 간 연계체제, 환자 의뢰 및 후송체계를 확립할 수 있는 대책이 마련되었다.[58]

그러나 의료공급이 민간에 의해 이루어지는 의료체계 내에서 의료자원의 지역 간 균등 배분 같은 일은 쉽게 이루어지기 어렵다.[59] 이윤을 목표로 하는 민간병의원이 자율성을 저해 받는 의료전달체계에 호의적으로 대응하지 않을 것이기 때문이다.[60] 의사들도 개인의 경제문제에 주목할 뿐 의료체계의 합리적 개혁에 관심을 두지 않았다. 관심을 가져도 1, 2차 기관과 3차 기관 사이의 분업 정도에 머물렀다.[61]

의료전달체계의 확립은 이상적이지만, 현실은 그 이상이 실현되기 어려운 조건을 갖추고 있다. 의료보험은 정부가 강제력을 발휘해서라도 구현할 목표였지만, 의료전달체계는 아니었다. 의료는 여전히 공급의 문제였다. 역할 분담에 대한 관심은 공급만큼 적극적이지 않았다. 그 결과는 도시에서 경쟁의 과열, 지방에서 불평등의 심화였다.

2. 복지행정의 출현과 확대

1) 1960-70년대

1948년 반포된 제헌헌법은 복지를 위한 규정을 가지고 있었다. 제19조에 "노령, 질병, 기타 근로능력이 없는 자는 법률이 정하는 바에 의하여 국가의 보호를 받는다."고 하여 국민의 생존권 보장을 규정하였다. 하지만 규정을 위한 규정의 측면이 강했다. 현실화를 위해서는 구체적인 하위 법령과 예산의 뒷받침이 있어야 했는데 그런 후속조치는 취해지지 않았다. 당시 정책은 구빈행정의 수준을 벗어나지 못하고 있었다.

1961년 쿠데타로 집권한 군부는 생활보호법을 제정하였다. 집권 후 시행한 법적, 제도적 기반정비 작업의 일환이었다. 생활보호법은 제1조에 "본법은 노령, 질병 기타 근로능력 상실로 인하여 생활유지의 능력이 없는 자 등에 대한 보호와 그 방법을 규정하여 사회복지의 향상에 기여함을 목적으로 한다."고 규정하였다. 제헌헌법 제19조의 정신을 계승하면서 동시에 보호대상을 '생활유지의 능력이 없는 자'로 확대함으로써 사회복지의 향상을 도모한 것이었다. 생활보호법은 한국 "구빈정책사에서 처음으로 단순구호 차원을 벗어나 사회복지의 개념에 입각한 근대적 의미의 공공부조법"이었다.

그러나 제헌헌법의 규정과 마찬가지로 생활보호법의 '사회복지 향상'이라는 목표를 실현하기는 어려웠다. 정부재정에 한계가 있었기 때문이다. 현실에서 구현된 모습은 구호양곡과 밀가루 배급 정도였다.[62]

1977년 의료보험이 실시되면서 "생활능력이 없거나 생활이 어려운 국민"을 대상으로 한 의료보호법이 제정되었다. 목적은 의료보호에 관한 규정을 생활보호법에서 분리하여 의료보호의 내용과 방법 등을 명확히 규정하자는 데 있었다.[63] 당시 저소득자의 경우 질병에 걸리면 치료비 부족으로 인해 그대로 방치되거나 민간요법이나 약에 의존하고 있었다. 이들에게 "현대적인 치료를 받을 수 있게 하므로서 저소득자의 생활 안정에 기여하고 국민보건 수준을 향상"시키려 하는 것이 구체적인 목적이었다.[64] 하지만 의료보호법 시행 초기 의료보호 대상자들은 진료 지역이나 일수에 제한이 있었고, 지정된 의료기관에서만 진료를 받을 수 있는 등 의료 이용에 제약이 있었다. 보호 수준도 의료보험에 비하여 낮았다.[65] 보장성 강화를 위한 노력은 지속적으로 이루어질 필요가 있었다.

2) 1980년대 이후

전 국민을 대상으로 한 복지는 1980년대 후반에 접어들면서 제도적 기반을 마련하였다. 복지 구현을 위한 중요한 수단은 의료보장과 소득보장이었다. 구체적으로 의료보험과 연금제도는 "복지국가 건설의 중요한 초석"이었다.[66] 복지를 확대시킨 동력 중 하나는 민주화였다. 복지는 국민의 지지 기반을 확보하고 확대한다는 차원에서 정부의 주요 관심사로 부상하기 시작하였다.[67]

1989년 시작된 전국민의료보험은 본격적인 복지행정의 시작을 알리는 사건이었다. "현대국가가 지향하는 목표의 하나인 국민에 대한 국가의 의료보장을 가시적으로 제도화하는 것으로 우리나라도 선진제국과 마찬가지로 복지국가대열의 선상에 있음을 나타내는 것"이었다.[68]

〈그림 21〉 노무현 대통령, 주거복지 정책 토론회 참석(2006년, e영상역사관 소장)

1988년에는 은퇴 후 소득보장을 위한 국민연금제도가 실시되었다. 10인 이상 사업장을 대상으로 시행된 연금제도는 1988년 사업장 근로자, 1995년 농어촌지역 주민에 이어 1999년 4월부터는 도시지역 주민에게까지 확대됨으로써 전국민연금시대를 열게 되었다. 1997년 외환위기로 경제상황이 어려웠음에도 불구하고 연금제도의 적용범위를 전 국민으로 확대한 이유는 고령화에 있었다.[69] 노인들이 겪고 있는 가장 큰 어려움이 경제적인 문제라면 연금제도는 노후의 빈곤이나 갑작스런 장애 등으로 인한 소득 상실로부터 개인을 보호하는 사회안전망으로서 의미를 지니고 있었다.[70] 1995년에는 고용보험이 도입됨으로써 의료보험, 산재보험, 국민연금과 함께 4대 사회보험체계가 구축되었다.[71]

2000년에는 국민기초생활보장법이 실시되었다. 배경은 외환위기에 따른 사회변화였다. 기존의 생활보호제도는 노동능력의 유무에 따라 생계비를 지원하였으므로 모든 국민을 포괄하는 생활안전망으로 기능하지 못하고 있었다. 노동능력과 무관하게 "모든 국민의 인간다운 생활을 보장할 수 있는 사회안전망이 절실히 필요하다는 인식"이 제기되었다.[72]

목적은 저소득 국민, 영세 도시빈민, 실업자 등을 지원하여 빈곤문제에 대한 사회안전망의 기초를 튼튼히 하고 빈곤가구별로 수립된 지원계획에 따라 자활급여를 실시함으로써 빈곤의 장기화를 방지하려는 데 있었다.[73] 이 법으로 최저 생활을 보장받을 헌법상의 권리가 법률에 규정되었다. 그동안 복지가 시혜적이고 단순 보호 차원에서 시행되었다면, 향후 복지는 국민의 권리이며 국가의 의무라는 점이 명료해진 것이었다.[74]

2001년 의료보호법이 의료급여법으로 개정되었다. 구체적으로 저소득 국민의 건강을 증진시키기 위하여 의료급여 수급기간의 제한을 폐지하였다. 기간 제한 없이 의료급여를 받도록 한 것이었다.[75] 급여 대상자 선정기준도 마련되어 대상자 선정에서 객관성을 유지할 수 있게 되었고, 노령화 추세에 맞추어 의료급여 1종 대상자의 연령범위가 61세 이상에서 65세 이상으로 조정되었다.[76] 의료보호법이 의료급여법으로 개정되면서 의료급여는 생계, 주거, 교육급여와 더불어 국민의 권리로 보장받게 되었다.[77]

복지의 범위는 확대되고 있다. 의료의 확대가 20세기를 지배한 기조였다면 21세기는 무엇보다 복지의 확대를 목표로 하고 있다.

3. 한의학 연구 지원과 한의학 발전

한의학 육성을 위한 국가적 지원은 1990년대에 접어들어 본격적으로 이루어지기 시작하였다. 1993년 일어난 한약분쟁은 그 계기였다. 한약분쟁으로 한의계의 불만이 폭발하자 정부는 대안으로 정부 내 한의학 담당부서의 설치와 한의학연구소 개설을 제시하였다. 그 결과 1993년 보건사회부 의정국에 한시조직으로 한방의료담당관이, 1996년 독립된 국 단위의 한의약 전담조직으로 한방정책관이 신설되었다. 한의약은 "한의학을 통한 의료와 주요 치료수단인 한약을 모두 포함"하는 의미였다.[78]

정부는 한약 개발에 대한 기대를 가지고 있었다. 한의학은 자체의 고유한 원리와 임상적 치료효과가 있으나 체계적 검증이 부족한 실정이고, 따라서 "한의학을 보다 체계화, 현대화"시켜 한약 상품을 개발 수출할 경우 수출증대 효과를 거둘 수 있다는 기대였다. 나아가 한약은 양약보다 개발비용이 적었다.[79]

1994년 10월 한국한의학연구소가 개소되었다. 설립목적에 따르면, 한의학은 "고유한 원리와 뛰어난 임상적 치료효과와 무한한 발전가능성이 있음"에도 서양의학에 비하여 낙후되어 있었다. 연구소는 종합적 연구, 분석 업무를 통해 한의학을 체계적으로 육성, 발전시켜 국민보건향상에 이바지할 것을 목적으로 하였다. 구체적인 활동으로 한의학 관련 문헌 및 기초이론 연구, 한의학의 체계화 및 현대화를 위한 임상실험연구, 새로운 한약상품 개발 및 한방의료정책의 개선방안이 제시되었다. 연구는 한의사들에 의해서만 이루어지지 않았다. 의사, 약사 등 다양한 연구배경을 가진 직원들이 연구소에 참여하였다. 출범 당시의 전공별 구성은 한의학 11명, 의학 1명, 약학 1명, 임상병리학 1명, 보건학 1명, 한약자원학 1명이었다.[80] 한의학의 과학화라는 목표와 연관된 인적 구성이었다.

한의학 육성의 배경에는 만성질환이 주요 문제가 되는 질병 양상의 변화도 있었다. 한의학은 만성질환에 효과가 있다고 평가되었다. 관절염, 요통 등 근골격계 질환이나 뇌졸중과 같은 만성질환에 임상효과가 높고 치료시술이 용이하다는 장점이 있었다.[81] 따라서 한의학연구소 개소에 대한 정부의 입장은 "기대가 매우 크다 하겠다."였다.[82] 1998년부터 한방치

〈그림 22〉 바이오 코리아에 참여한 한국한의학연구원(2010년, 한국한의학연구원 홈페이지)

료기술개발 연구사업지원계획, 소위 2010프로젝트가 시행된 배경에도 한의학을 통해 뇌혈관질환, 퇴행성관절, 암 등 만성·난치성질환을 극복하자는 목적이 있었다.[83]

한의학 발전을 위한 법적 근거는 2003년 한의약육성법 제정을 통해 마련되었다. 목적은 한의학, 구체적으로 한의약은 서양의약과 다르므로 "한의약 고유의 특성에 따른 한의약의 발전적 기반을 조성"하자는 데 있었다. 주요 골자는 다섯 가지였다.

가. 국가는 한의약 기술의 발전을 위한 종합적인 시책을 세우고 추진하도록 함(법 제3조).
나. 보건복지부장관은 한의약육성발전심의위원회의 심의를 거쳐 한의약의 육성·발전 등에 관한 종합계획을 수립하도록 함(법 제6조).
다. 국가 및 지방자치단체는 한의약 기술의 연구개발을 장려하고 제품

의 국제경쟁력을 강화하기 위하여 지원시책을 강구하도록 함(법 제
10조).

라. 국가와 지방자치단체는 한방산업의 기반조성을 위하여 필요한 시
책을 강구하도록 함(법 제12조).

마. 보건복지부장관은 한약의 적정한 품질관리를 위하여 필요한 경우
우수한약관리기준을 마련하여 이를 시행할 수 있도록 함(법 제14
조)[84]

이 법률의 제정을 통해 한의학을 위한 독자적인 법체계가 만들어졌고
한의약 발전을 위해 추진할 정책의 방향과 과제가 제시되었다. 한의약육
성법은 정부가 한의학의 육성 발전 등에 관한 종합계획을 5년마다 수립
해야 한다고 규정하였고, 2006년 제1차 한의약육성발전계획(2006-10)이
수립되었다. 이 계획은 한방제약 및 관련 제품 산업의 활성화, 한약재의
품질 제고, 한방산업클러스터 조성 등을 내용으로 담고 있었다.[85] 2011년
에는 제2차 계획(2011-15)이 발표되었다. 이 계획은 위축된 한의약시장을
살리고, 한의약의 과학화, 산업화, 세계화를 달성한다는 목표 아래 한의
약 의료서비스 선진화, 한약품질관리체계 강화, R&D 지원 확대 및 한의
약산업 글로벌화 등을 계획하였다.[86]

1990년대 이후 정부가 한의학을 육성하기 위한 정책을 시행하고 있었
지만, 한의계는 더욱 공식적인 차원의 지원을 요구했다. 구체적인 요구 중
하나는 국립대학 내 한의과대학 설립이었다. 교육적 차원에서 국가의 공
인을 요구한 것이었다. 2007년 국립 부산대학교에 한의학전문대학원이
설립된 것은 그 결과였다.[87]

문제는 한의학의 육성에서 과학화가 빠지지 않고 언급된다는 데 있다.
전문대학원 설립이 한의학의 과학화, 표준화로 이어져 기존 한의사들의

생존을 위협할 것이라는 전망까지 제시되는 상황이다.[88] 여기서 과학이 무엇이냐가 중요하다. 적어도 지금까지 과학은 서양과학 혹은 서양의학이었다. 과학화란 넓은 의미에서 서양의학화라고 해도 과언이 아니다. 한의학의 독자성을 강조하는 사람들이 동의하기 힘든 방향이다. 한의학 육성이 서양의학화로 이어진다고 할 때, 내부의 갈등은 불가피할 것이다. 서양의학의 수용 이후 발생한 갈등은 지금도 지속되고 있다.

전염병 양상과 대책의 변화

1. 세계화와 신종 전염병의 출현

1989년 해외여행이 자유화됨에 따라 검역의 중요성은 더욱 증대하였다. 내국인의 해외여행이 급증하고 외국인 또한 한국에 왕래가 많아짐에 따라 외래 전염병의 유입이 우려되었기 때문이다.[89] 콜레라의 경우 최단 수 시간, 최장 9일에 이르는 잠복기로 인해 항공여행객이 감염되었을지라도 증세 없이 귀국할 수 있었다. 건강한 보균자에 의한 감염 가능성이 있었던 것이다. 따라서 초기에 콜레라를 발견하여 확산을 막는 것이 최선의 방역이었다.[90]

문제는 기존의 검역 전염병이 아닌 새로운 전염병의 출현이었다. 신종 전염병은 크게 두 범주로 나눌 수 있었다. 하나는 언제 어떻게 유입되었는지 알 수 없지만 새롭게 대규모 유행을 하며 사회문제가 된 전염병, 다른 하나는 한국인이 외국에서 감염되었거나 외국인이 가지고 입국함으로써 발생한 수입성 전염병이었다. 비브리오패혈증, 레지오넬라증, 렙토스

피라증, 쓰쓰가무시병이 전자라면, 후자의 대표는 에이즈였다.[91]

신종 전염병은 발생 시기나 전파 경로, 감염력 등을 예측하기 어렵고, 예방 또는 치료 수단이 없는 경우가 많았다. 따라서 국제 동향에 대한 사전 감시, 검역을 통한 유입 차단, 유입 시 정확한 역학조사 및 신속한 격리 등 효과적인 방역조치가 필요했다.[92]

2004년 질병관리본부의 출범은 방역을 체계적으로 진행하기 위한 노력 중 하나였다. 새로운 조직 속에서 기존의 전염병관리과(1부 3과)가 전염병관리부 및 질병조사감시부(2부 8과)로 확대되었다. 예방접종관리과, 에이즈·결핵관리과, 생물테러대응과, 검역관리과, 만성병조사과도 신설되었다.[93] 질병관리본부의 출범으로 한국도 사스, 에이즈, 홍역, 말라리아 등 신종 전염병 및 재출현 전염병 관리를 위한 장기계획을 수립할 수 있게 되었다. 국가 방역체계가 획기적으로 강화된 것이었다.[94]

2010년에는 전염병예방법이 '감염병의 예방 및 관리에 관한 법률'로 개정되었다.[95] 개정 목적은 우선 기존에 사용하던 전염병이라는 용어를 사람들 사이에 전파되지 않는 질환을 포괄하는 감염병이라는 용어로 교체하는 데 있었다. 다른 목적으로는 WHO가 마련한 국제보건규칙의 관리 대상 질환에 신종 감염병이 포함됨에 따라 WHO 감시대상 감염병을 국가적으로 관리하는 데 있었다. 구체적으로 감염병의 대유행이 우려되면 예방·치료 의약품 및 장비 등을 미리 비축하거나 구매를 위한 계약을 할 수 있도록 조치하였다. 신종 감염병 및 생물테러 감염병 등에 효율적으로 대응할 수 있도록 한 조치였다.[96]

다른 한편 방역과 관련하여 법과 제도를 넘어 시민의 참여가 중요해지고 있다. 2020년의 코로나19는 그 예 중 하나이다.

지역사회 감염이 시작되면 아무리 완벽한 시스템을 갖춰도 행정·방역

당국·의료기관과 전문가만으로 확산을 막는 건 역부족이다. 중앙집중식 국가 감시망을 넘어 시민 스스로 판단해서 자가격리를 하고 신속히 신고하는 등 지역과 주민의 '풀뿌리 역량'이 발휘돼야 한다.[97]

실질적으로 지역감염이 일어났고 확진자의 감염경로를 파악하기 힘든 상황에서 전염병의 확산을 막는 가장 기초적이고 중요한 방법은 시민 스스로의 참여와 관심이다. 법과 제도의 시행에서 시민들의 참여가 가지는 의미는 커지고 있다.

1) 에이즈

한국에서 최초로 에이즈 환자가 발견된 때는 1985년 6월이었다. 당시 한국에 체류하던 외국인이었는데, 조기발견에 따라 본국으로 후송되었다. 같은 해 12월 사우디아라비아에 주재하던 한국인이 첫 항체양성자로 확인되었다.[98] 에이즈에 대한 불안감은 1980년대 후반에 접어들면서 증가하였다. 서울올림픽 등 국제행사가 개최되고 국제간의 교류가 활발해지면서 내외국인의 왕래가 빈번해지고 있었기 때문이다. 세계적인 에이즈 발생 추세에 어떻게 대처하느냐가 중요한 문제로 대두하고 있었다.[99]

정부는 구체적인 조치를 취하기 시작했다. 1985년부터 수입혈액제제에 대한 에이즈검사가 실시되었다. 검사는 확대되어 1987년부터는 전 헌혈액 및 매혈액에 대해서도 에이즈검사가 실시되었다.[100] 감염 예상자에 대한 검진도 강화되었다. 1987년 유흥업소 직원 전원 약 1만 1천 명에 대하여 매년 1회의 HIV 검사를 강제하였다. 1986년까지 유흥업소 직원 중에서 3명의 감염인이 확인되었기 때문이다.[101]

방역 과정에서 나타난 문제 중 하나는 에이즈에 대한 수치심이었다. 헌혈을 확인의 방편으로 활용할 정도로 에이즈에 대한 수치심이 높았다.[102]

해외 출장을 가는 사람 중에 외국에 나가 검사를 받는 경우도 있었다. 국가가 감염자를 관리하고 있어 감염되었을 경우 주위에 알려지는 것이 두려웠기 때문이다. 외국과 달리 연예인이나 유명인사 중 감염자가 나오지 않는 이유도 해외원정 검진 때문이라는 분석도 나오고 있었다.[103]

에이즈에 대한 불안감은 감염자에 대해 명단을 공개하고 격리 수용해야 한다는 주장까지 낳았다. 하지만 성급한 주장이었다. 격리 수용을 두려워하는 감염자들과 감염 의심자들이 검사를 기피할 뿐만 아니라 이미 관리되고 있던 감염자들도 숨어버릴 수 있었기 때문이다. 오히려 에이즈를 확산시키는 역효과가 나타날 수 있었다.

1987년 '후천성면역결핍증예방법'(약칭 「에이즈예방법」)이 제정되었다. 목적은 에이즈의 국내 유입을 최대한 막고 감염자의 보호 및 관리에 관하여 필요한 사항을 정하는 데 있었다.[104] 법은 신고, 예방을 위한 정기검진 제도, 혈액안전을 위한 검사, 감염인의 보호 및 치료, 전파매개행위의 금지 등의 내용을 담고 있었다.[105]

검사는 일반에까지 확대되어 1989년부터 검역소, 보건소 등에서 일반인 검사희망자도 익명으로 무료검사를 받을 수 있었다.[106] 감염자는 3개월 간격으로 정기적인 보건교육 및 상담을 받는 동시에 전문 진료병원에서 건강검진과 진료를 받을 수 있었다. 생활이 어려운 환자의 경우 생활보호대상자로 지정되어 생계를 지원 받았다.[107]

1999년에는 에이즈예방법과 관련 법규가 개정되었다. 목적은 에이즈 감염자의 격리보호제도와 전문진료기관 지정제도가 감염자에 대한 인권침해와 일부 의료기관의 감염자에 대한 진료거부 등 폐해를 보임에 따라 폐지하는 데 있었다. 동시에 감염자의 치료와 요양을 위한 시설과 편의제공을 위한 쉼터를 설치 운영할 수 있도록 하였다.[108] 제도의 이익이 크지 않으면서 감염자의 인권침해 소지가 큰 제도를 정비한 것이었다.[109]

2000년 전염병을 1군에서 4군으로 분류하는 전염병예방법 개정이 이루어지면서 에이즈는 "간헐적으로 유행할 가능성이 있어 지속적으로 그 발생을 감시하고 방역대책의 수립이 필요한" 제3군 감염병으로 분류되었다.[110] 2008년에는 후천성면역결핍증예방법이 개정되었다. 목적은 의사가 감염 사실을 알려야 하는 대상자를 감염자의 배우자 및 성 접촉자 등 전파 위험성이 높은 사람으로 한정하여 감염정보 제공에 따른 인권 피해를 방지하는 데 있었다.[111] 동시에 익명 검진제도를 도입함으로써 어디서나 익명 검사가 가능하도록 하였다.[112]

1985년 첫 감염자 신고 이후 현재까지 에이즈 감염자의 상황은 아래와 같다.

〈표 34〉 에이즈 감염자 수(1985–2017년)

연도	1985–92	1993	1994	1995	1996	1997	1998	1999	2000
감염자 수	245	78	90	108	102	124	129	88	219
연도	2001	2002	2003	2004	2005	2006	2007	2008	2009
감염자 수	327	397	533	610	680	749	740	797	768
연도	2010	2011	2012	2013	2014	2015	2016	2017	
감염자 수	773	888	868	1,013	1,081	1,081	1,062	1,009	

(『보건복지백서 1999』, 330쪽. 『2017 질병관리백서』, 95쪽)

에이즈 감염자 수는 1985년 이래 계속 증가하는 추세였지만, 2016년 이후 그 추세가 둔화된 상황이다. 2017년 1,009명은 전년 대비 53명, 즉 5%가 감소된 수치이다.

2) 결핵의 재발

결핵 대책은 1950년대부터 추진되어 1970년대에 이르면 국가의 결핵관리체계가 크게 신장되었다는 평가를 받을 정도에 도달하였다.[113] 하지만 치료에 실패한 환자가 나타나면서 결핵 퇴치가 효과적으로 이루어지지 않고 있다는 평가도 공존했다. 결핵문제에 대한 인식의 부족, 안이함과 무관심, 민간의료부문이 결핵환자를 관리하지 못하고 있는 상황이 원인으로 지적되었다.[114]

실제로 결핵예방법에 신고의무가 규정되어 있었으나 유명무실하게 운영되고 있었다. 신고를 위한 결핵질환의 정의가 정립되어 있지 않았고, 검사실의 질적 관리도 이루어지지 않은 상태였다.[115] 민간의료기관의 신고율은 낮았다. 보건소의 경우 진단 환자를 신고하는 비율이 100%인 데 비해 민간병의원은 68%에 머물렀다.[116] 국가적인 차원의 결핵환자 관리가 불가능한 것이었다.

에이즈의 증가는 다른 공포를 낳았다. 에이즈는 인체의 면역기능을 담당하는 세포를 파괴함으로써 모든 종류의 감염성 질환에 취약하게 만든다. 결핵균에 감염이 되어도 자체 방어기능으로 결핵증으로 발현하지 않던 사람들이 HIV감염으로 결핵이 발생하게 되는 것이다.[117] "HIV감염이 대폭적으로 증가한다면 우리나라는 결핵감염률이 극히 높기 때문에 대단히 우려할 사태로 발전하게 될 것"이었다.[118] 나아가 에이즈에 걸린 결핵환자는 각종 항결핵제에 내성이 생기게 되고, 치유가 되지 않아 내성 결핵균이 만연하는 문제가 나타나고 있었다.[119] 약제내성 문제의 경우 치료처방에 관한 관리가 이루어지지 않아 미래를 낙관하기 어려웠다.

환자의 비협조도 결핵 근절을 위협하는 문제였다.[120] 비협조는 자의적이지 않을 가능성이 있었다. 치료 실패자의 대부분이 영세 가정의 세대주 혹은 가장이었다. 일반 병의원은 결핵치료 시 의료보험수가를 전부 환자에게 부담시키고 있었다. 진료비에 부담을 느낀 환자가 치료를 중단하는 사례가 생기기 쉬웠다.[121] 결핵이 "저소득층에게는 여전히 '죽음의 공

포'로 다가오고 있다."는 평가가 나오는 이유였다.[122]

실제로 2000년 이후 결핵환자의 감소 속도가 둔화되고 다제내성 결핵 환자가 증가하였으며 학교, 시설 등을 중심으로 한 소집단 결핵이 산발적으로 발생하고 있었다. 그 결과 OECD 가입국 중 결핵환자 발생률과 사망률이 가장 높게 나타나고 있었다.[123] 정부는 2002년 결핵예방법을 개정하여 신생아에 대한 의무적 예방접종을 출생 후 1년 미만인 유아에서 1개월 미만인 유아로 앞당겨 실시하였다. 예방접종의 효과를 높이기 위한 조치였다.[124] 2008년에는 '결핵퇴치 2030계획', 2010년에는 '결핵조기퇴치 New 2020plan', 2013년부터는 제1기 결핵퇴치종합계획(2013-2017)을 수립하였다.[125] 2010년에는 "결핵퇴치를 위한 결핵관리종합계획을 수립하고 결핵통계사업 및 결핵환자관리사업을 통하여 지속적으로 결핵을 관리"한다는 목적 아래 결핵예방법이 전부 개정되었다.[126]

2011년까지 증가 추세이던 신고 결핵 신(新)환자율은 2013년도에 전년 대비 9% 감소하였다. 이러한 감소는 모든 연령층에서 나타났고, 결핵퇴치사업의 확대 강화에 따른 결과였다.[127]

3) 말라리아

WHO 추산에 따르면, 1955년 당시 전 세계적으로 말라리아 환자는 약 2억 명, 사망자는 2백만 명에 이르고 있었다. 말라리아는 세계인의 건강을 위협하는 대표적인 질병이었다. 한국은 말라리아 퇴치를 위해 WHO와 공동으로 1959-69년 말라리아 근절사업(WHO Project K-13)을 실시하였다. 사업은 전쟁 직후 제안되었으나 한국 정부가 전쟁 후 재정 부족으로 사업 착수에 소극적이었던 까닭에 1959년에 시작될 수 있었다. WHO가 근절(eradication)이라는 강한 단어를 쓰며 사업을 적극적으로 전개할 수 있었던 이유는 살충제 DDT가 개발된 데 있었다. 말라리아 매개곤충인 모기를 박멸할 수 있다는 자신감이 있었던 것이다.

근절사업의 결과 한국은 1979년 말라리아 완전 퇴치(Malaria free)국가로 인정받았다.[128] 상황은 1993년 바뀌었다. 이해 DMZ 부근에서 현역군인인 말라리아 환자 1명이 발생하였고, 매년 지속적인 발생 증가를 보였다. 2000년에는 환자 수가 4,142명으로 최고조에 달했다.[129] 국내에서 사라졌다고 생각했던 삼일열말라리아가 재유행하기 시작한 것이었다.[130] 원인으로는 북한의 식량난이 지목되었다. 1990년대 북한이 부족한 식량을 대체하기 위해 가축 도살을 지속하였고, 그 결과 모기의 주 흡혈대상인 소와 돼지의 수가 적어졌다. 결국 모기가 흡혈 대상을 찾아 비무장지대 아래로 남하하면서 말라리아가 확산되었다는 것이다.[131]

정부는 1997년부터 말라리아 고위험지역에 근무하는 병사들을 대상으로 대규모 예방화학요법을 실시하였고, 2000년부터는 중앙말라리아퇴치사업단을 구성하여 휴전선 인접지역 주민을 대상으로 말라리아 퇴치사업을 수행하였다.[132] 2001년에는 WHO를 통한 북한 말라리아 퇴치사업을 추진했다. 매년 1백만 달러 안팎을 지원하던 사업은 2010년 남북관계가 경색되면서 잠정 중단되었다. 대안으로 대북 말라리아 지원사업을 벌이고 있는 Global Fund에 기여금을 납부하는 방식의 간접적 지원을 진행하였다.[133]

4) 사스

2003년 2월 중국 광동에서 시작된 사스(SARS)가 전 세계적으로 확산되면서 최인접국인 한국도 경계의 정도를 높였다. 정부는 국립보건원 내 사스 전문 태스크포스팀(중앙사스방역대책추진실무단)을 중심으로 검역소, 시·도, 시·군·구 방역대책본부 운영과 국립보건원 내 각 분야 전문가로 방역팀을 구성하였다. 구체적 방역으로 해공항검역소에서 89만 명에 대한 검역, 입국자 23만 명에 대한 추적 조사를 실시하였다. 백신이나 치료제가 없으므로 "가장 고전적이고도 강력한 방역조치인 격리와 차단을 최우선으로 적용"한 것이었다.

사스 발생 초기부터 사스대응체제의 부재, 인력 예산지원의 부족, 전담병원 지정의 곤란 등 여러 문제점이 지적되었지만, 긴급 사스감시체계의 가동, 인력 파견 및 상황실 운영 등 범정부적 차원의 대응을 통해 사망자 및 2차 전파를 방지할 수 있었다.[134] 그 결과 한국은 사망자가 발생하지 않은 사스 안전국가(SARS Free Country)가 되었다.[135] 사스가 다른 국가에서 이미 유행을 했고, 따라서 한국이 준비하고 대비할 시간을 가질 수 있었던 것도 방지의 배경 중 하나였다.[136]

사스는 개별 국가의 전염병 관리를 넘어서는 국제적 수준의 새로운 질병관리체계가 필요하다는 사실을 알려주었다. 상시적 감시, 경보, 대응체계가 필요했다.[137] 2003년 12월 국립보건원의 질병관리본부로의 확대 개편은 그 필요에 대한 대응이었다. 전 세계적으로 확산된 사스를 계기로 전염병 퇴치를 국가핵심과제로 설정하고, 전염병 관리를 위한 전문운영체계를 구축한 것이었다.[138] 조직 개편의 특징은 전염병에 대한 방역기능의 강화, 질병 관련 시험 연구기능의 전문화, 13개 국립해공항검역소의 질병관리본부 이관에 따른 검역과 방역 기능의 일원화 등이었다.[139]

5) 신종 인플루엔자

2003년 이후 조류인플루엔자 감염 발생 국가 및 환자 수가 증가하면서 신종 인플루엔자 확산 위기가 고조되었다. 1918년 전 세계적으로 유행했던 인플루엔자에 대한 공포 때문이었다. 신종 인플루엔자가 대유행한다면 사회 전 분야에서 20~30%의 노동력이 감소하고, 국방, 치안, 금융 등 사회 핵심 분야가 와해될 수 있었다. 한국에서 대유행이 된다면 1,000만

명의 환자와 5만 명의 사망자가 발생할 것으로 전망되었다. 신종 전염병은 국가 수준에서 관리되어야 하며 대유행에 대비하는 대응 강화와 국가 위기관리시스템 구축이 요구되었다.[140]

한국에서는 2003년 12월부터 2004년 3월에 H5N1형의 조류인플루엔자가 발생하였다. 고병원성이었으며 해외에서 유입된 것으로 판단되었지만, 인체 감염 사례는 없었다.[141] 2006년 11월부터 2007년 3월까지 발생한 조류인플루엔자 역시 인체 감염 사례는 없었다.[142] 2009년에는 신종 H1N1 인플루엔자 바이러스에 의한 유행이 발생하였다.[143] 북미와 유라시아 돼지 기원의 H1N1 인플루엔자 바이러스가 재조합된 것으로 기존에 동물이나 사람에게서 찾아볼 수 없었던 신형이었다. 기존에 인체 감염에 의한 면역이 형성되지 않았기에 유행의 규모는 컸다.[144] WHO는 대유행 발생 가능성이 증가하고 있다고 경고하며 예방대책 마련을 권고하였다. 6월에는 대유행 최종단계인 6단계(팬데믹, pandemic)를 선언하였다.

정부는 2009년 7월 지역사회 감염 사례가 확인되고 학교 등에서 유행이 발생하자 선제적 항바이러스제 투여와 예방접종 등의 '피해 최소화' 방침을 실천하였다. 백신과 치료제가 무기였다.[145] 2009년 10월부터 다음해 3월까지 백신 접종은 총 1,277만 명을 대상으로 진행되었다. 문제는 방역체계였다. 민간의료기관이 참여하지 않은 방역체계로 신종 전염병을 방어하기는 어려웠다. 민관의료기관의 역할과 협조는 전염병 감시체계의 핵심사항이었다. 신종 인플루엔자 유행은 "민간과 공공의 협력 모형을 발전시켜 향후 질병관리체계를 효율화시킬 수 있는 좋은 선례"였다.[146] 하지만 민관의 상시적인 감시체계는 적절히 운영되지 못했고, 그 결과는 2015년 메르스 사태로 나타났다.[147]

6) 메르스(MERS, 중동호흡기증후군)

2015년 5월 첫 환자 발생으로 시작된 메르스 유행은 환자 수 185명, 사망자 38명이라는 피해를 입히고 사라졌다. 정부는 중동 지역 입국자에 대한 발열감시 및 건강상태질문서 확인으로 메르스의 국내 유입을 막고자 하였으나 실패하였다. 국내의 방역체계는 효과적으로 작동하지 않았고, 문제점으로 방역 당국의 초동대응 부실, 정보 공개 지연, 통제기관의 혼선, 질병관리본부와 의료기관의 전염병 관련 인프라 부족 및 의료기관 감염관리 미흡 등이 지적되었다.[148] 정부 스스로 "보건복지부에 대한 국민의 신뢰도가 떨어진 적이 있다."고 표현할 정도로 국민의 비판이 거셌다.[149]

정부는 2015년 7월 '감염병의 예방 및 관리에 관한 법률'을 개정하였다. 목적은 제4군 전염병에 메르스를 신설하는 동시에 역학조사관을 보건복지부에 30명, 시도에 각각 2명 이상 두는 데 있었다. 이 법률에 따라 역학조사관은 긴급 상황인 경우 전염병 환자가 있는 장소를 일시적으로 폐쇄하는 등의 조치를 취할 수 있게 되었다.[150]

2015년 9월에는 '국가방역체계 개편 방안'이 발표되었다. 신종 전염병에 대한 체계적인 대응이 목적이었다. 내용은 신종 감염병 국내 유입을 차단하고, 유입 시 조기 종식이 될 수 있도록 초기 즉각 대응체계를 구축한다, 신종 감염병 유행 확산 대비 신속 진단, 감염병 환자 격리시설과 전문 치료체계를 구축한다, 병원감염 방지를 위해 응급실 선별진료 의무화, 병원감염관리 인프라 확충, 간병·병문안 문화 등 의료환경을 개선한다, 신종 감염병에 능동적으로 대응하고, 방역의 특수성을 감안하여 신종 감염병 거버넌스를 개편한다였다.[151]

메르스의 확산은 한국 의료가 가진 문제점을 재인식할 수 있는 계기였다. 영리 위주의 사적 의료체계의 문제점이었다. WHO는 메르스 확산의

〈그림 23〉 메르스 확산 방지를 위하여 서울시에서 대학로 공연장을 소독하고 있다.

배경으로 한국의 특징적인 의료문화를 지적하였다. 간병문화, 문병문화, 닥터쇼핑 등이었는데, 이런 문화는 "한국의 영리적 의료체계와 이를 더욱 부추긴 규제완화와 의료민영화정책의 산물"이었다. 의료영리화의 결과는 공공병원 부족으로 나타났다. 한국에는 메르스 감염자들을 격리하고 치료할 지역공공병원이 부족했다. 효율성만 추구한 민간병원은 환기구조차 없는 병실을 만들었고 병상을 밀집시켜 감염자를 양산했다는 평가를 받았다.[152]

7) 코로나19

2019년 12월 중국 우한에서 발병한 코로나19는 인접국인 한국에 즉시 영향을 미쳤다. 2020년 1월 국내에서 첫 확진자가 확인되었고, 2월 31번 확진자 발생 후 신천지대구교회를 중심으로 광범위한 지역감염이 발생하였다. 신천지는 비제도권 교회였던 만큼 활동이 음성적으로 이루어졌고,

감염의 경로나 범위를 확인하는 일은 쉽지 않았다. 정부는 신천지 신자들에 대한 전수조사에 착수하였다. 2월 말에 접어들며 확진자가 수백 명씩 증가하였다. 입원할 병상 부족으로 자택에서 사망하는 환자가 나오기 시작했다. 대구와 경북 지역의 의료체계가 일시적으로 붕괴하는 상황이 전개되고 있었다.

WHO는 3월 세계적인 대유행, 즉 팬데믹(pandemic)을 선언했다. 2009년 조류 인플루엔자 이후 10여 년 만이었다. 하지만 해외에서 예상하지 못한 반응이 나타나기 시작했다. 3월에 접어들면서 확진자 수가 감소하기 시작하자 외국 언론이 한국 정부의 방역대처 방법에 주목하기 시작한 것이었다. 구체적으로 무료로 진행되는 대규모 진단 검사, IT 기술과 감시 카메라를 통한 신속한 감염원 추적, 투명한 정보 공개, 드라이브스루로 대표되는 새로운 기술의 도입, 병상 부족을 해결하기 위해 취해진 생활치료센터 개소 등이 주목을 받았다.[153] K-방역이라는 용어로 통칭된 한국 방역체계였다.

외국 언론은 무엇보다 한국이 도시 전체를 봉쇄하는 강압적인 조치 없이 코로나19를 통제하고 있다는 점에 주목했다. 진단과 추적이라는 방법 이외에 대중교육, 투명성 제고, 시민사회 참여는 한국의 방역이 보인 장점이었다. 외국은 "한국의 사례를 민주주의 가치가 국민을 취약하게 하는 게 아니라 더 강하게 하는 모델로 거듭 주목"했다. 한국과 대비되는 국가는 중국이었다.[154] 한국의 방역은 중국의 권위주의 정치를 비판하는 효과를 발휘하고 있었다. 한국이 방역에서 보인 투명성과 개방성은 자료에도 반영되어 WHO가 "비교적 객관적인 한국의 데이터가 필요하다."며 협력을 요청할 정도였다.[155] 코로나 사태를 겪으며 한국은 방역을 통해 세계의 주목을 받는 국가로 성장했다.

그러나 이전부터 지적되었던 공공의료의 문제는 여전히 개선되지 않고 있다. 공공의료를 병원으로 집중해 논의한다면, 코로나19를 제어하는 데 공공병원의 역할은 컸다. '중앙 감염병 병원'으로 지정된 국립중앙의료원은 코로나 환자 치료부터 수도권 병상 배분, 감염병 확산에 대비한 총괄교육·조정 기능까지 담당하고 있다. 빅4, 빅5라 불리는 대형 병원들은 감염병 대응에 동원될 수가 없었다.[156] 의료인의 헌신 역시 마찬가지이다. 여름에 접어들면서 현장 의료진들이 극도의 피로감을 호소하고 있었다. 이른바 번아웃이다. 간호사의 경우 이미 인력이 부족한 상황에서 코로나19 방역을 위해 동원되면서 기존보다 더 강한 노동환경에 놓이게 되었다. 이들은 정부에게 "의료 인력 충원 같은 근본적 해결을 위한 노력"을 해줄 것을 요청하였다.[157]

코로나19는 공공의료 강화라는 오래된 과제를 다시 한국 사회에 던져주고 있다. 문제는 공공의료에 대한 강조가 원칙적 차원에서 이루어지고 있다는 것이다. 민간 위주로 성장해온 한국 의료가 공공성 강화로 방향을 전환하기는 쉽지 않을 것이다. 다만 코로나19가 기존 관성에 대해 성찰을 요구하고 있는 것도 분명하다. 신종 전염병 출현의 가능성은 여전히 높기 때문이다. 메르스를 겪으며 진단의 중요성을 확인했고, 그 준비가 코로나19 제어에 도움을 주었듯이 코로나19 방역과정에서 확인된 문제가 진지하게 고민될 필요가 있다.

2. 만성질환과 건강증진 대책의 수립

1990년대에 접어들면서 만성질환과 건강위험 행태에 대한 본격적인 감시가 시작되었다.[158] 1990년 11월 정부는 주된 질병 양상이 생활습관질환으로 전환된 여건에 대처하기 위해 보건복지부에 질병관리과를 신설하였다.[159] '제7차 경제사회발전 5개년 계획'의 원년인 1992년에는 건강증진 개념을 정부정책에 도입하기 시작하였다. 만성질환 예방을 위한 바른 건강생활의 정착이 주요 의료정책으로 추가되었고, 보건교육, 건강검진 등 질병의 예방 및 조기발견을 위한 노력이 강화되었다.[160]

1995년 국민건강증진법이 제정되었다. 목적은 기존의 전염병 관리 위주 보건정책에서 벗어나 사전예방적 건강관리기능을 강화하는 방향으로 나아가자는 데 있었다.[161] 구체적으로 의료정책의 방향을 치료 중심에서 보건교육, 영양 개선, 건강생활 실천 등 사전예방적 사업으로 전환해나가고자 하였다.[162] 건강 증진의 주요 목표는 흡연인구의 감소, 균형 잡힌 영양소의 섭취, 음주인구의 감소, 가족계획, 보건교육, 구강보건 등이었다.[163]

1995년 당시 정부가 파악한 한국인의 건강은 개선이 필요한 상태였다. 1997년 WHO가 밝힌 국가별 흡연율은 아래와 같았다.

〈표 35〉 국가별 흡연율(1995년)

남자			여자		
순위	국명	흡연율	순위	국명	흡연율
1	한국	68.2	1	덴마크	37.0
3	러시아	67.0	5	러시아	30.0
7	중국	61.0	14	프랑스	27.0
10	일본	59.0	33	미국	22.5
25	태국	49.0	49	일본	14.8
33	필리핀	43.0	63	필리핀	8.0
42	프랑스	40.0	67	중국	7.0
61	독일	36.8	69	한국	6.7
71	싱가폴	31.9	75	태국	4.0
78	미국	27.7	81	싱가폴	2.7

(『보건복지백서 1999』, 303쪽)

성인 남자의 흡연율은 73.2%로 세계 1위였다. 음주와 관련이 있는 간암에 의한 사망률 역시 10만 명당 23.7명으로 일본의 14.6명, 미국의 1.5명을 넘어 세계 1위였다. 국민의 42.8%는 잘못된 식생활 습관으로 영양불균형 상태에 있었다. 사회체육활동은 미흡하여 많은 국민들이 운동부족 상태에 처해 있었다. 40대 성인남자 사망률이 세계 1위라는 자랑스럽지 못한 결과는 그 반영이었다.[164]

국민건강증진법에는 높은 음주·흡연율을 감소시키기 위한 구체적인 방법이 제시되었다. 담배자동판매기 설치 금지와 함께 19세 미만의 청소년에 대한 담배판매 금지가 규정되었다. 주류판매 용기에는 '과음이 건강에 해롭다'는 경고문구를 표시해야 했다. 건강증진사업 추진에 필요한 재원확보방안으로 국민건강증진기금 설치도 이루어졌다. 재원은 담배사업자 및 수입판매업자의 공익사업 출연금, 의료보험자의 예방보건사업비 중 100분의 10 이내의 출연금이었다.[165]

2002년 정부는 국민건강증진종합계획을 발표하였다. 내용은 75세 건강장수 실현이라는 목표 아래 만성질환 관리체계와 암 관리체계를 구축하고 금연, 절주, 운동 등 건강생활 실천사업을 전개하며 생애주기별 건강증진서비스를 제공하는 것이었다.[166] 2004년에는 '국가 만성질환 감시체계 구축 기본계획'을 수립하였고, 2005년부터 생애주기별 건강행태 및 질환별 감시체계를 단계적으로 도입하였다.[167] 2005년 담뱃값 인상은 종합계획이 추진될 수 있는 재정적 기반을 제공하였다.[168]

2008년 건강검진기본법이 제정되었다. 그동안 국가 검진의 문제점으로 지적되었던 부실 검진을 방지하고 검진의 질을 관리할 수 있는 법적 근거를 마련하려는 조치였다. 기존의 건강검진은 검사항목이나 검진주기 등 보건학적 타당성을 가진 검진프로그램이 부재했고, 성별이나 연령별 특성을 고려하지 않았다. 검진제도 자체에 대한 실효성 문제가 제기되는 상황이었다. 법령의 제정을 통해 신청제로 운영되던 국가건강 검진기관이 지정제로 바뀌었고, 전체 건강검진기관을 평가하는 동시에 부실 기관에 대해 지정을 취소할 수 있는 법적 근거가 마련되었다.[169]

건강검진과 관련하여 2012년부터는 건강보험 가입자에 대해서만 실시하던 일반 건강검진을 의료급여 수급권자에게도 확대하였다. 그 결과 한국은 전 국민을 대상으로 국가 건강검진을 실시하는 세계 유일의 국가가 되었다. 2016년에는 제2차(2016-20년) 국가건강검진종합계획이 발표되었다. 주요 내용은 정보통신기술(ICT)을 활용하여 수요자 중심의 지원체계를 확립하고, 의과학적 근거 및 효과성 분석에 입각하여 검진체계를 상시적으로 개선하는 것이었다.[170]

지속된 노력에도 불구하고 한국에서 만성질환은 증가하는 추세에 있다. 1998년부터 2013년까지 만성질환 유병률 추세를 살펴보면 아래와 같다.

〈표 36〉 만성질환 유병률(1998-2013년) (만 30세 이상)

구분	1998	2001	2005	2008	2011	2013
고혈압	28.9	29.8	28.1	27.2	30.8	30.4
당뇨병	11.6	8.9	9.1	10.0	10.5	11.9
고콜레스테롤혈증	9.9	9.5	8.0	11.1	14.5	15.9
비만	29.0	32.9	34.8	33.1	34.2	34.8

(『보건복지70년사』 총설편, 39쪽)

고혈압, 당뇨병 등 만성질환은 계속 증가하고 있다. 만성질환은 21세기 급성전염병을 대체하는 새로운 의료문제로 부각하고 있다. 개인의 건강에 대한 책임인식의 제고와 건강한 생활양식의 실천이 중요하고, 사전예방과 조기발견을 위한 노력이 진행되어야 한다.

1) 암

암에 대한 국가 대책은 암등록사업으로 시작되었다. 정부는 1980년부터 국립의료원에 한국중앙암등록본부를 두고 매년 인턴 레지던트 수련병원을 대상으로 암등록사업을 실시하였다.[171] 1995년에는 전염병예방법을 개정하여 모든 신생아들에게 B형간염 예방접종을 실시하였다. 간암과 만성 간질환의 원천적인 예방을 위한 조치였다.[172]

1996년부터 "국가차원의 암 관리 사업"이 시작되었다.[173] 암 정복을 위한 10년 단위의 종합계획이 수립 추진되기 시작한 것이었다. 제1기 암정복 10개년 계획(1996-2005년)은 10년을 3단계로 나누어 예방 가능한 암 증가율을 억제하고, 조기 진단율을 당시 15%의 3배 수준으로 향상시키며, 암 치료율을 30%에서 50%로 향상시키는 것을 목적으로 하였다.[174] 제2기 암정복 10개년 계획(2006-15년)은 종합적 암 관리를 통한 암 발생 및 사망의 최소화로 암 부담의 획기적 감소를 목적으로 삼았다.[175] 2016년 제3차 암관리종합계획(2016-20년)이 수립되었다. 목적은 종합적 암 관리 영역을 진료 전후로 확장해 예방과 검진은 물론 재활과 사회화, 나아가 완화의료 등 돌봄으로까지 그 영역을 확장하는 것이었다.[176]

2000년 국립암센터법이 제정되었고, 같은 해 국립암센터가 설립되었다. 국립암센터는 암 연구기관으로 기초연구를 임상에 적용하는 이행성 연구에 역점을 두었다. 목적은 암에 대한 표준 진료지침을 개발하고 암 전문병원으로서 암 진료에 필요한 인력과 의료장비를 확보하여 국민에게 최선의 진료를 제공하는 데 있었다. 이 외에도 암 전문인력 양성, 암 정보망의 구축, 암 등록사업, 암 예방 및 조기검진 모델 개발연구 등을 목적으로 하였다.[177]

정부는 1999년부터 의료급여 수급자를 대상으로 위암, 유방암, 자궁경부암에 대한 무료검진, 2002년부터 건강보험가입자 중 저소득층을 대상으로 국가 암 조기검진사업을 실시하였다. 2003년에는 건강보험가입자 하위 30%로 대상을 확대하면서 간암 검진을 추가하였고, 2004년에는 대장암 검진을 추가하였다. 그 결과 5대 암(자궁경부암, 위암, 유방암, 간암, 대장암)에 대한 국가 암 조기검진체계가 구축되었다.[178]

2003년 암관리법이 제정되었다. 목적은 암의 예방, 진료 및 연구사업 등 암 관련 정책을 수립하고 암에 대한 종합적이고 체계적인 관리를 수행하기 위한 근거법을 마련하는 데 있었다.[179] 구체적으로 암관리법은 정부가 암관리종합계획을 수립하고 국가암관리위원회를 구성하도록 하였다. 나아가 암 예방과 치료기술 발전을 위한 암 연구 수행, 암등록통계사업 실시, 암조기검진사업 실시, 말기암환자관리사업 실시 등을 규정하였다.[180]

한국에서 10만 명당 암 발생률은 1999년 215.4명에서 2006년 316.9명, 2011년 453.1명으로 증가하였다. 이후 420~450명대를 유지하고 있고, 2017년 453.4명을 기록했다.[181]

2) 순환기질환

1990년대 후반 순환기질환에 대한 국가 차원의 대책이 모색되기 시작했다. 정부는 1998년부터 건강증진거점보건소 시범사업을 통해 지역사회에서 시행 중인 고혈압 당뇨병 관리사업에 예산을 지원하였다. 2000년부터는 보건소 중심의 고혈압 당뇨병 관리사업을 추진하였고, 2003년부터는 고혈압 당뇨병 관리 사업을 전국 보건소에서 수행하는 것으로 확대하였다.[182] 2004년부터는 보건소 중심의 고혈압 당뇨병 관리사업에 대한 체계적인 기술지원과 평가 등을 6개 광역자치단체에서 우선적으로 실시하였고, 2006년에는 16개 광역자치단체로 확대하였다.[183]

2006년 제1기 심뇌혈관질환 종합대책(2006-10)이 수립 시행되었다. 종

〈그림 24〉 뇌졸중 포스터(2005년, 연세의대 동은의학박물관 소장)

합대책은 3차에 걸친 예방관리체계를 구축하였다. 1차 예방은 국민인식
제고 및 건강생활 실천의 향상, 2차 예방은 고위험군(high risk group) 대상
질병위험요인 예방관리, 3차 예방은 뇌졸중·심근경색 등 중점질병관리였
다. 최종적으로는 연속적이고 통합적인 심뇌혈관질환 예방관리체계구축
을 목표로 하였다.[184] 2011년 제2기 심뇌혈관질환 종합대책(2011-15)이 수
립 시행되었다. 1차 예방으로 주요 교육과 홍보를 강화한 질병관리 행태
개선, 2차 예방으로 고혈압·당뇨병 등 선행질환 지속치료 지원, 3차 예방
으로 뇌졸중·심근경색증 등 주요 질환 관리수준 향상이 제시되었다.[185]

2012년 통계에 따르면, 순환기질환은 인구 10만 명당 사망률이 심장질
환 52.5명, 뇌혈관질환 51.1명으로 각각 사망률 2위와 3위를 차지하였고,
10.4명으로 10위를 차지한 고혈압성질환을 포함하면 사망원인 중 가장
높은 비중을 차지하는 질환이었다.[186]

민간의료의 성장과 갈등

1. 재벌병원의 등장과 공공의료의 축소

1) 재벌병원 설립과 경쟁 강화

1989년 개원한 서울아산병원은 재벌병원의 등장을 알렸다. 비영리공익재단인 아산재단은 1978년부터 의료 취약지역을 중심으로 100병상 내외의 종합병원을 설립한 바 있었다. 대통령이 민간기업에 비영리재단 설립을 통해 농어촌지역에 병원을 설립하라는 지시를 내린 뒤였다. 민간의료기관의 도시지역 편중을 막자는 의도에서 내린 지시였다. 서울아산병원은 이 병원들의 모(母)병원으로 설립되었다. 개원 당시 서울아산병원은 1,049병상을 가지고 있었다. 1994년에는 삼성서울병원이 1,100병상 규모로 개원하였다.[187]

재벌병원은 기존 의료계의 반발이나 염려를 걱정한 듯 환자 중심 의료를 지향하였다. 서울아산병원은 개원하면서 당시로서는 생소했던 환자 중심 병원을 선언했다.[188] 1995년부터는 무료진료 전담팀을 구성하여 수

〈그림 25〉 개원 당시 아산병원(『서울아산병원 30년, 1989-2019』, 82쪽)

용시설, 의료 취약지역 순회진료 등을 시행하였다. 그 결과 1998년 말까
지 약 6만 명에게 36억 원 상당의 무료진료를 실시하였다. 1990년대 중후
반 무료진료 실적은 아래와 같다.

〈표 37〉 아산병원 무료진료 실적(1994-98년)

연도	1994	1995	1996	1997	1998
금액(천원)	543,660	539,386	796,933	1,060,096	1,192,266

(『도전과 열정 1989-1999』, 102쪽)

삼성서울병원 역시 "최첨단 시스템을 갖춘 진정한 환자 중심의 병원"을
목표로 내세웠다. 병원 건설 당시 삼성 회장의 지시는 "환자가 모든 일의
우선이 되도록 하라."는 것이었다. 그 결과 삼성서울병원은 "환자를 고객
마인드로 대한 최초의 병원"으로서 병원 중심, Flow 중심, 진료 중심이 아

니라 환자 중심, 인간 중심 병원을 선언하였다. 이런 시도는 국내 의료계에 "신선한 충격"을 주었다.

동시에 재벌병원은 초일류병원을 지향하였다. 삼성병원의 경우 시설을 초일류화하고 최고의 의료진을 영입하며 히트 의료제품을 개발한다는 전략을 세웠다. 운영 전반에 대해서는 미국 최고의 병원으로 꼽히는 존스홉킨스 병원, 진료는 메이요 클리닉을 벤치마킹했다. 의료인력의 확보를 위해 전국 주요 의과대학의 추천을 거쳐 주니어 스태프를 선발, 외국에 연수를 보냈다. 모두 46명의 스태프가 조기 선발되어 1~2년의 해외연수를 다녀왔다.[189]

재벌병원의 등장은 다른 병원의 경쟁심을 유발하였다. 서울아산병원을 처음 방문한 사람들은 첫째, 크기에 놀라고, 둘째, 많은 사람에 놀라고, 셋째, 최첨단 의료시스템과 여러 편의시설에 놀란다고 하였다.[190] 개원 전후 삼성서울병원을 방문한 한 대학병원장의 소회는 과장만은 아니었을 것이다.

> 견학하고 나니 아픈 곳이 세군데 생겼다. 우선 여러 곳을 구경하느라 다리가 아프고, 좋은 진료 여건 속에서 환자를 차분히 돌보는 의사들을 보니 같은 의사 입장에서 배가 아프고, 또 자기 병원 의사들이 이곳의 첨단 의료장비와 인력 등을 보고 아우성칠 것이 뻔해 벌써부터 머리가 아프다.[191]

재벌병원은 재정적인 측면에서 과감한 투자를 할 수 있었다. 첨단장비의 구입이 그 예였다. 서울아산병원의 경우 1989년 개원과 함께 뇌를 절개하지 않고 뇌종양 등을 치료하는 감마나이프를 약 36억 원, 당시로서는 천문학적인 가격을 지불하고 구입하였다. 진료에 필요하면 투자한다는 기본 철학이 있기도 했지만, 그 비용을 지불할 수 있는 재력이 뒷받침되었기 때문이다. 전문화도 이어졌다. 1990년대 중반부터 심혈관센터, 뇌신경센터, 소화기병센터, 신장센터, 건강증진센터 등 전문센터가 운영되기 시작했다.[192]

고가의 의료장비가 양질의 의료서비스를 제공하는 긍정적 측면을 가진 것은 분명했다. 경제발전과 생활수준 향상으로 고급 의료서비스를 요구하는 소비자가 형성된 것도 사실이다.[193] 하지만 이미 1980년대 초반부터 고가 의료장비에 대한 염려는 제기되고 있었다. 경쟁적인 고가 의료장비 도입은 외화 낭비와 궁극적으로 의료수가를 상승시키는 요인이 될 수 있었다.[194] 대형병원 집중의 가속화, 의료자본 운영의 '세련화', 의료서비스의 사치화, 치료지향적 의료의 강화 등 부정적 측면도 충분히 예측할 수 있었다.[195] 재벌병원이 주도한 첨단 의료장비의 도입과 활용은 의료체계의 운영비용을 상승시키는 요인 중 하나였다.

사적인 이윤 중시는 방역체계의 균열을 낳기도 했다. 2015년 메르스 창궐의 2차 발원지는 삼성서울병원이었다. 삼성서울병원은 1번 환자를 확진하고도 그 사실을 공표하지 않았다. 삼성서울병원의 경영상 고려가 그런 은폐를 낳았을 가능성이 있다.[196]

재벌병원 등장으로 무엇보다 규모의 경쟁이 심화되었다. 다른 병원들도 시설 확장과 고급화 경쟁에 몰두하게 되었다. 2003년 서울 강남에 건강검진센터를 설립한 서울대병원은 건강보험 적용이 안 되는 검진센터를 설립한 이유를 "공익성에만 머물러 있다가는 경쟁 대열에서 뒤처질 것이라는 위기감 때문"이라고 설명했다.[197] 경쟁에서 탈락하지 않기 위해서는 재정 마련을 위해 부채를 끌어오거나 자금 확보를 위한 진료를 진행할 수밖에 없었다.[198] 재벌병원 등장에 따른 경쟁의 심화는 병원의 서열이 의료기술이나 학문의 수준이 아니라 자본 조달능력에 의해 결정되는 구조를 낳았

다.[199]

　나아가 영리병원 허가 움직임은 재벌병원에 대한 경계를 낳고 있다. 영리병원이 도입되면 건강보험의 당연지정제는 폐지되고 병원이 보험회사와 직접 계약해서 가격을 결정할 가능성이 높다. 환자가 어느 보험상품에 가입되어 있느냐에 따라 치료받을 수 있는 병원이 자동적으로 결정될 가능성도 있다. 삼성생명과 삼성병원, 현대생명과 아산병원이 연결되는 새로운 의료질서가 구축될 가능성이 있는 것이다.[200] 재벌병원이 의료의 질적 수준을 높여주었다는 긍정적인 평가와 동시에 한국의 사회안전망 중하나인 건강보험체계를 균열시킬 수 있다는 우려가 지속적으로 제기되고 있는 것이다.

2) 공공의료 강화 시도

2000년 공공보건의료에 관한 법률이 제정되었다. 목적은 공공의료기관이 국민이 요구하는 양질의 공공의료를 효과적으로 제공할 수 있도록 하여 공공의료의 질을 향상시키고 국민의 보건향상을 도모하자는 데 있었다. 이 제정으로 공공의료기관은 국공유재산을 무상 대부, 사용하고, 수익을 취할 수 있었다.[201] 취약계층에 대한 의료 및 전염병 예방 진료, 응급환자의 진료를 제공하는 공공의료기관에 대한 지원 대책이었다.[202]

　2005년 정부는 국가의 책임을 강화하기 위해 공공보건의료 기반 확충 및 경쟁력 강화를 주요 내용으로 하는 공공보건의료 확충 종합대책 (2005-09)을 발표하였다.[203] 종합대책은 2008년까지 공공보건의료 30% 확충을 목표로 보건복지부 중심의 공공의료 총괄·조정체계를 구축할 계획을 세웠다. 구체적으로 국립의료원을 국가중앙의료원으로 개편하여 공공의료의 중심 기관으로 육성한다, 국립대병원 중심의 권역별 공공의료 전달체계를 확립한다, 지방공사의료원을 지역거점병원화한다, 보건소 기능을 예방·건강증진·만성질환 관리 위주로 전환하여 공공보건의료기관의 기능을 재설정하고, 시스템을 연계한다는 내용을 담고 있었다.[204]

2012년에는 공공보건의료에 관한 법률이 전부 개정되었다. 이유는 민간의료기관도 의료취약지 거점의료기관이나 공공전문진료센터로 지정받으면 공공의료를 수행할 수 있도록 하는 데 있었다.[205] 그동안 하드웨어 중심의 공공의료정책에서 벗어나, 공공과 민간 관계없이 필수 보건의료서비스를 제공한다는 '기능' 중심의 정책으로 전환한 것이었다.[206]

2016년에는 제1차 공공보건의료 기본계획(2016-20년)이 발표되었다. 5대 추진 전략으로 지역 간 균형 잡힌 공공보건의료 제공체계 구축, 필수 의료서비스 확충 및 미래수요에 선제적 대응, 취약계층에 대한 의료안전망 강화, 공공보건의료지원기반 확충 및 서비스 질 제고, 공공의료기관 운영 효율성 제고가 제시되었다.[207]

공공의료에 대한 강조는 문재인 정부에 의해서도 이루어지고 있다. 의료 공공성 강화가 국정과제로 확정되었고, 지역 간 의료 격차를 해소하고 양질의 필수의료 제공을 위한 지역거점병원의 지정 신설, 공공의료인력 양성기관 신설, 응급·분만 등 필수의료 공급 인프라 확충, 공공보건의료기관의 기능과 역할 확대, 국립대병원 등이 지역거점병원·지역중소병원과 네트워크를 구축하여 의료체계 공공성을 강화하는 내용들이 포함되어 있다.[208]

2000년대 접어들어 공공의료를 강화하려는 정부의 노력이 있었지만, 성과는 기대에 미치지 못했다.[209] 공공보건의료 확충 종합대책이 목표한 공공병상 30% 확충을 달성하지 못하였기 때문이다.[210] 제1차 공공보건의료 기본계획도 비판의 대상이 되었다. 공공의료계획의 핵심인 공공병원 확충 계획이 없었기 때문이다. 이 계획은 분만 취약지 해결, 응급의료기관 확충을 위한 계획을 거의 민간의료기관에 위탁하고 있었다. "사실상

공공의료 폐기계획에 준하는 것들"이라는 평가까지 나오는 배경이었다.[211]

공공의료기관 부족에 대한 비판은 지속적으로 제기되고 있다. 2017년 현재 공공의료기관의 현황은 아래와 같다.

〈표 38〉 공공의료기관 현황(2017년)

구분	공공보건기관 (A)	공공의료기관 (B)	공공보건의료기관(C=A+B)	민간의료기관 (D)	전체 (E=C+D)	공공/전체 (C/E)
기관 수	3,491	221	3,712	66,086	69,798	5.3%
병상 수	409	64,385	64,794	636,948	701,742	9.2%
의사 인력	3,874	12,307	16,181	129,983	146,164	11.1%

(『2017 보건복지백서』, 502쪽)

전체 의료기관에서 공공기관이 차지하는 비율은 5.3%, 병상 수는 9.2%에 불과했다. 정부는 공공의료가 "외국과 비교해 봤을 때 매우 낮은 수준"인 점을 인정하면서도 공공의료의 개념이 변화했음을 강조하고 있다. 개념이 기관 중심에서 서비스 기능 중심으로 전환되었다는 설명이었다. 따라서 민간의료기관의 공익적 의료 제공을 확대하여 양적으로 부족한 공공의료기능을 보완하는 체계를 마련해나가고 있다는 설명이었다.[212]

그러나 공공병원의 비중이 30%는 되어야 민간병원들을 의료서비스의 질 향상과 의료제공체계의 효율성 제고라는 방향으로 선도할 수 있다는 주장도 있다.[213] 현재의 공공병원의 비중은 공공의료를 구현하기에 낮다는 주장이다. 나아가 메르스 사태에서 확인되듯이 민간의료기관은 긴급 상황에서 공공적 목적보다 자신의 사적 이익을 선택할 가능성이 높다. 이어지는 신종 전염병의 위협 앞에서 공공기관의 양적 확대와 민간기관의 상호 협조를 어느 수준까지 끌어올릴 수 있을지는 한국 의료와 관련하여 중요한 과제로 부상하고 있다.

2. 세계화의 진전과 신약 개발

1) 배경

1980년대에 접어들면서 제약업을 둘러싼 환경이 변하기 시작했다. 시장 개방은 세계적 추세였다. 1983년부터 1988년까지 진행된 개방으로 원료 의약품의 99.6%, 완제의약품의 96.3%가 수입 자유화되었다.[214] 1987년에는 물질특허제도가 도입되었다. 제약회사의 입장에서 볼 때, 이전까지는 특허가 만료되지 않은 해외 제품도 새로운 공정을 개발해서 생산하면 특허 문제를 피해갈 수 있었지만, 시장개방은 그런 편법을 불가능하게 했다. 제약업계는 신약 개발의 필요성을 절감하게 되었다.[215]

다국적기업의 한국 진출도 확대될 가능성이 높았다. 수입자유화, 자본 자유화가 이루어진 상황에서 다국적기업은 우수한 신약을 바탕으로 국내 의약품시장 점유율을 높일 것으로 예상되었다.[216] 2007년 타결된 한미 FTA는 제약사들의 연구개발비 비중을 높이는 계기였다. 오리지널 의약품의 특허권 강화가 분명해지면서 신약 개발에 대한 투자 필요성이 커진 것이었다.[217]

신약 개발의 배경은 외부환경의 변화에만 있지 않았다. 1980년대에 접어들어 제약업 발전과 관련하여 신약 개발이 새로운 전망으로 제기되기 시작하였다. 제약업은 부가가치가 높고 기술집약적이어서 천연자원이 부족한 한국의 여건에 가장 적합한 산업의 하나로 간주되었다.[218] 신약 개발이 필요하다는 인식에는 그동안 한국의 제약업이 위험요소가 적은 제네릭 제품의 개발에 안주해왔다는 반성도 있었다. 효능과 효과가 동일한 다수의 제네릭 제품이 시장에 나오면서 경쟁만 과열되었다는 반성이 이루어졌던 것이다.[219] 의약분업도 한 계기였다. 의사들이 국내 제약사의 주요 수입원이었던 제네릭 제품보다 외국 제약사의 오리지널 제품을 광범

위하게 사용하면서 신약 개발의 필요성이 증대하였던 것이다.[220]

2) 정책

신약 개발은 막대한 연구개발투자가 필요할 뿐 아니라 관련된 기술영역이 방대했다. 기술과 자본의 축적이 이루어지지 않은 상태에서는 수행하기 어려운 과제였다.[221] 따라서 정부와 기업의 협력이 필요했다. 정부는 신약 개발에 필요한 재정지원, 연구과제의 조정 및 연구여건 조성을 하고, 기업은 첨단기술 중심의 선진국형 구조로 전환하여 기술개발투자를 해야 했다.[222]

1986년 신약 개발을 계획하는 제약회사가 중심이 되어 신약개발연구조합을 설립하였다. 목적은 신약 개발을 위한 공동 대처방안을 모색하고 기술정보를 원활히 보급하는 데 있었다.[223] 한국 신약 개발의 시작이었다.[224]

정부는 신약 개발을 위한 기반을 조성하기 시작했다. 1986년 의약품 안전성 시험관리 기준(KGLP) 및 의약품 임상시험 관리 기준(KGCP)을 제정하였다.[225] KGLP는 개발된 신약과 기존 의약품에 대한 발암성 시험 등 실험동물을 이용한 안전성 평가를 위해,[226] KGCP는 개발된 의약품을 사용하기 전 유효성, 안정성을 평가하기 위해 제정되었다. 1988년 신약과 기존 의약품의 안전성 평가를 위한 '의약품 안전성 시험관리기준' 지침서가 발간되었다.[227] 안정성 시험 연구를 위한 국립기관으로 국립보건안전연구원이 설립되었으며, 한국화학연구소에는 의약품 효능 검색기구(screening center)가 설치되어 의약품 개발 시 필수적으로 실시하는 효능 검색을 전담하였다.[228]

신약 개발연구 지원사업도 진행되었다. 정부는 1991년 신약 개발을 위한 효능 검색방법의 표준화 용역비로 5억 6천만 원을 책정하였다. 신약 개발과 관련된 첫 정부 예산이었다.[229] 나아가 1991년부터 1993년까지 36억여 원을 대학교 및 연구소에 지원하였다.[230] 제약회사들이 독자적으로 신약을 개발할 수 있는 연구개발력을 보유할 때까지 정책적 지원이 필요하다는 점을 인식했기 때문이다.[231] 당시 외국과 비교할 때 한국이 활용하는 연구비의 규모는 차이가 컸다.

〈표 39〉 보건의료 분야 연구비 비교(1993년)

구분	미국	일본
GNP	23배	12배
보건의료분야연구비	925배	148배

『보건복지백서 1995년』, 11쪽)

1990년대 초반 미국, 일본과 비교할 때 한국의 의료 분야 연구비는 최대 900배 이상 차이가 났다. 격차를 줄이기 위한 국가적 투자가 필요했다.

정부는 1992년 신의약사업으로 선도기술개발사업(G7 프로젝트)을 발족하였다. 1997년까지 총 6년 동안 추진된 이 사업을 통해 연구부터 제품화에 이르는 신약 개발의 전 과정을 대상으로 연구비를 지원하였다.[232] 기업체 외에 대학과 정부출연연구기관까지 참여하는 산학연 컨소시엄을 통해 본격적인 신약 개발 프로젝트가 추진된 것도 G7 사업을 통해서였다.

1995년 신약 개발연구 지원기구로 국립의료원에 임상시험센터가 설치되었다. 신약 개발에 필수적인 임상시험을 국제 수준으로 실시하기 위해서였다. 1997년에는 식품의약품안전본부 독성연구소에 실험동물자원센터가 설립되었다. 창출된 신물질의 기능을 검색하기 위해 특정 질환에서 사람과 유사한 증상을 보이는 질환모델동물을 연구하고 공급하기 위해서

였다.[233]

1990년대 정부의 지원에 호응하여 주요 제약회사들이 연구개발을 위한 부설연구소를 설치하기 시작했다. 1991년 55개 제약사에서 61곳의 연구소를 설립하였는데, 1999년에는 그 수가 79개 제약사, 86곳의 연구소로 증가하였다. 개발의 결과 1991-92년 사이 200건이던 물질특허 출원 건수는 1996년 300건, 1997년 500건, 1998년 547건으로 증가하였다.

신약 개발 지원 차원에서 2000년 '천연물신약 연구개발 촉진법'이 제정되었다. 천연물신약은 물질특허제도가 도입되던 1980년대 자체 생약 신물질을 개발할 가능성이 높고, 사용료(royalty) 지급의 부담이 없다는 점에서 주목받았다.[234] 촉진법의 목적은 정부가 신약 연구개발 촉진계획을 수립 시행하고, 국내외 천연물신약 연구개발에 관한 정보를 수집 관리 및 보급하며, 천연물신약 연구개발 활동에 필요한 관련 자재와 기기 등의 수입에 대하여 조세지원을 할 수 있도록 하려는 데 있었다.[235]

2011년에는 '제약산업 육성 및 지원에 관한 특별법'이 제정되었다. 신약 개발에 드는 비용이 막대하고 투자금의 회수기간도 길어 민간의 적극적인 투자를 기대하기 어려웠기 때문이다. 내용은 제약업의 체계적인 육성·지원과 혁신성 증진 및 국제협력 강화를 통하여 제약업의 발전 기반을 마련하고, 외국 제약기업의 국내 투자유치 환경을 조성하여 제약업이 국제적인 경쟁력을 갖추도록 하자는 것이었다.[236]

2013년 정부는 '제약산업 육성 지원 5개년 종합계획'을 수립하였다. 주요 내용은 신약 개발을 위한 정부 R&D지원을 확대하는 한편, 제약 분야의 미래수요, 한국 제약업의 특성과 강점 등을 고려하여 '미래제약 10대 특화분야'를 발굴하는 것이었다. 이 외에 한국 제약기업이 글로벌 제약기업, 해외 유명 연구소 등과 공동 연구를 추진할 수 있도록 네트워킹 및 지원을 하는 것도 내용 중 하나였다.[237]

3) 개발

1999년 SK케미칼의 위암 치료제 선플라주(Sunpla Inj.)가 식약청의 승인을 받은 최초의 국산 신약으로 등재되었다. "근대적인 의미의 제약산업이 싹 튼 후 100여 년 만에 신약입국(新藥立國)의 첫발을 내딛는 개가"였다. 다만 이 약은 한국 식약청의 승인만 받았기 때문에 국내시장에서만 판매될 수 있었다. 해외에 판매가 가능한 신약이 개발된 시기는 2003년이었다. 이해 LG생명과학의 항생제 팩티브(Factive)가 미국 FDA의 승인을 받았다. 한국의 "제약기술이 명실공히 세계적인 수준에 진입했음을 지구촌 만방에 선포"한 것이었다.[238]

그러나 신약의 상업적 성과는 전반적으로 미흡했다. 선플라주는 개발하는 데 81억 원이 투입된 반면 2005년 2억 1천만 원, 2006년 1억 1천만 원, 2008년 천만 원의 저조한 판매실적으로 시장의 호응을 이끌어내지

〈그림 26〉 SK케미칼에서 국내 신약 1호를 축하하고 있다(SK케미칼 홈페이지)

못했고, 결국 2010년 생산이 중단되었다. 다른 신약도 마찬가지였다. 생약제제로 허가를 받은 SK케미칼의 조인스정과 동아제약의 스티렌캡슐을 제외하면 연 매출 100억 원을 넘기는 제품은 3~4개 정도에 불과했다. 다수 제품의 이익금이 총 개발비를 넘지 못하고 있었다.[239] 가격경쟁력이 크지 않았을 뿐 아니라 다국적 제약회사의 제품과 비교하여 의사의 신뢰를 받을 만큼 높은 품질을 가지지 못했기 때문이다.[240]

제약업이 이룬 성과는 다른 의료 분야에 비교하면 우월하지 않다. 국내시장 안주가 원인 중 하나일 것이다. 1950년대부터 의과대학을 중심으로 해외 교류와 협력이 확대되었다면, 약학이나 제약업의 경우 그 정도가 약했다. 한국의 제약사와 연구소, 대학에 있던 과학자들이 미국 FDA, NIH, 제약회사 등에 근무하고 있던 한국인 과학자들과 함께 생물의학연구회(Society of Biomedical Research, SBR)를 만들었지만,[241] 시기는 다른 의료 분야보다 늦은 1990년이었다. 한국 사회 성장의 요인 중 하나가 경쟁이라면, 제약업은 상대적으로 안전한 환경에서 상대적으로 장기간 보호를 받았다. 그 결과는 상대적인 지체였다.

3. 한약분쟁과 한의학의 강화

1) 1993년 1차 한약분쟁

1차 한약분쟁은 1993년 약사법 시행규칙에 있던 "약국에는 재래식 한약장 이외의 약장을 두어 이를 깨끗이 관리하여야 한다."라는 규정이 삭제되면서 시작되었다. 한의계는 이 조치가 약사에게 새롭게 한약 조제권을 허용하는 것이라고 주장했다. 삭제된 규정의 입법 취지가 약국에서 재래식 한약장을 철거하여 약사의 한약 임의조제를 막자는 것이었기 때문이

다.[242]

한약분쟁의 불씨는 이미 1970년대부터 내재되어 있었다. 먼저 공격에
나선 측은 한의사였다. 1974년 대한한의사협회는 국회에 약사의 한약 취
급을 금지하는 내용의 약사법 개정안을 청원하였고, 약사법 부대결의로
채택된 바 있었다.[243] 하지만 한의사들은 약사의 한약 취급을 금지하는
더 강력한 제재를 원했고, 1976년에는 국회에서 "정부는 작년 정기국회
에서 부대결의한 약사의 한약 임의조제금지를 성실히 이행토록 감사를
더욱 강화"하라는 내용의 대정부건의안이 채택 의결되었다.[244]

약사의 한약 취급 금지와 관련하여 구체적인 정책은 1980년에 마련되
었다. 그해 정부는 약사법 시행규칙에 "약국에는 재래식 한약장 이외의
약장을 두어 이를 청결히 관리할 것"이라는 조항을 삽입하였다.[245] 대한
한의사회가 압력을 행사한 결과였다. 한의계는 이 조항을 약국에서 한약
을 조제해서는 안 된다는 의미로 해석했다.[246] 이 조항의 삽입으로 1974
년 이래 약사의 한약 조제행위로 인해 발생한 6년간의 분쟁이 사실상 일
단락되었다는 평가가 나올 정도였다.[247]

그러나 아니었다. 약사들은 한약 조제를 계속하고 있었다. 약사들의 입
장에서 볼 때 1980년 규정이 한약을 취급하지 말라는 요구라면 모법인
약사법에 위배되었고, 단순히 보관시설과 관련된 규정이라면 재래식이 무
엇인지에 대한 정의가 명료하지 않았다.[248] 정부의 입장도 비슷했다. 삽입
된 규정은 두 가지 목적이 있었다. 약국이 한약업사와 같이 한약을 전문
적으로 취급하는 것처럼 보이는 것을 막고, 동시에 약국에 개량된 약장
을 두어 한약의 과학적 발전을 유도하고자 한 것이었다. 약사의 한약 취
급 자체를 제한한 것은 아니었다. 나아가 약국에 대한 단속을 유보시킴
으로써 삽입된 조항을 사실상 사문화시켰다. 한약을 취급하는 약국에
재래식이 아닌 약장을 두는 것이 사실상 어렵고 단속 처벌도 곤란하다

〈그림 27〉 1993년 대한한의사협회 궐기대회(백유상 교수 제공)

는 이유 때문이었다.[249]

따라서 정부의 입장에 따르면, 1993년 약장과 관련된 조항 삭제는 사문화된 조항을 법령 정비 차원에서 손본 것에 불과했다.[250] 하지만 이 조항은 말 그대로 애매모호했다. 한의사측에서 보면 재래식 한약장을 못 쓰게 했으니 약사들의 한약 조제를 막았다고 해석할 수 있었다. 반면 약사 측에서 보면 재래식 한약장이 아닌 과학적으로 발전된 한약장을 사용하도록 하는 약국 관리에 관한 것으로 해석할 수 있었다.[251]

애매모호하게 활용되던 이 조항이 1993년 삭제되자 한의계는 반발했다. 한의대생의 수업 거부로 시작된 반발은 한의사 전체를 포괄하는 규모로 확대되었다. 투쟁이 가열화되고 한의대생의 피해가 분명해지면서 정부, 한의사, 약사, 시민단체의 대화와 중재가 이어졌다. 그 결과 한의사와 약사의 요구를 절충한 약사법 개정 시안이 확정되었다. 내용은 한방 의약 분업 원칙 천명, 한약사제도의 신설, 기존 약사에 대한 한약 조제 기득권의 인정이었다. 구체적으로 새롭게 신설되는 한약사는 한방 의약분업 실시 전까지 한약조제지침서에 수재된 50~100종 이내의 처방에 따른 조제가 가능했다. 약사는 약사법 시행 당시 1년 이상 한약을 취급해온 경우법 시행 후 2년까지 한약을 조제할 수 있었다. 그 이후에는 한약조제시험에 합격한 경우에 한해 한약을 조제할 수 있었다.[252]

2) 1995년 2차 한약분쟁

2차 한약분쟁은 1995년 2차 한약조제시험을 둘러싸고 일어났다. 한약조제시험 실시가 공고되자 약사 24,844명이 원서를 접수했다. 약사의 대규모 원서 접수는 한의계에 거부감을 불러일으켰다. 약사들이 한약사가 배출되기 전 시험에 합격함으로써 한약의 생산, 유통, 판매 등 한약의 제반업무에 대한 주도권을 잡으려 한다는 것이었다.[253]

한약사는 1993년 한약분쟁에서 거둔 한의계의 성과였다. 1993년 한약분쟁의 결론은 약사의 한약 조제 금지와 더불어 약사의 생존권마저 위협할 수 있는 한약사제도의 탄생이었다. 한약사제도는 약사의 한약 조제를 원천적으로 봉쇄한다는 의미가 있었다.[254] 그 한약사가 배출되기 전에 약사들이 시험 합격을 통해 한약을 조제할 수 있는 권리를 획득하려 하자 한의계가 반발한 것이었다.

정부는 한의학육성방안 발표를 통해 한의계의 요구를 수용하는 동시에 1997년 약사법 시행령을 개정하여 한약학과 졸업자만 한약사시험에 응시할 수 있도록 응시자격을 제한하였다. 그 결과 5년간 지속되었던 한약분쟁이 종결되었다.[255]

3) 주장

(1) 약학

한약분쟁은 한약, 나아가 한의학에 대한 상반된 이해에서 시작되었다. 특히 서양약학을 배운 약사들이 한약을 취급할 수 있는가라는 문제가 중심에 있었다. 이 문제는 다시 약사가 법적으로 한약을 취급할 만한 권한이 있는가와 약사가 한약을 취급할 만한 전문적인 자질을 갖추고 있는가의 문제로 구분될 수 있었다.[256]

약사의 입장은 둘 다 갖추고 있다는 것이었다. 그들은 한약도 약이라고 주장하였다. 한약이 약물인 이상 약물에 관한 약사의 전문적 지식과 경험이 당연히 한약에도 적용되었다.[257] 한약이 의약품이라면 약사의 한약 조제는 당연한 권리였다.[258]

약사들은 실제로 한약을 조제해왔다. 한약분쟁이 일어날 즈음 전체 약국의 40% 정도는 한약 중 초제(炒製)를 취급하고 있었다. 한방 엑기스와 생약 완제품까지 합치면 거의 모든 약국에서 한약을 취급하고 있었다.[259]

약대는 한약에 대한 교육도 실시하고 있었다. 한약학, 본초학, 한방개론, 임상한방, 약용식물학, 생약학, 천연물화학 등이었다.[260] 정규교육과정에 미흡한 점이 있다면, 개선하면 되었다. 교과과정을 "질적인 측면에서나 양적인 측면에서 보완"하면 되었다.[261] 약사들은 오히려 한의과대학의 약학 관련 교육이 빈약하다고 비판하였다. 한의과대학의 약물학 교과과정은 본초학 하나뿐이었고, 방제학이 첨가되어 있을 뿐이었다.[262]

나아가 약사들은 한의사들의 한약 활용을 비판하였다. 한약의 치료 효과 등이 객관적, 과학적으로 검증되지 않았을 뿐 아니라 증명할 통계도 없다는 비판이었다.[263] 한약은 경험론에 입각해 있었고, 성분과 약리작용 탐구를 비롯한 과학화, 처방 제조와 품질관리에 대한 표준화와 규격화,

법제화가 필요했다.[264] 약사들은 그 작업, 즉 한약의 과학화를 자신들만이 할 수 있다고 주장했다.[265] 한의학이 객관적, 과학적 근거가 없다는 인식은 한약분쟁을 낳은 주요 원인이자, 현재까지 한의학을 둘러싸고 전개되는 논쟁의 중심에 있다.

(2) 한의학

한의사들은 약사가 한약 판매를 통해 이익을 취하는 데 분쟁의 원인이 있다고 파악하였다. 양약의 판매만으로 약국을 운영하기 어려워지자 대안으로 한약을 판매하는 데 원인이 있다는 것이었다.[266] 한약은 고가였다. 1990년대 초반 한약 1재는 10만 원에서 30만 원, 심지어는 60만 원에서 70만 원을 넘는 경우도 있었다.[267] 1991년 노동자 가구당 소득이 1,158,608원이었음을 고려하면,[268] 고가의 한약은 노동자 한 가구 소득의 절반을 넘어갔다. 한약이 고가인 이유 중 하나는 적정가격이 없다는 데 있었다. 한의사나 약사가 일방적으로 가격을 결정할 수 있었다. 이런 상황에서 한약에 대한 독점은 "그 자체가 이윤"이었다.[269]

나아가 한의사들에 따르면, 약사는 한약을 취급할 권한이 없었다. 한의사들은 약사법이 규정하는 '약'에 한약은 명시되어 있지 않다고 주장했다. 한약은 "동물, 식물 또는 광물에서 채취된 것으로 주로 원형대로 건조 단절 또는 정제된 생약"이었다. 즉, 한약은 약사법에서 지정한 의약품이 아니었다.[270] 약사는 한약을 다룰 만한 전문성도 없었다. 한약 조제법은 약사들이 배우는 약학과 달랐다. 한의학의 고유 이론에 기반을 두고 이루어지는 것이었다.

한약은 한의학 이론에 입각해서 개인의 특성에 따라 한의사의 진단과 병행해서 투약되어야 했다. 한의학적 진단 없이 한약만 투여할 수는 없었다.[271] 하지만 약사는 체계적인 교육 없이 한약을 처방하고 있었다. 약대의 교육과정에서 한약과 관련된 과목은 선택과목인 본초학 하나뿐이었다. 생약학, 약용생물학 등은 외국 약대에서도 동일하게 배우는 양약 기초과목이었디. 반면, 한의대에서는 한약과 직접 관련된 전공필수인 본초학과 그 실제 처방구성을 위한 방제학이 있었다. 방제학은 한의대에서 6년간 배우는 한의학 과목을 이수하지 않고는 결코 알 수 없었다.[272] 약대에서 습득한 한약에 대한 지식은 한약을 단순 조제할 수 있는 수준에도 못 미쳤다.[273] 한의사들은 한약은 약사가 취급할 수 있는 '약'이 아니며, 설령 한약을 약에 포함시킨다 해도 약사는 한약을 조제할 전문성을 가지지 못한다고 주장했다. 여기서 반복되는 핵심에는 서양의학과 구별되는 한의학의 독립적인 정체성이 있다.

4) 의미

(1) 시장을 둘러싼 갈등

한약분쟁의 배경에는 해방 후 양적으로 증가한 의료인이 있었다. 약대 증설, 한의학 인정은 부족한 의료공급이라는 문제를 해결하기 위해 선택된 방법이었다. 문제는 장기적인 전망이 부재한 상태에서 양적 증가를 추진한 데 있었다. 1950년대 이미 약대 증원에 대한 우려의 목소리가 나오고 있었던 점에서 알 수 있듯이 무계획적인 의료인 양성은 공급이 수요를 충족하는 시점에서 각 직역 간 충돌을 낳을 가능성이 있었다. 1980년대는 그 전조가 나타난 시기였다.

한의학의 경우 1980년대를 거치며 한의과대학이 증설되었다. 1970년대 초까지 한의대는 1개가 있었을 뿐이지만, 1980년대에 5개 대학이 늘어났고, 1991년 말에는 9개로 확대되었다.[274] 이미 1990년대 초반 시점에서 "2000년부터 한의사 인력의 과잉공급으로 인한 수급 불균형이 예상"된

다는 우려가 나오고 있었다.[275]

약사의 한약 취급 역시 경쟁의 심화에 기인하였다. 의사들이 대형병원을 중심으로 치료기술을 향상시키면서 약사가 담당할 수 있는 범위는 축소되고 있었다. 약국을 이용하던 환자들은 의사를 찾기 시작했다. 약국은 단순한 증상이 있을 때 이용의 편의를 위해 찾았다. 약사들은 안정적인 수익 창출을 위한 통로가 필요했다. 한약은 그 통로 중 하나였다. 1980년대 이후 소비자들 사이에서 한약에 대한 선호도가 높아진 것도 약사의 한약 취급을 낳은 배경이었다.[276] 한약을 둘러싼 직역 간의 갈등은 내재되어 있었다.

한약분쟁은 그 갈등이 표면 위에서 충돌한 경우였다. 의료인들은 자신의 주장을 직접적으로 표출하기 시작했다. 권익의 확보를 위하여 투쟁하기 시작한 것이었다.[277] 그만큼 직역 간의 이해충돌이 심각해졌다는 반증이기도 했다. 동시에 1980년대 민주화의 흐름 속에서 그동안 국가의 통제에 익숙했던 의료인들이 자신의 이해를 구현하기 위해 주장을 적극적으로 표현하기 시작한 것도 이유 중 하나였다.

직역 간의 갈등과 충돌은 자연스러운 일이다. 문제는 갈등 해결의 방법이다. 한약분쟁이 집단 투쟁의 방식을 통해 해결되었다면, 향후 직역 갈등은 사전 대화나 교섭, 협의를 통해 해결할 필요가 있었다. 소모적인 힘의 낭비를 막을 수 있기 때문이다. 하지만 2000년 의사파업은 그 기대가 쉽게 이루어질 수 없음을 보여주었다.

(2) 한의학 육성

한약분쟁을 거치면서 한의학은 육성의 계기를 마련할 수 있었다. 한의학이 거둔 성과는 적지 않았다. 분쟁의 당사자 중 하나인 약사들이 "한약분쟁을 치욕의 역사로 간직하고 있다."는 표현까지 사용할 정도였다. 약사들은 법적으로 한약을 취급할 수 있었고, 실제로 한약을 조제해왔음에도 불구하고 자신들이 새삼스럽게 한의사의 영역을 침범한 것으로 평가받았다고 불만을 표시하였다.

이런 평가의 배경에는 국민정서와 여론이 있었다. 한약의 취급이 전문적인 문제임에도 불구하고 한약분쟁은 국민정서나 여론에 좌우되면서 해결되었다.[278] 국민들은 한의학은 서양의학과 다르며, 따라서 한약 조제의 권한은 한의사가 가져야 한다는 주장에 동조했다. 한약 취급이 약사들의 정당한 업무 영역이 아니라고 판단한 것이었다.[279]

정부는 한의사들의 투쟁과 국민의 여론을 기반으로 한의학에 대한 육성정책을 실시했다. 한의사들은 국가적 지원을 요구하고 있었다. 국립한의학연구소, 한방국립병원, 국립한의과대학을 지속적으로 요구해왔다. 한방공중보건의제도가 시범 실시되면서 한의학의 우수성이 입증되었음에도 불구하고 정부는 예산을 구실로 한의학 육성을 위한 정책을 마련하지 않고 있다고 비판하였다.[280]

한약분쟁은 변화를 낳은 계기였다. 정부가 판단할 때 한약분쟁은 한의학이 상대적으로 낙후되고 의료정책에서 소외되어왔다는 피해의식과 자신의 영역이 침범당하고 있다는 위기감에서 확산되었다.[281] 정부는 한의학 육성을 위한 구체적인 노력으로 한방정책관을 신설하고, 국립의료원 내 한방진료부를 설치하였으며, 새롭게 한의학연구원을 설립하였다. 2003년에는 한의약육성법이 제정되었다.[282] 한약분쟁이 종결될 수 있었던 이유 중 하나는 정부의 한의학 육성정책에 있었다.

(3) 민족의학의 강조

한의학의 정체성과 관련하여 한의사들이 자신의 의학을 민족의학으로 정립한 것은 상징적이다. 1995년 경희대 한의과 비상대책위원회에서 발간한 정세분석 문건의 제목은 '민족의학 사수의 한길로'이다.[283] 한의대 학생회 연합모임에서 발간한 자료에 따르면, 한의학의 역사는 "민족의학의 자주성을 실현하기 위한 주체의 투쟁의 역사"였다.[284] 대한한의사협회도 한의학을 민족의학으로 지칭했다.[285] 아래 글은 한의학이 생각하는 자신의 역사였다.

> 우리 민족과 생사고락을 함께 했던 선조의 빛나는 문화유산이 그 후손들의 손에 의하여 고사될 위기에 처하였읍니다. 일제시대 민족말살 정책의 고난 속에서도 꿋꿋이 그 생명을 유지했던 한의학이 "서양의학 일변도의 위정자의 사고"와 "일부 의약인들의 본분 망각"으로 그 존재마저 위협받고 있읍니다.[286]

민족의학은 한의학이 서양의학에 대비되는 자신의 정체성을 확립하는 과정에서 만들어낸 조어였다. 한의학이 천년이 넘는 역사를 가지고 있는 점, 즉 전통적인 의학이라는 점은 분명했다. 식민지시기 한의사를 서양의사보다 낮은 직위인 의생으로 지칭한 점에서 알 수 있듯이 식민권력의 차별과 억압을 받은 점도 분명했다. 다만, 한의학이 서양의학의 영향 아래, 나아가 식민권력의 영향 아래 변화되어왔다는 점을 고려하면 민족의학이라는 용어는 한의학의 한 단면만을 보여준다는 한계가 있다.

나아가 민족의학은 한의학에 양날의 칼로 작용할 가능성이 높았다. 민족의학이라는 용어를 통해 한의학이 자신의 민족성을 확인하고 소비자의 관심을 확보한 것은 분명해 보인다. 하지만 민족의학이라는 용어는 한의학의 변화를 가로막는 장애물이 될 가능성도 있었다. 한약분쟁이 진행되던 1990년대 중반은 한국에서 세계화가 논의되는 시기였다. 한국의 개방이 가속화되는 시기였다. 민족의학은 그 방향에 반대되는 방어에 가까운 의미를 가지고 있었다.

(4) 의료이원화의 강화

한의학이 육성되면서 한국의 의료체계가 가지는 특성 중 하나인 의료이원화는 강화되었다. 새롭게 만들어진 한약사제도는 그 예였다. 한약사제도에 대한 정부의 초기 입장은 부정적이었다. 별도의 한약사를 두게 될 경우 국민들은 한의학 이론에 맞는 한약을 조제 받는 장점을 가질 수 있었다. 반면, 국가적으로 부담해야 할 한약사 교육 및 한약국 설치비용은 크고, 약사가 조제한 한약에 비해 그 질의 차이도 크지 않았다.[287] 하지만 한약사제도는 만들어졌고, 한의학의 독립적 정체성은 강화되었다.

다만 의료일원화에 대한 한의계의 입장이 미묘하게 변화하고 있다. 2010년대에 접어들어 "한의사의 의료기기 사용 문제가 최우선적으로 해결되어야 한다."는 전제가 있기는 하지만, 의료일원화를 "충분한 학문적, 제도적 논의와 교류를 거쳐 사회구성원 전반의 공감대가 형성된 뒤 추진"할 수 있다는 자세를 취한 것이다.[288] 나아가 2018년 출범한 대한한의사협회 제43대 집행부는 "중국식 이원적 일원화를 추진"하겠다고 밝힌 바 있다. 의사협회와 "의료와 한방의료의 교육과정의 통합과 이에 따른 면허제도를 통합하는 의료일원화"를 합의했다는 보도까지 나왔다.[289] 의료일원화 추진을 한의학 말살운동이라 규정했던 이전 시기의 평가와 다른 모습이다.[290] 한국현대의료사의 특징 중 하나가 의료이원화라고 할 때 그 변화가 나타나기 시작한 것이다.

4. 의약분업과 의사의 권한 강화

1) 배경

해방 후 한국의 의료체계가 형성되는 과정에서 의약분업은 명시적으로 천명되었음에도 불구하고 현실에서 유예된 제도였다. 의약분업이 유예되면서 약국은 한국인의 주요한 의료기관으로 자리잡아갔다. 국민들의 약국 이용도는 높았다. 약국은 병의원에 비해 상대적으로 비용이 쌌고, 지리적으로 가까웠다. 특히 경제적 요인은 중요했다. 1980년대 초반 약국 이용자의 45%는 경제적 이유 때문에 병의원 대신 약국을 이용하고 있었다.[291]

편리한 대신 부작용도 있었다. 약의 오남용이었다. 국민들은 원할 경우 언제 어디서나 자신들이 원하는 약을 무제한으로 약국에서 구할 수 있었다.[292] 항생제, 호르몬제, 각성제, 수면제, 진해거담제 등이 그 예였다.[293] 그 결과 나타난 폐해 중 하나가 높은 항생제 내성률이었다.

〈표 40〉 폐렴구균의 페니실린 내성률(1997년) (단위: %)

국가	의약분업 실시					의약분업 미실시				
	인도	캐나다	미국	영국	프랑스	홍콩	싱가포르	일본	태국	한국
내성률	1.8	6~10	10〈	15.0	36.3	29.3	36.9	55	63.1	70~77
평균 내성률	12.4 이상	51.7								

(차흥봉, 『의약분업 정책과정』, 35쪽)

1997년 발표된 폐렴구균에 대한 항생제 내성률 조사에 따르면, 한국은 의약분업을 실시하는 미국이나 영국에 비해 내성률이 5~7배 높았고, 미실시 국가인 홍콩이나 싱가포르에 비해 2배 이상 높았다. 대책이 필요했다. 의약분업이었다.

의약분업은 의약 이용방식을 재정립하여 병의원과 약국 사이에 협업과 견제 체제를 확립하자는 데 목적이 있었다. 전국민의료보험제도의 실시 등 사회적 여건이 변화함에 따른 조치였다.[294] 하지만 더 중요한 목적은 의약품의 오남용 방지에 있었다. 의약분업은 환자들을 불편하고 경제적·시간적 부담을 감수하게 만드는 제도였다. 불편하고 부담스러워야 쉽게 약을 사먹는 문화를 개선할 수 있었다. 나아가 환자의 알 권리도 확보되었다. 의사의 처방전이 공개되어 의사와 약사는 상호보완과 이중점검을 할 수 있었고, 환자들은 의약품을 보다 합리적으로 사용할 수 있었다.[295]

그러나 의약분업의 배경에는 한약분쟁과 마찬가지로 약사의 위기의식이 있었다. 1980년대 이래 약국은 공급 과잉, 전국민의료보험의 실시 등으로 역할이 축소되고 있었다.[296] 약사들은 여기에 건강보험까지 실시되면 환자들이 병원으로 집중하게 되고, 그 결과 약국 경영이 어려워질 수 있다고 판단했다. 의약분업은 위기를 해소할 수 있는 하나의 돌파구였다.[297]

위기의식을 느끼기는 의사도 마찬가지였다. 1981년 현재 15개였던 의과대학은 1993년 현재 32개 대학, 입학정원 2,880명으로 두 배 이상 증가하였다.[298] 의약분업 실시 전해인 1999년의 경우 입학정원은 41개교에 3,300명으로 증가하였다. 의대 입학생당 인구수로 계산한 의사 공급 수준은 "선진국 수준을 상회"하게 되었다. 의사와 약사를 비롯하여 의료인력의 공급이 증가하면서 직역 간 대립은 증폭할 수밖에 없었다. 그동안 의사와 약사는 약을 둘러싸고 서로 중복된 역할을 수행하고 있었기 때문이다.[299]

2) 과정

1953년 제정된 약사법은 부칙에 "의사, 치과의사, 한의사, 수의사는 자기가 치료 사용하는 의약품에 한하여 자신이 조제할 때에는 제18조의 규정에 불구하고 조제할 수 있다."고 규정하였다. 18조의 규정이란 "약사가 아니면 의약품을 조제할 수 없다."는 내용이었다.[300] 의약분업을 유예시킨 것이었다. 1963년 약사법 전문개정 시 의약분업 실시원칙은 다시 천명되었다. 군사정부 초기 사회 각 부문의 개혁이 논의되는 과정에서 약국의 임의조제로 의약품 오남용 문제가 심각하다는 지적이 있었기 때문이다.[301] 하지만 의약분업을 실시하기에는 의사와 약사 등 의료인력이 절대적으로 부족했다. 1965년 개정 약사법 부칙에서 의사의 직접조제를 허용함에 따라 의약분업은 다시 유보되었다.[302]

1977년 대한의사협회와 대한약사회는 의약분업에 관한 공동합의서를 발표하였다. 의료보험제도가 실시되면서 의약분업을 반대했던 명분 중 하나인 환자의 부담 가중 문제가 어느 정도 해결될 수 있다고 판단했기 때문이다. 이 합의서는 의약분업 논의 과정에서 의사단체와 약사단체가 처음으로 채택한 것이었다. 하지만 정부가 적극적인 자세를 취하지 않았다. 당시 정부의 관심은 의약분업이 아니라 의료보험에 있었다.

1980년대 초에 시작된 지역건강보험 시범사업은 의약분업 문제를 다시 제기하는 계기가 되었다.[303] 약사들은 의료보험의 확대로 병의원의 문턱이 낮아지면 약국을 찾던 환자가 병의원으로 이동할 것이라 우려하고 있었다.[304] 의약분업은 타개책이었다. 하지만 1989년 약사의 임의조제에 대해 보험 급여를 하는 약국의료보험제도가 실시되면서 의약분업은 다시 연기되었다.

1993년 한약분쟁은 의약분업의 실시를 본격적으로 논의하는 계기였다. 한약을 포함한 의약품 조제 판매 문제를 해결하기 위해서는 의약분업이 실시되어야 했다.[305] 그 결과 1994년 약사법에는 1999년 7월 이전까지 의약분업을 실시한다는 규정이 삽입되었다.[306] 김대중 정부의 판단도 있었다. 김대중 후보는 대통령선거 당시 의약분업을 주요 선거공약으로 내세웠고, 집권 후 발표한 100대 국정과제 중 하나로 의약분업을 제시하였다.[307]

1999년 2월 보건복지부는 당정 협의를 거쳐 정부안대로 의약분업을 추진하기로 결정하였다. 하지만, 그해 3월 의사협회와 약사회가 의료기관과 약국의 준비를 위해 의약분업을 1년간 연기하자는 절충안에 합의하였다. 5월에는 시민단체가 중재하고 의사협회와 약사회의 대표가 합의 서명한 의약분업 시행방안이 결정되었다.[308]

5.10 합의는 의약분업의 내용을 강화하는 것이었다. 이전까지 논의되었던 부분적 의약분업이나 단계적 의약분업을 넘어 전면적 의약분업에 합의하였기 때문이다. 나아가 병원을 포함하는 기관분업 모델을 채택하고, 주사제까지 의약분업의 대상으로 삼았다.[309] 이 내용에 대해 의사들이 반대의 목소리를 내기 시작하였다

의약분업에 대한 의사들의 반대는 강했다. 2000년 5월 서울시의사회가 회원들을 대상으로 진행한 설문조사에 따르면, 응답자 중 의약분업에 반대한다는 의견이 55.3%, 선보완 후시행이 41.8%였다. 선시행 후보완은 1.7%에 불과했다.[310] 의사들의 반대 배경에는 정부의 의료정책에 대한 불신이 있었다. 정부는 그동안 적정한 재정투자 없이 민간이 육성해온 의료제도에 일방적으로 개입하고 있었다. 의사들의 입장에서 볼 때 "민주주의 국가에서는 상상도 할 수 없는 폭거"였다.[311]

1999년 11월 대한의사협회는 비상총회를 개최하고 파업에 나섰다. 구체적인 이유는 약의 조제권을 둘러싼 갈등에 있었다. 의사들은 의약분업이 약사에게 광범위한 권리를 부여하였다고 판단했다. 2000년 2월 '잘못

〈그림 28〉 1999년 11월 서울시의사회 회원들이 거리행진을 하고 있다.(『의권쟁취투쟁사』, 31쪽)

된 의약분업 바로잡기 전국의사대회'에서 발표된 결의문에는 의약품 오남용 방지를 위해 약사의 대체조제와 임의조제를 원천 봉쇄할 수 있는 법적 보완 장치와 감시기구를 설치하라는 요구가 있었다.[312] 의사들은 정부의 방안대로 의약분업이 실시될 경우 자신들의 처방권이 침해당할 수 있다고 주장하였다.

그러나 추진 주체인 정부는 원칙을 고수하고자 했다. 그 원칙이란 약의 오남용을 막아 건강을 지키는 것이었다. 따라서 의약분업을 후퇴시킬 수는 없었다. 나아가 "국민의 생명을 담보로 삼아 집단이기주의를 관철시키려는 이해 집단의 반발에 굴복할 수는 없"다고 판단했다.[313] 정부는 절충과 조정을 통해 의약분업을 관철시키고자 하였다.

2000년 1월 약사법 개정 이후에도 의사들은 약사의 임의조제와 대체조제 금지 및 의료수가의 현실화 등을 내세우며 세 차례에 걸친 파업을 단행하였다. 의사들의 요구는 '완전한 의약분업'이었다. 결국 6월 여야 영수회담이 개최되었고, 의약분업의 선보완을 요구하는 의사들의 입장이 수용되면서 다시 한 번 약사법이 개정되었다.[314]

의약정 합의안은 2000년 11월에 도출되었다. 논쟁의 대상이 되었던 대체조제는 의사의 처방권을 존중하여 원칙적으로 의사의 사전 동의를 받도록 하였다. 임의조제와 관련해서는 일반의약품의 최소 포장단위는 현행대로 하되, 낱알판매 금지규정의 취지가 훼손되지 않도록 행정지도를 하기로 하였다. 의약품 분류는 의약계 동수로 의약품분류소위원회를 구성하여 진행하기로 합의하였다. 의약품 분류에 문제가 있다고 제기되는 품목의 경우 다음 해에 재분류하도록 하였다. 이러한 합의안을 기준으로 약사법개정 건의안이 국회에 제출되었고, 의사파업은 종식되었다.[315]

3) 쟁점

의약분업을 추진했던 당시 보건복지부 장관은 약의 선택을 둘러싸고 나타난 갈등을 아래와 같이 정리하였다.

> 의약품의 선택권을 누가 갖느냐 하는 것은 환자의 치료와 의약품의 사용에 대한 전문적 지배권에 관한 문제일 뿐만 아니라 경제적 이해관계와 직결되는 문제이기도 하다. 의약품의 선택을 둘러싸고 제약업체나 의약품 유통업체의 로비 대상이 처방방식에 따라 달라질 것이기 때문이다. … 대체조제의 기본적 쟁점도 처방방식과 마찬가지로 의약품의 선택권을 누가 갖느냐 하는 것이기 때문에 의약분업의 정책과정에서 가장 큰 쟁점의 하나가 되었다.[316]

약의 선택은 의사와 약사라는 전문직의 정체성 문제일 뿐 아니라 경제적 이익을 누가 가져갈 것인가의 문제였다. 약의 선택을 둘러싼 갈등은 대체조제와 임의조제라는 두 쟁점을 중심으로 벌어졌다.

(1) 대체조제

대체조제란 약효가 같을 경우 약사가 의사의 처방전에 기재한 약품과 동일한 성분·함량·제형의 다른 회사 제품을 대체 사용하여 제조하는 행위이다. 약사들은 대체조제에 찬성했다. 현실적으로 약국이 모든 약을 구비해놓을 수 없었고, 약효동등성이 증명된 약제의 경우 같은 효능을 가진 대체 품목으로 바꾸어 의료비 지출을 줄일 수 있었기 때문이다.[317] 같은 치료제라도 병의원마다 다른 제품을 처방하는 사례에서 알 수 있듯이 의사들 스스로도 제품별 약효의 차이를 인정하지 않고 있었다. 나아가 의사들이 주장하는 처방권이란 증상에 맞는 적절한 약을 선택하라는 것이지 특정 회사의 특정 제품을 선택하라는 것은 아니라고 주장하였다.[318]

시민단체들도 대체조제에 호의적이었다. 상용의약품 목록에 없는 의약품의 경우 약사가 의사의 사전 동의 없이 약효동등성이 확보된 동종 의약품으로 대체하여 조제할 수 있어야 했다. 약국에 지정 약품이 없으면 조제가 불가능하거나 지연될 수 있고, 따라서 대체조제는 허용되어야 한다는 주장이었다. 대체조제를 제한할 경우 "국민 불편과 의료비 앙등"은 분명했다.[319]

그러나 의사들은 반대하였다. 대체조제를 허용할 경우 치료에 대한 의사의 책임감이 약화되고 그로 인해 사고가 발생할 수 있었다. 나아가 의사와 약사 간에 분쟁이 발생할 우려가 있을 뿐 아니라 약사로부터 다른 약을 권유받은 환자들이 대체조제에 저항할 우려가 있었다. 약사가 이윤 높은 약품으로 대체할 가능성도 배제할 수 없었다.[320] 의사들은 의료비용을 절약하기 위해 카피약을 사용하는 것에 대해서도 반대를 하였다. 카피약의 경우 오리지널약과 성분·함량·제형뿐 아니라 인체 내의 작용

등을 충분히 비교, 검토, 실험해야 했다.[321] 약효 확인과 관련하여 생물학적 동등성 시험을 요청하고 있었던 것이다. 당시 약효동등성은 생물학적 동등성 시험이 아닌 비교용출시험에 의해 이루어지고 있었고, 따라서 "국민건강을 위협"할 수 있었다.[322]

결국 대체조제에 대해서는 예외적인 경우만 인정하는 방향으로 논의가 정리되었다. 당시 국내에서 유통되는 약품은 약 3만여 종으로 약국이 모두 구비하기 어려운 점, 대부분의 선진국도 일정한 조건 아래서 대체조제를 허용하는 추세라는 점을 고려한 정리였다. 하지만 의사들의 주장이 반영된 결과였다. 구체적으로 지역협력위원회에서 정한 목록 내 의약품 처방의 경우 의사의 사전 동의 없이 대체조제를 할 수 없었다. 목록 이외의 처방의 경우 대체조제를 할 수 있되 의사가 특별한 소견을 기재한 경우 약사는 존중한다는 내용으로 정리되었다.[323] 대체조제는 사실상 시행하기 어려운 쪽으로 변경되었다.[324]

(2) 임의조제

임의조제란 약사가 의사의 처방 없이 임의로 의약품을 조제하는 행위이다. 처방전 없이 구입할 수 있는 일반의약품은 문제가 아니었다. 두 가지 이상의 일반의약품을 섞어서 판매할 때 그 행위가 임의조제냐 아니냐가 논쟁의 대상이었다.

약사들은 임의조제 규제에 대해 원칙적으로 찬성하였다. 다만, 일반의약품의 범위를 넓히자는 주장을 펼쳤다. 전문의약품의 범위가 넓어지면, 가벼운 질환의 환자라도 모두 의사의 진단을 받아야 하고, 따라서 환자의 불편과 비용 부담이 커진다고 주장하였다.[325] 환자의 편의를 위해 일반의약품의 범위를 확장할 필요가 있다는 주장이었다.

임의조제에 대한 반대는 의사가 제기하였다. 약사에게 일반의약품의 임의조제를 허용하면 의약품의 오남용 문제가 야기될 수 있다고 주장하였다. 약사가 환자에 대해 문진 등 진찰을 하고 여러 종의 의약품을 혼합 판매할 수 있기 때문이었다. 특히 PTP(눌러서 먹도록 낱알마다 포장된 약) 및 Foil(찢어서 먹도록 낱알마다 포장된 약)이 논란의 대상이 되었다. 기존 약사법은 PTP와 Foil포장된 약품에 한해 낱알로 분할, 판매할 수 있도록 예외를 인정한 바 있었다. 낱알로 약을 사먹는 국민들의 관행을 고려하고 경제적 부담을 최소화하기 위한 조치였다.

그러나 의사들은 약의 포장을 뜯어 낱개로 분할 판매하는 것도 반드시 규제해야 한다고 주장했다.[326] 이런 행위는 일반의약품으로 분류된 약 중에서 진통제, 해열제 등을 낱개로 섞어서 팔 수 있는 임의조제에 해당한다는 주장이었다. 임의조제 관련 조항이 의사파업의 주요 명분이 되자 정부는 의사들의 주장을 받아들여 임의조제를 금지하였다.

(3) 약가 마진

대체조제나 임의조제는 모두 약가 마진과 연결된 문제였다. 약가 마진에 대한 문제의식은 이전부터 있었다. 의약품이 제약회사와 병의원 사이에 직거래로 유통되면서 문제점이 노정되어왔던 것이다. 의사의 처방이 수입과 직결된 상황에서 제약회사는 약의 효과가 아니라 의사에게 돌아가는 약가 마진을 놓고 치열한 경쟁을 벌이고 있었다.[327] 이 문제는 해결될 필요가 있었다. 정부는 의약분업을 그 계기로 활용하였다. 실거래가상환제였다.

실거래가상환제란 의약품의 실제 거래가격과 건강보험제도의 상환가격을 일치시키는 제도였다. 약품 구매과정에서 존재했던 두 가격 사이의 차액은 의료보험 재정으로 환원되지 않고 의료기관의 몫이 되고 있었다. 국민은 저가 거래에 따른 직접적인 혜택을 받지 못하고 있었다.[328] 정부는 실거래상환제의 시행으로 절감되는 약가 마진을 의료보험수가로 대체하고 대신 의약분업에 따른 적정 처방료 및 조제료를 산정하였다.[329]

그러나 실거래가상환제는 의사들이 의약분업에 반대하는 중요한 배경으로 작용하였다. 의사들에게 약가 마진은 의료보험제도 아래서 생존을 유지하는 방편이었다. 의료보험수가가 낮았기 때문이다. 병원 경영에서 약가 마진은 중요한 부분을 차지하고 있었다. 1997년 조사에 따르면, 급여 의료행위에 대한 원가보전율은 64.8%였다. 의료기관은 "의료보험 진료에 의한 손실을 약가와 비급여에 따른 이윤으로 충당할 수밖에 없"었다.[330] 이런 상황에서 실거래가로 의약품이 거래되고 약가 마진이 사라진다면, "의원의 영세화는 가속되어 국민 보건의 기반인 일차 의료기관 전체가 도산에 빠"질 수 있었다.[331]

1977년 의료보험 실시 이후 의료수가에 대한 의사들의 불만은 높았다. 의료보험이 없었다면 의료수가가 다섯 배는 될 것이라고 이야기할 정도였다.[332] 정부도 수가가 현실의 의료비를 충족시키지 못한다는 점을 인정하고 있었다. 전국민의료보험이 실시된 1989년 경우 수가 인상요인은 15%였다. 하지만 실제 수가는 9% 인상되었다. 1990년의 경우에도 8.4%의 수가 인상요인이 있었지만 7% 인상된 바 있었다. 물가안정과 전국민 의료보험 시행 초기의 보험재정 등을 고려한 조치였다.[333] 이런 상황에서 의사의 조제권은 한국 의료제도의 내부 모순을 해소하는 "비합법적, 비정상적 환풍구"였다.[334] 정부는 그 환풍구를 닫아버리려 했다.

나아가 의약분업이 논의되는 과정에서 약가 마진은 의사들의 도덕성에 상처를 입히는 도구로 활용되었다. 의사들은 비리의 온상이자 약 오남용의 주범으로 간주되고 있었다.[335] 의사들의 불만은 폭발했다. 물가안정이라는 명목으로 의료수가 인상이 적절히 이루어지지 않았음에도 불구하고 의사들은 자신의 의무인 진료에 전념해왔다. 진료에 대한 정당한 대가가 지불되지 않는 상황에서 일방적인 희생을 강요받아왔던 것이다. 이런 희생에도 불구하고 의사들은 "도둑놈"으로 몰리고 있었다.[336]

의사들은 약국에서 판매되는 약이 매출액 기준으로 병의원에서 처방되는 약의 3배 정도에 해당되며, 따라서 약의 오남용의 주범은 약국이라고 주장했다.[337] 정부도 의사들의 불만을 인정하였다.

> 물가·임금상승률에 미치지 못하는 건강보험 수가 인상률, 의료기관의
> 비정상적인 의약품 거래 관행, 저보험료율 기조의 취약한 건강보험체
> 계 등, 우리나라 보건의료수준을 한 차원 격상시키는데 걸림돌이 되는
> 이러한 해묵은 난제들이 의약분업 실시를 계기로 일시에 드러(났다.)[338]

정부는 명시하지는 않았지만 의약분업 실시과정에서 의사들이 과도한 비난을 받았다고 인정했다. 의사들의 불만이 타당성을 가진다면, 해소책이 필요했다.

정부는 의사들의 파업을 중지시키기 위해 대책을 내놓았다. 수가 인상이었다. 의사들은 파업을 진행하면서 약가 마진을 대체할 수 있는 수가 인상을 요구하고 있었다. "최소 11년 이상 투자해야 하는 의사가 소명의식만으로 살아갈 수는 없기 때문에 약가마진, 비급여치료 등을 대체할 만한 수준의 수가인상이 필요"했다.[339] 그 결과 의약분업 실시과정에서 모두 다섯 차례에 걸쳐 수가가 인상되었다. 합계 인상률은 48.9%, 약 50%였다.[340] 의약분업 시행 초기 보험재정은 급격히 약화되었다.[341]

4) 결과

(1) 약 오남용의 감소

의약분업의 성공 가능성에 대해서는 회의적인 시각이 많았다. 서로의 입장 사이에 거리가 멀고, 분쟁이 격화될 가능성이 높았기 때문이다. "의약분업은 거의 불가능할 것으로 보는 것이 일반적인 견해"였다.[342] 논의 과정에서도 장점보다 단점이 부각되었다. 국민의 불편이나 제도의 변경에서 오는 문제점이 강조되었다.[343] 의약분업은 어려운 도전이었다. "수천 년간 이어온 의료이용의 관행을 바꾸는 일종의 문화혁명이었"기 때문이다. 의약분업은 실시 그 자체로서 "일단 성공한 것이다."라는 평가가 나오는 이유이다.[344]

의약분업이 시작된 지 2년이 지난 2002년 정부는 '의약분업이 정착되고 있습니다. 우리의 건강이 좋아지고 있습니다'라는 광고를 게재하였다. 약물남용 1위, 처방약 품목수가 선진국의 3~4배에 이르던 현실, 성분도 모르고 의약품을 사서 먹던 나쁜 습관이 고쳐지고 있다는 내용이었다. 환자는 자기가 먹는 약이 어떤 약인지 알게 되어 알 권리가 신장되었고, 병원 이용률이 높아지면서 조기 진단, 치료도 가능하게 되었다.[345]

건강증진은 수치로 확인되었다. 2001년 정부는 의약분업의 주요 성과를 아래와 같이 정리하였다.

〈표 41〉 의약분업의 주요 성과 (단위: 품목, %)

구 분	2000. 5월(A)	2001. 10월(B)	감소율(B/A)
의원의 외래건당 처방약 품목수	5.87	5.42	▽7.7
의원의 외래건당 항생제 처방약 품목수	0.90	0.69	▽23.3
의원의 외래건당 주사제 처방약 품목수	0.77	0.53	▽31.5
의원의 주사제 건수비	60.82	42.71	▽29.8

(『보건복지백서(2001)』, 35쪽)

약 오남용의 대표적 사례로 거론되던 항생제의 경우 의약분업 실시 1년 만에 23.3%가 감소하였다. 주사제 처방도 줄어들었다. 주사제 처방약 품목수는 31.5%, 건수는 29.8% 감소하였다. 한국은 주사 선호도가 높아 병원에 가면 당연히 주사를 맞아야 한다는 게 국민적 정서라는 평가를 받고 있었고, 따라서 주사제는 약 오남용의 논란 대상 중 하나였다.[346] 그런 주사제 사용비율이 30% 안팎으로 줄어든 것이었다. 약 오남용 문제와 관련하여 의약분업의 효과는 분명했다.

(2) 건강보험 재정 악화

의약분업 실시 직후 건강보험 재정이 악화되었다. 2001년 5월 정부는 재정위기의 원인을 다음과 같이 발표하였다.

> 첫째, 1996년부터 보험료 수입보다 지출이 많은 구조적 적자요인이 누적되었다. 둘째, 건강보험통합과정에서 적정수준의 보험료 인상이 이루어지지 못하고 적립금을 우선 사용하였다. 셋째, 의료계의 파업을 수습하는 과정에서 단기간에 건강보험 수가를 여러 차례 인상하였다. 넷째, 의약분업의 실시로 내원 환자가 증가하고, 병의원이 고가약을 많이 사용하는 등 약제비가 증가하였다. 다섯째, 환자본인부담을 완화하는 조치로 보험재정의 부담비율이 상승하였다.[347]

다섯 가지의 원인 중 두 가지가 의약분업과 관련이 있었다. 수가 인상과 약제비 증가였다. 여기에 수입보다 지출이 많은 건강보험제도의 구조적 요인까지 함께 있었다.

2001년 5월 정부는 대책을 발표하였다. 의료전달 및 급여체계의 합리적 개선, 정부지원 확대 등을 주요 내용으로 하는 '건강보험재정 및 의약분업 정착 종합대책'이었다.[348] 2002년에는 '국민건강보험 재정건전화 특별법'이 제정되었다. 목적은 보험료 및 보험수가의 산정 등에 관하여 국민건강보험법에 대한 특례를 규정하고, 국민건강보험에 대한 재정지원의 근거를 마련하는 데 있었다. 건강보험의 재정적자를 조기에 해소하고 안정적인 재정정책을 추진하기 위한 목적이었다. 구체적으로 정부는 매년 지역가입자에 대한 보험급여비용과 건강보험사업운영비의 100분의 40에 상당하는 금액을, 국민건강진흥기금은 100분의 10에 상당하는 금액을 지원하도록 하였다.[349]

정부의 대책은 효과를 거두었다. 의약분업 실시 3년차인 2003년에 접어들어 보험재정은 흑자를 기록하기 시작했다. 아래 표는 건강보험 출범 전후 재정 현황이다.

〈표 42〉 건강보험재정 현황(1998~2006년) (단위: 억)

구분	1998	1999	2000	2001	2002	2003	2004	2005	2006
수입(A)	78,491	86,923	95,294	116,423	38,903	168,231	185,722	203,325	223,876
지출(B)	87,092	95,614	105,384	140,511	146,510	157,437	170,043	191,537	224,623
당기수지	−8,601	−8,691	−10,090	−24,088	−7,607	10,794	15,679	11,788	−747
수지율(B/A)	110.9	110.0	110.6	120.7	105.5	93.6	91.6	94.2	100.3
누적수지	30,359	22,425	9,189	−18,109	−25,716	−14,922	757	12,545	11,798

(『2006년 보건복지백서』, 94쪽)

의약분업은 여러 차례 수가를 인상하는 방법을 통해 실현될 수 있었다. 하지만 수가 인상은 미봉책일 가능성이 높았다. 정부가 스스로 인정했듯이 의사들의 요구는 누적된 불만에서 시작되었기 때문이다. 의약분업제도뿐 아니라 의료제도 전반에 걸친 불만이었다.[350] 2000년 8월부터 2차 파업을 이끈 전공의들도 누적된 의료계의 문제점을 지적하고 있었다.

1차 파업이 개원의들을 중심으로 현실적 목적에 기반을 둔 투쟁이었다면, 전공의들의 파업은 "정부의 사고 전환을 요구하는 명분과 원칙을 중심으로 한 투쟁"이었다.[351] 누적된 문제점은 언제든지 다시 표출될 수 있었다.

(3) 시민의 참여 약화

1999년 5월 시민단체의 중재로 의사와 약사 사이에서 5.10 합의가 이루어졌다. 의약분업 추진을 가능하게 한 중요한 합의였다. "민주화가 진전되면서 시민사회단체가 성장하여 국민여론을 배경으로 주요 정책결정의 주역이 되고 있다는 것을 의미"했다.[352] 이 합의의 의미 중 하나는 소비자 권리의 제도화였다. 대표적 내용은 처방을 공개하고 환자 몫의 처방전을 발행하게 하여 환자의 알 권리를 확보한 것, 대체조제를 활성화하여 환자의 선택범위를 넓힌 것, 소비자가 지역별로 구성된 의약분업협력위원회에 참여하여 약품 선정이나 제도 운영에 의견을 제시할 수 있도록 한 것, 소비자의 알 권리 확대 차원에서 병원들의 경영투명성을 공표하도록 한 것이었다.[353]

그러나 의사들의 시위와 파업이 진행되면서 수가 인상과 함께 합의 내용은 변동되거나 삭제되었다. 그중 하나가 의약분업협력위원회였다. 정부는 시군구별로 의사·약사 단체 및 보건소 등으로 의약분업협력위원회를 구성하고 의료기관에서 처방할 약품을 미리 약국에 통보하여 사전에 준비할 수 있도록 할 계획이라고 밝혔다.[354] 하지만 의사들은 반대했다. 처방의약품 목록을 정하는 전문적인 의약분업협력위원회에 "어떻게 공공기관, 관련단체 등이 포함"될 수 있느냐는 의문을 제기했다. 대신 위원회의 위원은 의사, 치과의사, 약사로 구성 운영되어야 한다고 주장하였다.[355] 의료인의 전문성에 기대어 소비자의 참여를 인정하지 않은 것이었다.

2000년 11월 의약정 협의를 거쳐 의약분업협력위원회는 폐지되었다. 시민참여의 제도적 통로가 사라진 것이었다. "시민적 권리를 확보하는데 실패"한 것이었다.[356] 하지만 그 실패는 시민만의 것이 아니었다. 의사와 약사 사이에 협력을 확보할 통로가 사라진 것이기도 했다. 지역 단위에서 의사와 약사가 의약분업 실시와 관련하여 서로 필요한 사항을 상호 협의할 수 있는 조직, 즉 지역협력회의가 유명무실해졌기 때문이다.[357]

(4) 인술의 폐기

의약분업의 결과 환자들이 함부로 약을 사먹는 관행이 사라졌고, 항생제 사용이 줄어들었다. 하지만 치러야 하는 대가도 있었다. 그중 하나가 의사에 대한 불신이었다. 의사들은 의약분업에 반대하여 파업을 전개하였다. 준비가 불충분한 상황에서 의약분업이 무리하게 추진되고 있다고 비판하였고, 그 결과 나타난 혼란, 즉 의사파업을 포함한 혼란을 의료대란이라 불렀다. 자신들의 투쟁은 의사의 고유 권리인 의권 쟁취를 목표로 하고 있다고 주장하였다. 의권이란 의사로서의 권위나 직업적 자부심이라는 전문가주의 요소에다 경제적 보상에 대한 기대가 복합된 개념이었다.[358]

의권이 강조되는 과정에서 의료와 관련하여 전통적으로 운위되던 인술이라는 용어는 폐기되었다. 인술은 의료인을 "세상에 혜택을 주는 인간"으로 해석하게 만드는 용어였다. 의료인은 일종의 시혜자였다. 그 시혜의 대가는 존경이었다. 1970년대 의사에 대한 환자의 생각은 아래와 같았다.

> 한때는 의사선생님이라고 최대의 경칭을 붙인 신뢰를 환자들로부터 받았고 혹시 잘못되어서 환자가 잘못되는 한이 있더라도 자기가 죽을

때에는 팔자소관이고 자기 운명이라고 생각해서인지 의사에 대해서 원망을 하지 않는 때도 있었읍니다.[359]

그러나 존경은 사라지고 있었다. 의료인의 숫자가 증가하면서 인술의 차원에서 이해되었던 의사와 환자 간의 관계는 변하고 있었다. 환자는 기대했던 치료효과가 나타나지 않으면, 의사에게 의료과오의 책임을 물었다. 의료분쟁이었다.[360] 의사들은 이미 식민지시기를 거치며 인술에 대해 비판적 태도를 취해왔다. 2000년 의사파업은 의사와 환자 모두에게 인술이라는 용어가 더 이상 유통될 수 없음을 확인하는 계기였다. 비판자들에게 의사는 "인술을 포기"했고, 파업은 "상업적 이기주의"에서 나온 행동이었다.[361] 파업을 거치면서 의사라고 하면 인술을 연상했던 기억은 사라져갔다.[362] 문제는 그 기억이 옛날 기억이라는 것이었다.

인술이 전근대시기에 만들어진 점을 고려하면 인술의 폐기는 중세적 의료관의 폐기라고 해석할 수 있다. 근대화 과정에서 인술은 폐기의 대상이 될 수밖에 없었다. 다만 인술에는 한국 사회의 기대, 국민들의 기대가 담겨 있었던 것도 사실이다. 의사는 시혜를 베푸는 주체였고, 그들을 존경하는 상징 중 하나가 인술이라는 용어였다. 그 용어가 의사파업을 거치면서 사라져갔다. 의사들은 사회와 환자에게서 권위를 인정받기 위해 새로운 노력이 필요했다.

5. 의료영리화와 건강권 확보

1) 의료 영리화

(1) 영리병원

영리병원의 장점으로는 여러 개가 지적되고 있다. 의료 부문에 대한 민간
자본의 투자를 촉진하여 병원 성장에 필요한 재원조달 문제를 해소할 수
있고, 자본 확대로 의료기관의 시설·설비투자가 촉진되어 의료서비스의
질을 높일 수 있으며, 의료기관의 효율성을 제고하여 의료산업의 혁신을
촉발하고 글로벌 경쟁력을 높일 수 있다 등이다.

그러나 핵심은 말 그대로 영리에 있다. 현재 비영리병원으로 묶여 있는
사립병원을 영리를 추구할 수 있는, 즉 진료 수익을 병원 외부로 가져갈
수 있는 영리병원으로 풀어놓을 것인가에 논쟁의 핵심이 있다. 비영리법
인인 의료기관은 이익이 나더라도 출자자가 배당을 받을 수 없다. 이익은
의료시설에 재투자되어야 한다. 영리병원에 찬성하는 논자들은 병원의
수익성이 일반 기업의 이윤율보다 높음에도 불구하고 비영리법인이라는
제약에 묶여 투자나 배당을 자유롭게 하지 못한다고 비판하고 있다.[363]
찬성 의견이 지적하듯이 "그동안 금융기관의 융자에 의존했던 재원 조달
이 주식과 채권 발행 등 다양화될 수 있다는 것이 핵심적 변화"이다.[364]

영리병원은 노무현 정부에서 도입이 시도되었다. 2003년 경제자유구역
내 외국인 영리병원 설립이 허용된 것이었다. 정부는 2004년 3월 경제자
유구역 내 최고 수준의 외국 병원 유치, 외국의 최고 의료진 초빙, 동북
아 환자 우선 진료, 국내 공공의료 확충 후 내국인 진료 허용 등을 검토
하겠다고 발표했다. 11월에는 경제자유구역 내 외국인 영리병원의 내국
인 진료를 허용하는 법률 개정안을 가결했다.[365] 공공의료의 대규모 확충

을 전제로 했지만, 영리병원의 설립 허가와 내국인 진료 허용은 한국의 의료체계에 구조적 변화를 일으킬 수 있었다. 이후 영리병원 설립을 위한 시도는 이명박, 박근혜 정부로 이어졌다.

정부가 영리병원에 대한 관심을 놓지 않는 이유 중 하나는 의료를 통해 경제성장을 추동할 수 있기 때문이었다. 2005년 1월 노무현 대통령은 연두 기자회견에서 "교육과 의료 등 고도 소비사회가 요구하는 서비스를 세계적 경쟁력을 갖춘 전략산업"으로 육성하겠다고 말했다. 1960-80년대까지 전통적인 제조업이 경제성장을 추동했다면, 영리병원을 통한 의료민영화는 21세기 새로운 성장 동력이 될 수 있다는 것이었다.[366]

2005년 3월에는 서비스산업 관계 장관회의가 열려 의료서비스산업을 첨단 고부가가치산업으로 육성한다는 목적 아래 의료기관에 자본을 어떻게 빌려줄 수 있을지에 대한 방안이 논의되었다. 구체적으로 단계적인 영리병원 허용 방안을 검토하자는 결정이 내려졌다. 민간의료보험의 활성화, 의료수요자의 폭넓은 선택 기회 부여 등도 발표되었다.[367]

의료기관의 영리법인 허용을 일관되게 요구하는 주체는 재벌로 알려져 있다. 2005년 확인된 삼성생명의 내부 전략보고서인 '민간의료보험 확대 전략'은 실손의료보험이 건강보험을 보충하는 단계를 넘어 건강보험과 경쟁하고, 궁극적으로 대체할 것이라는 내용을 담고 있었다. 비판자들은 민간보험사들이 보험가입자를 대상으로 자신과 계약을 맺은 특정 의료기관만 이용하도록 유도할 것이고, 그 결과는 의료전달체계 무력화, 민간보험회사를 정점으로 새로운 민간의료전달체계의 확립으로 이어질 것이라 우려하고 있다.[368]

건강보험 적용이 안 되는 병원이 확산되면 한국의 모든 병원이 건강보험 환자를 받아야 한다는 건강보험 당연지정제가 유명무실해진다. 또

한 영리병원을 이용하는 환자들, 특히 부유층을 중심으로 건강보험 의
무가입에 대한 불평이 커지게 되면서 건강보험의 존속마저 위태로워질
것이다.[369]

영리병원의 문제점으로 의료비 급증을 지적하는 의견도 있지만, 가장
큰 우려는 위의 주장처럼 한국 의료체계의 중심에 있는 건강보험제도가
붕괴될 가능성에 있다. 2019년 제주도에서 설립될 예정이던 녹지병원이
결국 개원에 성공하지 못한 이유도 건강보험제도 유지를 주장하는 시민
의 목소리에 있었다. 녹지병원은 개원의 전제였던 내국인 진료 제한이라
는 조건을 소송을 통해 취소하고자 했고, 이길 경우 다른 영리병원의 허
가를 제한하는 빗장마저 무력화될 우려가 있었다.[370]

의료를 일종의 산업으로 활용하려는 시도는 형태를 달리하여 지속되
고 있다. 외국인 환자 유치가 한 예이다. 2009년 의료법 개정안의 통과로

〈그림 29〉 녹지국제병원의 허가 철회를 촉구하는 시위

외국인 환자 유치가 가능하게 되었다. 이와 함께 유치기관 등록제도, 실적보고 의무화 등 세부사항 마련을 통해 본격적인 외국인 환자 유치사업이 시작되었다.[371]

2015년에는 '의료 해외 진출 지원 및 외국인 환자 유치 지원에 관한 법률'이 제정되었다. 목적은 의료의 해외 진출과 외국인 환자 유치를 지원하기 위해 정책을 체계적으로 수립하고 지원 방안을 종합적으로 마련하는 데 있었다. 이 법의 제정으로 해외 진출 의료기관에 금융 세제 지원, 외국인 환자 유치 의료기관 평가 및 지정, 전문 인력 양성 등 관련 정책을 종합적으로 지원할 수 있는 근거가 마련되었다. 2016년 정부는 후속 조치로서 관계부처가 합동하여 글로벌헬스케어산업을 육성하고 지원한다는 내용의 5개년(2017-21) 종합계획을 수립하였다.[372]

의료영리화를 지향하던 움직임은 의료산업화로 목표를 수정하고 있는 것 같다. 영리병원이 사회적 논쟁이 치열한 주제인 반면 의료산업의 발전은 서비스 향상이나 일자리 창출이라는 상대적으로 공감대가 큰 장점을 내세우고 있다. 그동안 의료와 관련된 목표가 의료공급량의 확대에 있었다면, 질의 제고가 새로운 목표가 될 수 있다. 일자리 창출도 매력적인 목표이다. 다만, 여전히 공공의료의 비중이 적은 한국 의료체계에서 산업화의 추구는 경쟁의 강화로 나타날 가능성이 크다. 경쟁은 필요하다. 하지만 문제는 정도이다. 그 정도에 대한 논의가 필요하다.

(2) 원격의료

원격의료(Telemedicine)란 의사가 정보통신기술을 활용하여 먼 곳에 있는 환자나 의료인에게 필요한 의료서비스를 제공하는 것이다. 병원 방문이 어려운 환자의 의료 접근성을 높이고, 만성질환자의 건강관리를 강화하기 위한 목적에서 추진되고 있다. "의료 관련 자원을 최대한 효율적으로 운영하여 의료서비스의 지역 편중을 없애고 의료비용의 절감 효과를 노릴 수 있다는 장점이 있다."[373]

원격의료사업은 1994년 초고속정보통신 구축기반사업의 일환으로 채택되어 같은 해 지방의 보건의료원과 거점병원을 연결하였다. 시범사업이었다.[374] 2002년에는 의료법 개정을 통해 의사와 의료인 간 원격의료가 처음 제도화되었고, 의사와 환자 간 원격의료를 허용하는 내용의 의료법 개정이 여러 차례 상정된 바 있다. 내용은 제한적 범위 내에서 대면진료를 보완하는 형태로 원격의료를 허용하고, 대상 질환은 의학적 위험성이 낮은 경증질환에 한정하며 주기적 대면진료를 의무화하는 것이다.[375]

원격의료 역시 의료영리화의 수단 중 하나라는 비판에 직면해 있다. 비판자들이 보기에 현재 원격의료기술은 응급 중증질환자는 물론이고 만성 경증질환자의 치료에도 안전성과 효과성이 입증되지 않았다. 원격장비를 이용하여 진료를 한다는 막연한 개념만 존재할 뿐이다. 개인의 질병 건강정보 유출로 인한 프라이버시 침해, 정보의 상업적 오남용 문제, 나아가 의료전달체계 붕괴에 대한 우려도 있다. "자본력을 갖춘 병원급 의료기관들이 시스템을 갖추어 의료접근성을 뛰어넘어 지역 구분 없이 원격의료를 통한 환자 유치가 가능해져 의료전달체계 붕괴가 더욱 심화될 것"이라는 우려이다.[376]

이 사업이 통신재벌과 의료기기 개발에 투자하고 있는 재벌을 위한 사업이라는 비판도 제기되고 있다.[377] 원격의료가 보건복지부가 아니라 정보통신이나 경제 관련 부처의 주도로 이루어지는 점도 같은 의구심을 낳고 있다. 의료의 내적 요구가 아니라 의료산업화나 경제활성화 차원의 의료 외적인 요인에 의해 추진되고 있다는 의구심이다.[378] 환자의 편의 도모라는 목적과 기업의 이익 추구라는 목적 사이에 간극이 존재하는 것이다.

2) 건강권

(1) 의료분쟁 조정

제5공화국은 복지사회건설이라는 목표를 구현하기 위해 헌법 제34조에 국민건강권을 명시하였다.[379] 건강권이란 국민의 질병예방과 건강증진이 의료비 증가를 막기 위한 수단이 아니라 그 자체가 하나의 권리로서 인정되어야 한다는 것이었다. 인간은 출생부터 사망에 이르는 전 생애 동안 생산적인 삶을 영위해나갈 수 있도록 신체적, 정신적 및 사회적 측면의 포괄적인 서비스를 제공받아야 했다. 나아가 "모든 주민에게 건강"을 보장하기 위해서는 건강에 해가 되는 각종 요인들을 제거해야 했다. 영양의 부족·과잉 혹은 불균형, 건강지식의 부족, 잘못된 건강습관, 오염된 음료수원, 환경문제 등이었다.[380]

건강권이 확보되기 위해서는 정부의 개입이 필요했다. 의료의 생산과 소비를 시장경제에 맡겨두는 한 건강은 확보되기 어려웠다. 정부가 "건강의 생산과정에 최소한의 개입을 마련하고 확보"해주어야 했다.[381] 하지만 한국의 의료체계는 건강권의 구현이 어려운 환경에 놓여 있다. 민간의료기관을 중심으로 의료체계가 운영되기 때문이다.

의료 측면에서 건강권 확보를 위해 필요한 요소는 균등한 의료공급이었다. 의료인이나 의료기관이 도시에 편중되어 국민이 신속하게 치료받을 수 없다면, "건강권은 한낱 장식품으로 전락하고 말 그러한 우려"가 있었다.[382] 하지만 민간의료 중심의 의료제도는 그 목표를 달성하기 어렵게 만들었다. 민간의료는 지불능력이 높은 주민거주 지역에 집중하여 발전하는 속성이 있기 때문이다. 대안은 공공병원의 증설이었다. 민간부문이 선호하지 않는 경우 국가가 과감히 계획적으로 병원 투자를 해야 했다. 농촌지역의 경우 기존 보건소의 병원화 계획도 확대할 필요가 있었다.[383]

하지만 병원의 건립은 재정과 관련이 있었다. 정부는 의료공급을 민간에 맡겨왔다.

건강권 확보를 위한 정부의 조치는 병원의 건립과 같은 적극적인 방향이 아닌 환자의 보호 같은 소극적 방향을 통해 이루어졌다. 의료분쟁 조정은 수세적일 수밖에 없는 환자를 보호하기 위해 정부가 마련한 대표적인 조치 중 하나였다. 의료분쟁은 환자의 기대가 충족되지 않았을 때 발생했다. 하지만 의료지식이 부족한 환자는 치료가 잘못된 원인을 규명하기 어려웠다. 규명이 된다 해도 적지 않은 시간과 비용이 소요되었다. 의료인은 명백한 의료과실의 경우에도 직업적 체면의식 때문에 책임을 인정하지 않고 의료사고 자체를 무마하려는 경향이 있었다. 그 결과 의료인과 환자 간에 분쟁이 늘어나는 악순환이 발생하고 있었다.[384]

1981년 의료분쟁을 해결하기 위하여 의료법이 개정 공포되었다. 내용은 의료인의 보수교육을 의무화하고, 보건사회부에 중앙의료심사조정위원회, 시도지사 아래 지방의료심사조정위원회를 설치하여 의료분쟁을 심의하도록 한 것이었다.[385] 2011년에는 '의료사고 피해구제 및 의료분쟁 조정 등에 관한 법률'이 제정되었다. 목적은 의료인들이 안정적으로 진료할 수 있는 환경을 조성하는 동시에 의료사고로 인한 환자의 피해를 구제하는 데 있었다.[386] 2012년에는 의료분쟁의 신속·공정하고 효율적인 해결을 목적으로 한국의료분쟁조정중재원이 설립되었다.[387]

국민의 알 권리를 존중하는 조치도 취해졌다. 1995년부터 의료기관 서비스평가제가 도입되어 우선적으로 환자가 가장 많이 집중되고 있는 39개의 3차 진료기관에 대해 평가가 실시되었다.[388] 2004년에는 300병상 이상 병원 및 종합병원 중 규모가 크고 사회적 관심도가 높은 42개의 의료기관과 500병상 이상 종합병원이 대상이 되었다.[389] 의료기관 평가의 성과로 의료서비스 수준의 향상이 이루어졌다.

그러나 문제점도 있었다. 평가서열화에 따른 병원 간 과잉경쟁 유발, 평가의 전문성 및 객관성 미흡, 강제평가로 인한 의료기관의 자발적 질 향상 동기 부재 등이었다. 그 결과 정부는 2010년 인증전담기관인 의료기관평가인증원을 설립하였으며, 2011년부터 의료기관의 자율신청에 의한 의료기관 인증제도를 시행하였다.[390] 의료기관의 인증등급은 인증, 조건부인증, 불인증의 3개 등급으로 구분되었고, 인증을 받은 의료기관의 인증등급과 평가결과 등이 인터넷 홈페이지를 통해 제공되었다. "국민의 알권리와 의료기관 선택권을 보장"하기 위한 조치였다.[391]

2015년에는 환자안전법이 제정되었다. 목적은 환자안전을 위협하는 위험, 예를 들면, 치명적인 결과가 발생할 수 있는 의약품 사용 및 병원감염 등으로부터 환자를 보호하는 데 있었다.[392] 법률은 국가와 의료기관에 환자 안전활동에 관한 사항을 규정하고 환자 안전사고에 대한 보고체계를 마련하도록 하였다.[393]

(2) 건강권 확보 노력

1980년대 접어들어 건강권이 헌법에 규정된 하나의 권리로 부상하였지만, 국민이 혹은 소비자가 그에 부합하는 주체로 성장하는 데는 시간이 걸렸다. 의료를 하나의 권리로 인식하는 데 시간이 걸린 것이었다. 1970년대 이루어진 한 조사에 따르면, 488명의 서울 시내 아파트 거주자 중 치료의 책임이 어디 있느냐는 질문에 국가 책임이라 대답한 사람은 37%에 불과했다. 45%는 가족이 책임을 지거나 친척의 도움을 받아야 한다고 대답했다. 건강권은 정치적 차원에서 이루어진 선언에 불과하다는 평가가 나오는 배경이었다.[394]

한국에서 의료와 관련하여 소비자의 모습이 분명히 부각된 시기는 1980년대 후반이었다. 1988년 농어촌지역에 지역의료보험이 도입되면서 높은 의료보험료에 불만을 품은 농민들이 집단적인 의사를 표시하기 시작했다. 보험료가 비싸진 이유는 우선 국고 보조가 부족한 데 있었다. 다른 의료보험 가입자는 보험료의 절반을 사업주나 정부가 보조해주는 데 반해 농어민은 평균 65%를 자부담해야 했다.[395] 보험료 산정은 불공평했다. 공무원이나 직장 의료보험이 소득에 비례하는 데 비해 농어촌 의료보험의 경우 세대당 가족수당, 소득 재산 등을 합쳐 부과하고 있었다.[396] 의료공급 상황도 열악했다. 농어촌 의료보험은 "다른 의료보험에 비해 질이 낮은 진료를 받고 있을 뿐 아니라 의료 접근 기회마저 상대적으로 빈곤"했다.[397]

농민들은 헌법에 명시된 건강권을 명분으로 내세우며 보험료 납부고지서를 의료보험조합에 반납하거나 심하면 의료보험 탈퇴를 요청하였다.[398] 보험이 확대되면 환영을 받을 것이라는 예상과 다른 반응이었다. 자생적이었던 이 저항은 농민단체가 개입하면서 전국적인 운동으로 확산되었다.[399] 농민들의 저항은 한국의료사에서 "처음으로 의료인이 아닌 어떤 사회집단이 보건의료문제에 대하여 집단적으로 의견을 개진한 사례"였다.[400]

그러나 이후 소비자의 목소리를 듣기는 어렵다. 예외적인 경우로 1994년 일본뇌염 예방주사를 맞은 아동이 사망하자 부모들이 사망 아동의 조사가 끝나지 않은 상황에서 접종을 시킬 수 없다고 반대한 사례가 있다. 접종 기피 현상이 확대되자 대한의학협회가 일본뇌염 단체예방접종을 거부하는 상황까지 이르렀고, 정부의 접종 책임을 묻는 요구가 제기되기도 하였다.[401] 하지만 이런 반대나 저항은 정부 정책에 자신의 요구를 적극적으로 반영하기보다 수정을 주문하는 수동적인 것이었다.

상대적으로 의료에 적극적인 의견 개진과 실천 행동에 나선 주체는 시민단체였다. 2000년 의약분업의 중심에는 시민단체가 있었다. 이들은 의약분업을 통해 소비자 권익을 향상시키고자 하였다. "의료분야에서 소비자 또는 시민의 권리를 확보할 수 있도록 의료제도를 개혁하겠다는 시도는 한국 의료역사에서 처음 있었던 일"이었다. 2003년 글리벡 약가 인하운동이 전개될 수 있었던 배경에도 시민단체가 있었다. 2001년 제약회사 노바티스는 정부가 고시한 약가를 인정할 수 없다며 공급 중단을 선언했다. 2002년 1월 관련 시민단체들은 글리벡 문제 해결과 의약품 공공성 확대를 위한 공동대책위원회를 구성하여 대응에 나섰다.[402] 대책위원회는 정부에게 글리벡 약가 결정을 철회하고, 보험 적용을 전면 확대하라고 요구하였다.[403]

시민단체들의 활동에도 불구하고 의료와 관련하여 시민적 권리 확보가 이루어졌다고 평가하기는 어렵다. 의사파업을 거치면서 시민 참여의 제도적 통로인 의약분업협력위가 폐지되었고, 글리벡 약가 인하운동은 다국적기업인 노바티스의 요구를 수용하는 방식으로 정리되었다. 이런 결과를 낳은 중요한 이유 중 하나는 의료문제 해결에 시민의 참여가 지극히 미약했다는, 즉 '시민 없는 시민단체'라는 표현에서 찾을 수 있다.[404]

1980년대 민주화 이후 한국 사회에서 시민의 목소리가 커진 경향에 비하면 의외이다. 의료가 전문가의 영역이기 때문일 가능성이 높다. 문제는 의료가 중요하다는 것이다. 그동안 소극적인 보호 차원에서 확보되었던 건강권은 소비자의 적극적인 노력이 있을 때 확장이 가능할 것이다.

**

1989년은 전국민의료보험이 시작된 해로 기억될 수 있다. 국민의 삶을 안정적으로 보호하고 향상하는 복지가 이해를 계기로 실질적으로 구현되었다. 나아가 2000년에 의료보험 운영방식이 통합되면서 한국은 의료보험을 통해 하나의 공동체를 이루게 되었다. 이 발전은 독재체제가 이어지는 가운데 이루어졌다. 전두환 정부는 건강권 개념을 헌법에 명시하였다. 정치에 대한 불만을 해소하는 방법으로 당시 정부는 복지를 선택하였다. 하지만 복지는 사회의 요구이기도 했다. 복지는 불평등을 완화시킬 수 있었고, 사회의 연대감을 강화시킬 수 있었다.

그러나 분열의 모습도 나타났다. 1990년대에 접어들어 의료인들 사이에 충돌이 발생하였다. 1990년대 초중반 발생한 한약분쟁, 2000년의 의약분업에 이은 의사파업은 대표적인 예였다. 1980년대까지 한약은 한의사와 약사가 공통으로 관할하는 영역이었다. 한의사에게 한약은 한의학의 약이었으나 약사에게 한약은 넓게 바라본 약의 일종이었다. 이런 병존은 의료인의 증가, 시장에서의 경쟁 강화로 인해 더 이상 유지될 수 없었다. 한약을 자신의 관할 영역으로 귀속시켜야 할 만큼 의료시장은 경쟁이 격화되고 있었다.

양약 역시 마찬가지였다. 의료인의 부족을 명분으로 약사들은 진단을, 의사들은 조제를 병행하고 있었다. 의료공급이 부족했던 만큼 월권은 용인되었다. 그런 상황을 흔든 주체는 정부였다. 정부는 국민 건강 보호와 약의 오남용 방지를 목적으로 의약분업을 시행하였다. 이 시행은 한국 사회가 이전에 보지 못했던 의사들의 전면 파업으로 이어졌다. 한약분쟁을 해결하기 위해 정부는 한의학 육성정책을 약속해야 했고, 의사파업을 종식시키기 위해 건강보험수가를 인상해야 했다. 의료인들은 일종의 승리를 거두었다.

의료의 영역 경계는 분명해지고 강화되었다. 한의학은 민족의학을 표방하면서 자신과 서양의학의 차이를 강조하였다. 한약분쟁을 겪으면서 한의학의 차별성은 더욱 강화되었다. 한약사제도의 성립은 그 예였다. 1950년대 제도적으로 공식화된 의료이원화는 더욱 고착되었다. 의사들은 파업을 통해 약에 대한 권리를 강화하였다. 대체조제나 임의조제는 사실상 금지되었다. 수가 인상을 통해서는 상실된 약가 마진을 보충할 수 있었다. 의료를 바라보는 국민의 시각도 변해갔다. 2000년 파업을 거치면서 인술이라는 용어가 사라져갔다. 의료인과 환자의 관계는 근대적 계약의 관계로 변해갔다. 어느 하나가 다른 하나를 일방적으로 종속시킬 수는 없었다. 의료인과 환자 모두 새로운 관계에 익숙해져야 했다.

민간은 의료에서 자신의 영역을 계속 확장해갔다. 대표적인 영역은 병원이었다. 공공병원을 대신하여 민간병원이 자신의 영역을 넓혀나갔다. 한국 의료에서 차지하는 공공병원의 비중은 병원 수로는 5% 정도로 축소되었다. 민간병원이 확산된 결과 소위 빅4, 빅5라 불리는 대학과 재벌병원이 의료를 추동해나갔다. 민간병원의 확산은 한국의 치료의학의 발달로 이어졌다. 한국은 첨단 의료기기와 설비를 갖춘 선진국이라는 평가를 받고 있다. 화려한 성장이었다.

그러나 공공성의 부족은 문제를 낳고 있다. 2015년 메르스 확산의 원인 중 하나는 공공병원의 부족이었다. 민간병원이 공공의 역할을 담당하는 데는 한계가 있었다. 그 한계는 2020년 코로나 사태를 통해 다시 한 번 확인되고 있다. 균등한 의료공급을 위해 시도된 의료전달체계 형성 노력도 실질적인 결실을 맺지 못하고 있다. 이익을 추구하는 민간병원이 수익이 보장되지 않는 지역에 개설되고 운영되는 것을 바랄 수는 없다. 민간 주도의 의료체계는 영리병원의 설립 시도로 나아갔다. 의료를 경제성장의 새로운 동력으로 활용하려는 시도도 계속되고 있다.

한국 의료에서 국가로 통칭되는 정부는 중요한 역할을 담당하였다. 의료보험을 통해 의료공급 대상을 전 국민에게 확대한 주체도 정부였고, 불분명한 직역 사이의 경계를 명료하게 구분한 주체 역시 정부였다. 큰 효과를 거두었다고 평가할 수 없지만, 의료전달체계의 형성을 통해 도시와 농어촌 사이의 의료공급 균형을 도모한 주체도 정부였다. 건강권 개념이 독재체제인 전두환 정부 시기에 공식화되었다는 사실은 시사적이다. 한국 의료체계의 상징인 의료보험도 박정희 정부 시기, 그것도 유신 말기에 출현하였다. 의료, 나아가 건강은 정권의 폭압성 유무와 상관없이 모든 정부의 관심사일 수밖에 없었다. 독재정부일수록 자신의 정권을 안정시키기 위해 더욱 적극적으로 의료를 활용했다고 평가할 수 있다.

그러나 정부는 선거를 통해 교체된다. 보다 장기적이고 지속적인 변화를 위해서는 다른 주체의 출현이 필요하다. 국민인 소비자이다. 하지만 소비자는 아직 의료의 전면에 나서고 있지 못하다. 국민이 의료제도의 변화에 영향을 미친 최초의 사례는 1980년대 후반이 되어서야 나타났다. 그 사례 역시 능동적인 개입이라기보다 수동적인 저항이었다. 1990년대 이후 시민운동이 활성화된 점을 고려하면 의료와 관련된 소비자의 목소리가 작은 것은 의외이다. 의료가 전문적인 영역이기 때문에 그런 현상이 나타났을 가능성이 높다. 소비자의 목소리가 커지는 것은 사실이지만, 그 확대 역시 다른 분야에 비해 상대적으로 작다.

문제는 의료가 인간의 전 생애를 관할할 만큼 중요하다는 것이다. 우리는 병원에서 태어나 병원을 드나들다가 병원에서 삶을 마감한다. 그렇다면 의료에 대한 관심은 필수라고 할 수 있다. 의료에 대한 소비자의 관심과 참여, 그것이 향후 한국 의료체계의 변화를 낳는 동력이 될 것이다.

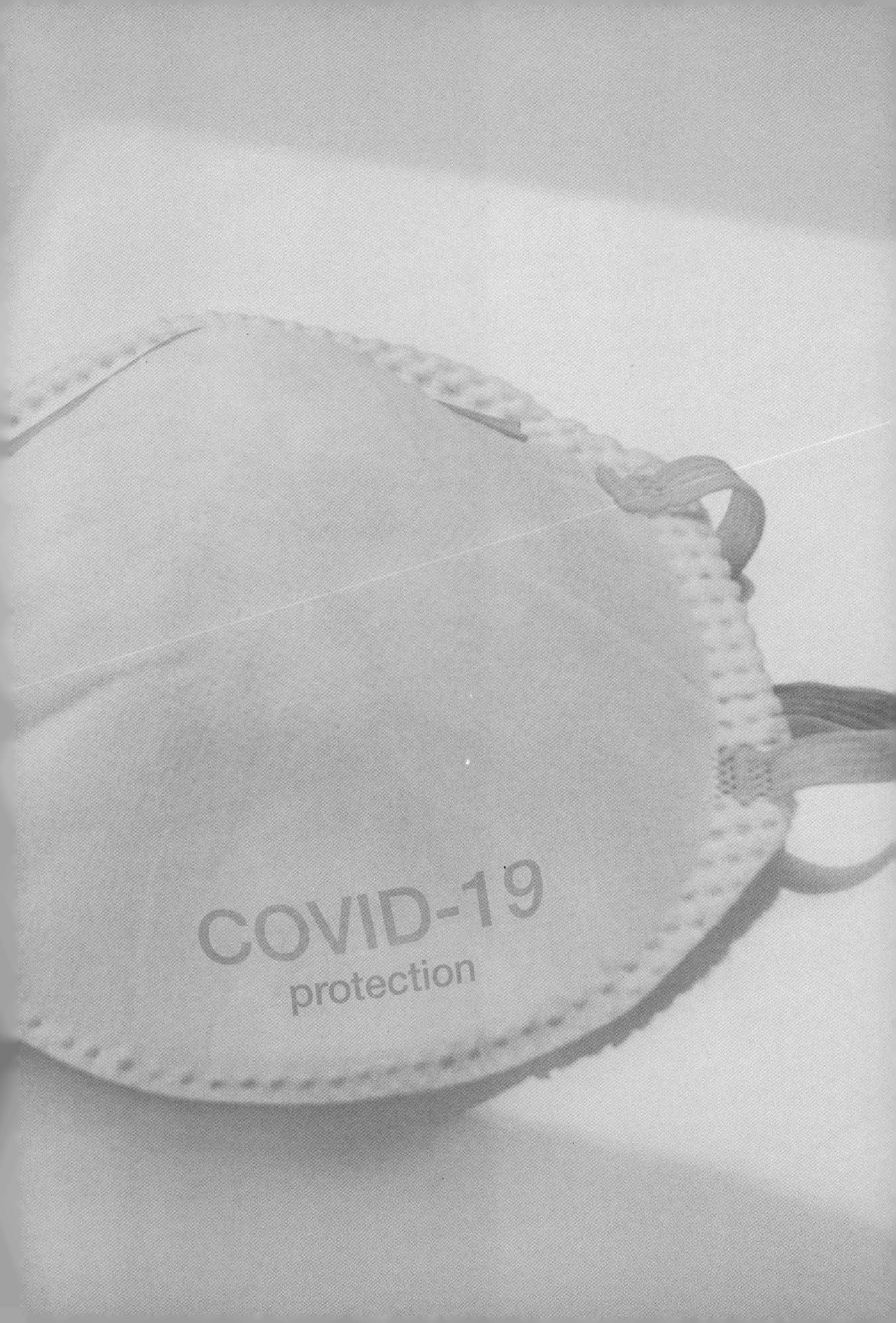
COVID-19
protection

결론

한국 의료는 해방 후 70년을 거치면서 놀라운 성장을 보였다. 평균 수명은 40세 중반에서 80대 초반으로 늘어났다. 다빈치 로봇수술로 상징되는 첨단 의료기술은 한국에 신속하게 수입 활용되고 있다. 건강보험은 1989년 전 국민을 포괄하면서 한국 사회가 가지고 있는 가장 강력한 안전망이자 연대의 상징이 되었다. 한국의 의료는 건강보험의 틀 속에서 조절되고 변형되고 있다. 복지는 누구도 부정할 수 없는 가치가 되었다.

이런 성장의 배경에는 정부와 민간이 있었다. 정부는 방역을 통해 국민의 생명과 건강을 보호하고자 했고, 민간은 정부의 노력에 동참했다. 정부와 민간의 협력은 긴밀했다. 이런 협력이 가능했던 배경으로 탈식민의 의지나 발전을 위한 염원을 지적할 수 있을 것이다. 자주적 근대화를 성취하지 못했다는 자괴감은 컸고, 분단과 전쟁의 상처를 극복하고자 했던 의지는 강했다.

미네소타프로젝트를 통해 성장한 의료인들은 유족한 미국에 정착하지 않고 한국으로 귀국하였다. 1961년 출범한 군사정부는 이들에게 능력을 발휘할 수 있는 기회를 제공했다. 탈식민과 발전의 기회를 제공했다는 점에서 군사정부는 비판의 대상이 아니었다. 군사정부는 집권의 합리화를 위해서라도 변화를 추진할 수밖에 없었다. 이전 이승만 정부에서 보기 힘들었던 추진력이었다. 민간은 그 기획에 동참했다. 대한가족협회, 대한결핵협회, 기생충박멸협회, 대한나협회 등은 정부의 기획에 적극 동참했다. 국민도 참여했다. 어머니들은 산아제한을 통해 자신의 자식에게 신분 상승의 기회를 제공하려 했고, 그들의 적극적 참여로 가족계획사업은 성공할 수 있었다.

국제적 환경도 우호적이었다. 냉전의 최전선에 서 있던 한국은 미국을 비롯한 서구 세력에게 보호의 대상이었다. 남북이 체제경쟁을 하는 상황에서 한국의 발전은 자본주의 체제의 우월성을 보여주는 상징이었다. 미국은 한국인에게 의약품을 공급했고, 의사를 재교육시켰으며, 새로운 의료기술을 제공하였다. 국제협력을 통한 재정 지원, 기술 원조, 인력 파견은 한국의 의료가 성장하는 데 마중물의 역할을 담당하였다.

문제는 한국 의료의 성장이 민간부문을 중심으로 이루어져왔다는 것이다. 치료의학은 성장하였지만 공공의료는 부족했다. 해방공간의 좌우 갈등 과정에서 우파적 지향이 대한민국에 관철되면서 사적 의료체계가 자리잡았고, 정부는 부족한 의료공급 문제를 민간부문에 맡겨 해결하고자 하였다. 보건소를 설립하고 무의촌을 해소하려는 노력이 지속되었지만, 의료수요는 약국이나 민간의료기관이 감당해나갔다. 재정이 부족한 상황에서 불가피한 선택이었을 수 있다. 하지만 경제의 결실을 향유하기 시작한 1980년대 이후에도 민간 위주의 의료체계는 지속되고 있다.

1960-80년대 급속한 경제성장을 거친 한국이 1997년 외환위기를 맞았듯이 한국의 의료 역시 장기적인 측면에서 문제점이 발생할 수 있다. 21세기 들어 사스, 신종인플루엔자, 메르스 그리고 2020년 코로나19 사

태가 발생하였다. 코로나19가 그렇듯이 신종 전염병은 계속 출현할 것이다. 그사이 질병관리본부가 출범하고 전염병감시체계가 구축되었지만 의료체계의 구조적 변화는 이루어지지 않았다. 변화는 쉽지 않다. 다시, 한국의 의료체계가 민간을 중심으로 형성되어 있기 때문이다.

해방, 분단, 전쟁을 거치면서 대한민국은 자본주의 체제를 선택하였다. 평등보다 자유가, 연대보다 경쟁이 강조되었다. 자유와 경쟁은 한국의 의료를 발전시킨 원동력이었다. 의료인은 성장과 발전을 위해 새로운 지식과 기술을 습득했고, 병원은 새로운 의료 기구와 시설을 도입하고 규모를 확장했다. 그 경향은 1990년대 접어들어 더욱 강해졌다. 그 선두에 재벌병원이 있다.

경쟁은 발전을 낳는 요소 중 하나였다. 한국의 제약업이 세계적인 수준으로 성장하지 못한 이유 중 하나는 경쟁이 적은 국내 소비시장에 안주했다는 데 있다. 하지만 경쟁의 강화는 갈등과 대립으로 나아간다. 의료전문직 사이의 대결과 투쟁이다. 의사, 한의사, 약사는 자신의 영역을 수호하기 위해, 나아가 자신의 영역을 강화하기 위해 거리로 나섰고, 파업으로 자신의 의지를 표시했다.

경쟁에 대한 강조는 노무현 정부의 영리병원 도입으로 극점에 달했다. 의료를 영리를 위한 수단으로 활용하고자 하는 노력은 이후 정부에도 계속 이어졌다. 이명박, 박근혜 정부를 거치면서 영리병원 설립 의지는 더욱 강해졌다. 의료를 한국의 새로운 경제성장 동력으로 활용하려는 지향 때문이었다. 정치성향의 차이를 불문하고 의료는 경제적 이익을 추구하는 수단으로 매력적이었다.

그러나 2020년 현재 영리병원의 설립은 실패했다. 시민단체들이 반대의 목소리를 높였기 때문이다. 영리병원이 건강보험체계를 균열시키고 궁극적으로 붕괴시키리라는 염려는 크다. 그 염려는 평등과 연대에 대한 호소라고 해석할 수 있다. 건강보험은 한국현대의료사에서 연대와 평등이 이룬 대표적인 성취이다. 민간이 주도하는 의료체계 내에서 균형추를 잡아준 가장 중요한 요소가 건강보험이었다. 비록 강하게 드러나지는 않았지만, 평등과 연대는 한국 의료를 추동한 하나의 중요한 힘이었다. 백인제, 유상규의 경우 자본주의 체제를 인정하는 범위 안에서 공공성을 확보할 수 있는 방안을 모색하였다. 독재정권도 의료의 공공성이라는 지향을 버리지 않았다. 한국현대사에서 의료의 공공성은 이념이나 진영이 좌우할 수 없는 상대적으로 독립된 가치였다.

다만, 의료의 공공성을 구현하는 과정에서 환자나 소비자의 모습을 찾기는 힘들다. 1960-70년대 정부 주도의 사업들이 진행될 때, 국민들의 참여는 광범위했다. 하지만 그 과정에서 개인의 가치나 자율성이 증진되었다고 평가하기는 어렵다. 1990년대 접어들어 의료인들이 자신의 이익과 이해를 위해 정부의 통제에서 벗어나는 노력과 모습을 보이는 데 반해 환자나 소비자의 목소리는 여전히 미약하다. 당연한 권리라고 할 수 있는 건강권 역시 정부에 의해 수동적인 차원에서 확보되고 있을 뿐이다.

21세기에 접어들어 민주주의와 자치의 가치는 확산되고 있다. 복지가 시혜가 아니라 권리라면 국민의 관심과 참여는 필수적 요소이다. 1980년대까지 부정적 의미에서 정부가 민간의료를 제어할 수 있었다면 1990년대 이후 그런 제어는 불가능하다. 구매력이 증가하면서 환자들도 소극적인 수용자가 아닌 능동적인 소비자의 측면에서 의료에 개입하기 시작했다. 나아가 질병의 양상이 급성에서 만성으로 변했다. 만성질환을 생활습관병이라고 부르는 데서 알 수 있듯이 의료에서 소비자들의 역할과 책임은 커지고 있다. 이 흐름 속에서 환자, 소비자, 국민이 어떤 모습을 보이느냐는 한국현대의료사의 새로운 관심사가 될 수 있을 것이다.

〈주석〉

서론

1. "한국인이어서 자랑스럽다", 『한겨레』, 2020. 4. 16.

2 『바이러스가 지나간 자리』 (시대의 창, 2016), 23쪽, 55쪽.

3. 우석균 외, 『의료붕괴』 (이데아, 2017), 6-8쪽, 396쪽.

4. "정권초 내세웠던 공공의료 강화, 정부 의지 사그라들어", 『한겨레』, 2020. 6. 26.

5. 『2004 보건복지백서』 (보건복지부, 2005), 312-313쪽.

6. 김창엽, 『건강의 공공성과 공공보건의료』 (한울, 2019), 40-41쪽.

7. 2015년 보건복지부가 발간한 이 책은 3권으로 이루어져 있다. 각각 총설, 보건의료, 사회복지에 대해 서술하였다.

8. 『한국전염병사 Ⅱ』 (대한감염학회, 2018).

9. 대한보건협회, 『대한민국 보건발달사』 (지구문화사, 2014).

10. John DiMoia, *Reconstructing Bodies: Biomedicine, Health, and Nation Building in South Korea since 1945* (Stanford: Stanford University Press, 2013).

11. "의료보험 수용도 제고를 위한 보건교육의 필요성", 『보건주보』 706, 1989. 6. 9., 188쪽.

1장 해방과 현대의료의 기반 조성: 1945-60년

1. 박윤재, "조선총독부의 지방 의료정책과 의료 소비", 『역사문제연구』 21 (2009), 173-174쪽.

2. 신필호(申弼浩), "경성시내 개업의의 애화", 『世富蘭偲校友會報』 12 (1929), 58쪽.

3. "私立病院取締規則", 『朝鮮總督府官報』, 1919. 4. 7.

4. 김희곤, 『대한민국임시정부 연구』 (지식산업사, 2004), 271-274쪽.

5. 『臨時政府樹立大綱』(새한민보사, 1947), 120쪽.

6. "城大豫科合格者 이십구일에 발표가 되야", 『每日申報』, 1928. 4. 1; "新學士 百三十六 名 금일 宇垣總督의 림석아래 城大卒業式擧行", 『每日申報』, 1934. 3. 25; "思想에 關 한 情報綴 1—城大生徒의 硏究會 組織에 관한 건", 京東警高秘 제2617호, 1931. 9. 18; "낙산(駱山)의학회 창립, 성대의학부 출신의로", 『朝鮮中央日報』, 1935. 7. 16.

7. 李富鉉, "人民의 醫學建設", 『民主主義』 29 (1947), 11쪽.

8. 위와 같음.

9. 김연주, "민주건국과 의료계의 전망", 『조선의보』 2-1 (1949), 36쪽.

10. 신영전 외, "최응석의 생애—해방직후 보건의료체계 구상과 역할을 중심으로", 『의사 학』 23-3 (2014), 490-494쪽.

11. 최응석, "현단계 보건행정의 근본적 임무", 『朝鮮醫學新報』 2 (1947), 19쪽.

12. 위와 같음.

13. 『臨時政府樹立大綱』(새한민보사, 1947), 40쪽.

14. 신규환, "해방 이후 남북 의학교육체계의 성립과 발전", 『인문논총』 74-1 (2017), 229-231쪽.

15. 이용설, "보건후생행정에 대하야", 『朝鮮醫學新報』 2 (1947), 17쪽.

16. Shin Dongwon, "Public Health and People's Health—Contrasting the Paths in Healthcare Systems of North and South Koreas, 1945-1960", *Public Health and National Reconstruction in Post-War Asia* (Routledge, 2014), 102쪽.

17. 황상익, "의사로서의 상허 유석창(常虛 劉錫昶)", 『의사학』 9-1 (2000), 103-109쪽; 박윤재, "백인제의 근대 인식과 실천", 『의료사회사연구』 2 (2018), 119-121쪽.

18. 신동원, 『한국근대보건의료사』(한울, 1997), 142-147쪽.

19. 박윤재, 『한국 근대의학의 기원』(혜안, 2005), 330-372쪽.

20. William R. Willard, "Some Problems in Public Health Administration in the U.S. Army Military Government in Korea", *Yale J Biol Med* 19-4 (1947), 663쪽.

21. "History of the Department of Public Health and Welfare", *USAMGIK* (1947), 1쪽.

22. 주인호, 『전염병 탐방기』(의학출판사, 1989), 198쪽.

23. Office of the Surgeon General Department of the Army, *Preventive Medicine in World War 2* Vol 8 (Washington, 1976), 690쪽.

24. 이용설, "보건후생행정에 대하야", 『조선의학신보』 2 (1947), 17쪽.

25. 사회부 보건국, "국민보건의 중요성", 『주보』 8 (1949), 7쪽, 14-15쪽.

26. 사회부 보건국, "국민보건에 대한 소고(일)", 『주보』 52 (1950), 40쪽.

27. 박인순, "미군정기의 한국보건의료행정에 관한 연구", 『복지행정논총』 4 (1994), 58쪽, 74쪽.

28. 최제창, 『韓美醫學史』 (영림카디널, 1996), 171쪽.

29. 신영전 외, "미군정 초기 미국 연수를 다녀온 한국인 의사 10인의 초기 한국보건행정에서의 역할", 『보건행정학회지』 23-2 (2013), 202쪽.

30. 박인순, "미군정기의 한국보건의료행정에 관한 연구", 『복지행정논총』 4 (1994), 85쪽.

31. William R. Willard, "Some Problems in Public Health Administration in the U.S. Army Military Government in Korea", pp. 663-665.

32. In Ho Chu, "Public Health Reports in Korea", (Headquarters Combined Hospital Facilities 3rd and 14th Field Hospitals, 1951), p. 119.

33. 정근식, "식민지 위생경찰의 형성과 변화, 그리고 유산: 식민지 통치성의 시각에서", 『사회와 역사』 90 (2011), 257-262쪽.

34. Office of the Surgeon General Department of the Army, *Preventive Medicine in World War* 2, p. 706.

35. In Ho Chu, "Public Health Reports in Korea", pp. 12-14.

36. 『대한보건연감(1945-1956)』 (보건연감사, 1956), 1-2쪽.

37. 이 절의 후반, 즉 한의학 관련 부분은 박윤재의 논문("해방 후 한의학의 재건과 한의사제도의 성립", 『동방학지』 154 (2011))을 활용하였다.

38. "朝鮮醫療令", 『朝鮮總督府官報』, 1944. 8. 21.

39. "朝鮮醫療令公布さる", 『朝鮮』 10 (1944), 82쪽.

40. 『大韓醫學協會會報』 2-1 (1949), 125쪽, 127쪽.

41. 이하 관련 법의 내용은 국가법령정보센터(http://www.law.go.kr/)를 이용하였다.

42. 이용설 의원, 『제2대 국회 제11회 제31차 국회본회의』, 1951. 7. 21.

43. 『保健社會白書』 (보건사회부, 1965), 44-45쪽.

44. 「제정 개정이유」, 국민의료법, 법률 제221호, 1951. 9. 25., 제정.

45. In Ho Chu, "Public Health Reports in Korea", p. 147.

46. 이용설 의원, 『제2대 국회 제11회 제31차 국회본회의』, 1951. 7. 21.

47. "국회, 국민의료법안에서 의사 국가자격시험 실시 조항 의결", 『민주신보』, 1951. 7. 24.

48. "국회, 국민의료법안 제2 독회 완료", 『민주신보』, 1951. 7. 28.

49. 『大韓醫學協會會報』 2-1 (1949), 126쪽.

50. 이용설 의원, 『제2대 국회 제11회 국회임시회의속기록 제25호』, 1951. 7. 13.

51. 사회보건위원장 대리 한국원, 『제2대 국회 제11회 국회임시회의속기록 제34호』, 1951. 7. 27.

52. 오성환 의원, 『제2대 국회 제11회 국회임시회의속기록 제34호』, 1951. 7. 27.

53. 황성수 의원, 『제2대 국회 제11회 국회임시회의속기록 제34호』, 1951. 7. 27.

54. 이용설 의원, 『제2대 국회 제11회 제31차 국회본회의』, 1951. 7. 21.

55. 박만원 의원, 『제2대 국회 제11회 제31차 국회본회의』, 1951. 7. 21.

56. 주홍제(注弘濟), "팔일오해방과 한의학", 『東洋醫學』 1-1 (1947), 81쪽.

57. 남태원(南台元), "한의학의 전망", 『東洋醫學』 3-3 (1949), 4쪽.

58. 이용설 의원, 『제2대 국회 제11회 국회임시회의속기록 제25호』, 1951. 7. 13.

59. 김익기 의원, 『제2대 국회 제11회 국회임시회의속기록 제30호』, 1951. 7. 13; 1951. 7. 20.

60. 서일환 의원, 『제2대 국회 제11회 국회임시회의속기록 제25호』, 1951. 7. 13.

61. 신광균 의원, 『제2대 국회 제11회 국회임시회의속기록 제25호』, 1951. 7. 13.

62. 『보건사회행정개관』 (보건사회부, 1958), 128-135쪽.

63. 박윤재, "해방 후 한의학의 재건과 과학화 논의", 『역사와 현실』 79 (2011).

64. William R. Willard, "Some Problems in Public Health Administration in the U.S. Army Military Government in Korea", p. 661.

65. In Ho Chu, "Public Health Reports in Korea", pp. 3-4.

66. 최제창(崔濟昌), 『한미의학사』, 180쪽.

67. In Ho Chu, "Public Health Reports in Korea", p. 48.

68. "보건후생부, 콜레라 만연에 대비하여 검역소 설치", 『동아일보』, 1946. 5. 26.

69. "경기도 보건후생부와 조선방역연구소", 『동아일보』, 1946. 5. 24.

70. Office of the Surgeon General Department of the Army, *Preventive Medicine in World War 2*, p. 692, p. 694.

71. "검역업무의 현황과 과제", 『보건주보』 628, 1987. 11. 10., 376쪽.

72. 최제창(崔濟昌), 『한미의학사』, 240쪽.

73. Office of the Surgeon General Department of the Army, *Preventive Medicine in World War 2*, p. 696.

74. 서울대학교병원 병원역사문화센터,『사진과 함께 보는 한국 근현대 의료문화사 1879-1960』(웅진씽크빅, 2009), 293쪽.

75. In Ho Chu, "Public Health Reports in Korea", p. 88.

76. "검역업무의 현황과 과제",『보건주보』628, 1987. 11. 10., 376쪽.

77. "전염병 예방코저 항만검역법 제정",『東亞日報』, 1947. 4. 4.

78. In Ho Chu, "Public Health Reports in Korea", p. 89.

79. Office of the Surgeon General Department of the Army, *Preventive Medicine in World War 2*, p. 695.

80. In Ho Chu, "Public Health Reports in Korea", p. 59, p. 87.

81. "천연두 Ⅱ",『보건주보』12, 1975. 4. 12., 112-113쪽.

82.『중앙방역연구소요람』제2호 (1955), 3쪽.

83. 최제창(崔濟昌),『한미의학사』, 200-201쪽.

84. William R. Willard, "Some Problems in Public Health Administration in the U.S. Army Military Government in Korea", p. 667.

85.『한국의 학술연구』(대한민국학술원, 2004), 211쪽; "종두약의 무효가 원인",『朝鮮日報』, 1948. 11. 25.

86. Chai C. Choi, "Public Health in Korea", (1949), p. 1.

87. John DiMoia, *Reconstructing Bodies: Biomedicine, Health, and Nation Building in South Korea since 1945*, p. 56.

88. "조선은 물자의 결핍으로 환자가 병원에 약품 지참, 訪美 具박사 談",『자유신문』, 1946. 4. 23; "氾濫하는 日製賣藥 서울에서 一齊押收",『동아일보』, 1948. 11. 28; "患者 울리는 假字藥 市內各處藥房에서 多數押收",『동아일보』, 1946. 11. 8.

89.『보건사회백서(1964년판)』(보건사회부, 1965), 100쪽.

90.『柳韓五十年』(柳韓洋行, 1976), 146쪽; "國內醫藥界의 不振顯著 輸入藥品百卅六萬 弗 今年 한해 동안을 通해 본 統計",『동아일보』, 1952. 12. 29; "거리에 파는「다이야찡」保健厚生部서 注意를 喚起 僞造藥品으로 判明",『동아일보』, 1947. 3. 21;『東亞製藥五十年史』(동아제약주식회사, 1982), 63쪽.

91.『한독약품 50년사』(한독약품, 2004), 121쪽.

92.『藥工二十年史』(大韓藥品工業協會, 1965), 23쪽.

93.『보건사회백서(1964년판)』, 100쪽.

94.『柳韓五十年』, 158쪽.

95. 『藥工四十年史』, (大韓藥品工業協會, 1986), 61쪽.

96. 『한국제약 100년』 (약업신문, 2014), 139-140쪽.

97. 『보건사회백서(1964년판)』, 100쪽.

98. "國內醫藥品生産推進 政府五個年計劃으로", 『동아일보』, 1953. 6. 3.

99. 『保健社會行政槪觀』 (保健社會部, 1958), 223쪽.

100. 李鍾根, 『나의 藥과 鍾根堂: 高村 李鍾根回顧錄』 (高村奬學會, 1981), 240쪽, 244-246쪽.

101. 안춘식, "광복50주년기념 해방둥이기업 연구: 대웅제약 윤영환의 생애와 경영이념에 관한 연구", 『경영사학』 11 (1995), 265쪽.

102. 『柳韓五十年』, 159-160쪽.

103. 『藥工二十年史』, 24쪽.

104. 『藥工四十年史』, 71쪽.

105. 『東亞製藥五十年史』, 87-88쪽.

106. 『藥工四十年史』, 79-80쪽.

107. "國內醫藥界의 不振顯著 輸入藥品百卅六萬弗 今年 한해 동안을 通해 본 統計", 『동아일보』, 1952. 12. 29.

108. 최상오, "외국 원조와 수입대체공업화", 『새로운 한국경제발전사』 (나남출판, 2005), 368쪽.

109. 『柳韓五十年』, 159쪽.

110. 신규환, "1950-60년대 한국 제약산업과 일반의약품 시장의 확대", 『의사학』 24-3 (2015), 760쪽.

111. 박윤재, "해방 전후 귀속 제약회사의 동향과 한국 제약업", 『한국근현대사연구』 78 (2016), 252-257쪽.

112. 김신권, 『나의 약업 70년』 (디자인하우스, 2011), 30쪽.

113. 『藥工四十年史』, 114쪽.

114. 『藥工二十年史』, 54쪽.

115. 李鍾根, 『나의 藥과 鍾根堂: 高村 李鍾根回顧錄』, 275쪽.

116. 『大韓民國看護兵科60年史』 (陸軍本部, 2009), 13-15쪽, 29쪽.

117. 김웅규 외, 『韓國外科學發展史』 (수문서관, 1988), 120쪽.

118. 『大韓民國看護兵科60年史』, 40쪽, 42쪽.

119. 김웅규 외, 『韓國外科學發展史』, 121쪽.

120. 한격부,『그래도 남은 게 있는 捨石 九十星霜』(중앙문화사, 2002), 89쪽.

121. 이용각,『甲子生 醫師』(아카데미나, 1997), 120쪽.

122. "Report of the Second Mission to Korea, August 20-27, 1953", p. 2.

123. 문태준, "한국전쟁이 한국의료에 미친 영향",『의사학』9-2 (2000), 254쪽.

124. 문태준,『德巖 文太俊 回顧錄』(샘터사, 1997), 55쪽.

125. 『대한외과학회 50년사』(대한외과학회, 1997), 21-22쪽.

126. 위의 책, 22쪽.

127. 위의 책, 22-23쪽.

128. 김기홍 외,『한국헌혈운동사』(나남, 2011), 38-39쪽.

129. 『대한외과학회 50년사』, 23쪽.

130. 위와 같음.

131. 이용각,『甲子生 醫師』, 120쪽.

132. 김웅규 외,『韓國外科學發展史』, 134쪽.

133. 『대한외과학회 50년사』, 24쪽.

134. "의과대학 교육의 목표(1948년 1월 29일)",『서울대학교병원사 사료집 1885-2015』
    (서울대학교병원, 2015), 267쪽.

135. 최제창,『韓美醫學史』, 293쪽.

136. 「미국정부와 미네소타대학 간의 계약서(1954년 7월)」,『서울대학교병원사 사료집
    1885-2015』, 290쪽.

137. 「미국정부와 미네소타대학 간의 계약서(1954년 7월)」,『서울대학교병원사 사료집
    1885-2015』, 297쪽; 「의학자문관의 의과대학 관찰 보고서(1956년 4월 1일-7월 1일)」,
    『서울대학교병원사 사료집 1885-2015』, 305쪽.

138. 강명숙, "해방직후 대학 교수 충원의 실태",『교육사학연구』12 (2002), 202쪽.

139. 「의학자문관의 의과대학 관찰 보고서(1956년 4월 1일-7월 1일)」,『서울대학교병원
    사 사료집 1885-2015』, 305쪽, 312-313쪽.

140. 이왕준,『미네소타 프로젝트가 한국 의학교육에 미친 영향』(서울대 의학과 박사
    논문, 2006), 2쪽, 196-197쪽.

141. 전종휘(全鍾暉),『우리나라 現代醫學 그 첫 世紀』(인제연구장학재단, 1987), 67쪽.

142. 『서울대학교병원사』(서울대학교병원, 1993), 318쪽.

143. J. A. Curran et al., "Korean Medical Education", *Journal of Medical Education* 37-9
    (1962), pp. 942-943.

144. 이왕준,『미네소타 프로젝트가 한국 의학교육에 미친 영향』, 197쪽.

145. 위의 책, 9쪽.

146. 문만용, "한국 과학기술자의 '탈식민주의 갈망'—한국의 현대적 과학기술체제의 기원",『역사와 담론』75 (2015), 182쪽.

147. Ock-Joo Kim, HWANG Sang-Ik, "The Minnesota Project",『의사학』9-1 (2000), 121-122쪽.

148. "인턴 課程은 保健所서",『東亞日報』, 1970. 7. 23.

149. 최신해(崔臣海), "무의촌 문제는 의사만의 책임이 아니다",『대한의학협회지』13-9 (1970), 4쪽.

150. 신오성 외, "한국전쟁이 보건의료에 끼친 영향에 관한 연구",『한국보건사학회지』2-1 (1992), 93쪽.

151. 이왕준,『미네소타 프로젝트가 한국 의학교육에 미친 영향』, 188쪽.

152. 의료연구회, "한국의 의학교육",『한국의 의료』(한울, 1989), 358쪽.

153. 전종휘(全鍾暉),『우리나라 現代醫學 그 첫 世紀』, 67쪽.

154. J. A. Curran et al., "Korean Medical Education", p. 943.

155. 이용설 의원,『제2대 국회 제11회 제31차 국회본회의』, 1951. 7. 21.

156. 연세대학교 의과대학 의학백년 편찬위원회,『의학백년』(연세대학교 출판부, 1986), 219쪽.

157. John Dimoia, *Reconstructing Bodies: Biomedicine, Health, and Nation Building in South Korea since 1945*, p. 56, pp. 83-84.

158. 이왕준, "'미네소타 프로젝트'로 시작된 50년 우정의 편지",『의사들의 편지에는 무슨 이야기가 있을까』(태학사, 2010), 249쪽.

159. 지제근, "이제구(李濟九)",『한국의학인물사』(태학사, 2008), 189쪽.

160. 石川裕之, "國立ソウル大學校醫科大學の成立過程に見る植民地高等教育の「人的遺産」",『帝國日本と植民地大學』(ゆまに書房, 2014), 457쪽.

161. "Report on Survey of National Higher Education in the Republic of Korea", 1960, p. 117.

162. 서울대학교의과대학사편찬위원회,『서울대학교의과대학사 1885-1978』(서울대학교 의과대학, 1978), 116쪽.

163. 위와 같음.

164. 연세대학교 의과대학 의학백년 편찬위원회,『의학백년』, 170쪽, 189쪽.

165. 『연세대학교 의과대학 재정사』 (연세대학교 의과대학, 1972), 55쪽, 69-70쪽.

166. J. A. Curran et al., "Korean Medical Education", p. 946.

167. J. A. Curran, "Yonsei University College of Medicine and Medical Center Study of Educational Resources and Program", (1961), pp. 3-5, p. 9, p. 19, pp. 24-25.

168. 여인석, "세브란스를 중심으로 본 CMB의 한국의학 재건사업", 『延世醫史學』 18-1 (2015), 188쪽.

169. J. A. Curran et al., "Korean Medical Education", p. 941.

2장 경제성장과 의료: 1961-88년

1. 유왕근, "보건소의 역사적 발달과정과 각국의 보건소에 대한 고찰", 『한국보건사학회지』 1-1 (1990), 45-46쪽.

2. 『보건사회 1987년』 (보건사회부, 1987), 41쪽.

3. 이종학, 『보건행정과 보건소활동』(증보판) (탐구당, 1962), 6쪽.

4. 『保健社會行政槪觀』, 170쪽.

5. 이임하, "한국전쟁기 유엔민간원조사령부(UNCACK)의 보건·위생 정책", 『사회와 역사』 100 (2013), 349쪽.

6. 보건부, "보건사업의 전망", 『주보』 93, 1954, 20-21쪽.

7. 중앙보건소직제, 대통령령 제145호, 1949. 7. 14. 제정.

8. 「제정 개정이유」, 보건소법, 법률 제406호, 1956. 12. 13. 제정.

9. 『保健社會 1981年版』 (보건사회부, 1981), 102쪽.

10. 「제정 개정이유」, 보건소법, 법률 제1160호, 1962. 9. 24. 전부개정.

11. 『보건사회백서(1964년판)』, 52-53쪽.

12. 유왕근, "보건소의 역사적 발달과정과 각국의 보건소에 대한 고찰", 47쪽.

13. 『보건사회백서(1964년판)』, 53쪽.

14. 『保健社會 1982年板』 (보건사회부, 1982), 149쪽.

15. 『보건사회백서 1984년도』 (보건사회부, 1984), 30쪽.

16. 『보건복지70년사 보건의료편』 (보건복지부, 2015), 122-123쪽.

17. 「지역보건법」, 법률 제5101호, 1995. 12. 29., 전부개정.

18. 『2012 보건복지백서』 (보건복지부, 2013), 503쪽.

19. 『보건사회 1987년』, 70쪽.

20. 윤석우, "일차보건의료의 오늘과 내일", 『大韓醫學協會誌』 32-2 (1989), 121쪽.

21. "환경변화에 따른 보건소의 발전방향", 『보건주보』, 1995. 10. 13., 9쪽.

22. 대한보건협회, 『내한민국 보건발달사』, 78쪽.

23. 손금성(孫金聲), "무의면 문제를 논함", 『大韓醫學協會誌』 3-5 (1960), 4쪽.

24. 사회보건위원장 박영출, 『제2대 국회 제11회 제33차 국회본회의』, 1951. 7. 25.

25. 법제사법위원장 엄상섭, 『제2대 국회 제11회 제33차 국회본회의』, 1951. 7. 25.

26. 한국원 의원, 『제2대 국회 제11회 제33차 국회본회의』, 1951. 7. 25.

27. 윤헌찬, "무의면은 없어진다", 『새살림』 20 (1961), 8쪽.

28. 『보건사회백서(1964년판)』, 51-52쪽.

29. 박승만, 「어느 시골 농부의 '반의사'(半醫師) 되기: 『대곡일기』로 본 1960-80년대 농촌 의료」, 『의사학』 27-3 (2018), 408-410쪽.

30. 『保健社會 1981年版』, 93쪽, 103쪽, 107쪽.

31. 「제정 개정이유」, 한의사한지한의사및입치영업자에관한임시조치법, 법률 제2102호, 1969. 1. 29., 제정. 지정업무종사한의사란 1962년 9월 17일 이후 의료법 제21조의 규정에 의하여 보건사회부장관이 지정한 의과대학에서 6개월간 교육을 받은 후 지정업무에 종사한 한의사를 말했다.

32. 이주연, "의료법 개정을 통해서 본 국가의 의료통제", 『의사학』 19-2 (2010), 403쪽.

33. 『보건복지백서 1999』 (보건복지부, 1999), 259쪽. 『保健社會 1981年版』, 107쪽.

34. 『2012 보건복지백서』, 517쪽.

35. 『보건사회 1986년』 (보건사회부, 1986), 44쪽.

36. 서울시내 의과대학협의회, 「농촌의 의료실태」, 『한국의 의료』 (한울, 1989), 291-295쪽.

37. 『2012 보건복지백서』, 127쪽.

38. 『2017 보건복지백서』 (보건복지부, 2018), 122-123쪽.

39. "복지부, 지역별 의료격차 줄인다", 『연합뉴스』, 2019. 11. 11.

40. 신규환, "해방 이후 약무행정의 제도적 정착과정 – 1953년 「약사법」 제정을 중심으로", 『의사학』 22-3 (2013), 852-853쪽.

41. 『한국제약 100년』, 137쪽.

42. 『藥務行政白書』 (保健社會部 藥政局 藥務課, 1967), 24쪽.

43. 『藥務行政白書』, 25쪽.

44. 『대한약사회사』(대한약사회, 1970), 55쪽, 211쪽.

45. 위의 책, 200쪽.

46. 위의 책, 201쪽, 234쪽.

47. 洪鉉五, 『韓國藥業史』(韓獨藥品工業株式會社, 1972), 312쪽.

48. 『대한약사회사』, 228쪽.

49. "馬山藥大生 動搖", 『약업신문』, 1954. 10. 2.(『한국제약 100년』, 138쪽에서 재인용)

50. 『圓光大學校四十年史』(원광대학교, 1987), 230-232쪽.

51. 『대한약사회사』, 232쪽.

52. 『한국제약 100년』, 215쪽.

53. 『대한약사회사』, 228쪽.

54. "施設基準 미달 大學 19個 29科 廢科. 募集 중지 文敎部 學事 감사", 『동아일보』,
    1967. 11. 18.

55. 『원광대학교60년사 자료편』(원광대학교, 2006), 282쪽.

56. 『한국제약 100년』, 270쪽.

57. 『保健社會 1982年板』, 141쪽.

58. 이충열, 「한의계 입장에서 본 한약 분쟁」, 『한국의료대논쟁』(소나무, 2000), 219-220
    쪽.

59. 조병희, 「한약분쟁의 사회학」, 『한국의료대논쟁』, 266쪽.

60. 권오영, "한국 선염병 감시체계의 흐름에 관한 연구 ―1950년대부터 현재까지―",
    『인문학연구』(경희대 인문학연구원) 39 (2019), 42쪽.

61. 『大韓韓醫師協會 四十年史』(대한한의사협회, 1989), 132-134쪽.

62. 이태형, 『해방 이후 한의학 현대화 논쟁 연구』(경희대 기초한의과학과 박사논문,
    2013), 70-71쪽.

63. 『大韓韓醫師協會 四十年史』, 197-200쪽.

64. 김태우 외, "사회 속의 의료, 의료 속의 사회―한국의 한의학과 중국의 중의학에 대
    한 의료인류학 고찰", 『한방내과학회지』33-2 (2012), 114-121쪽.

65. 『大韓韓醫師協會 四十年史』, 143-154쪽.

66. 『慶熙三十年』(경희학원, 1982), 218-219쪽.

67. 『保健社會 1982年板』, 196-197쪽.

68. "1991년 약정시책", 『보건주보』786, 1991. 1. 25., 25쪽.

69. "의정시책", 『보건주보』, 1996. 1. 5., 14쪽.

70. "1991년 약정시책", 『보건주보』 786, 1991. 1. 25., 25쪽.

71. "'96년도 약무행정시책방향", 『보건주보』, 1996. 1. 12., 8쪽.

72. 『보건사회 1989년』 (보건사회부, 1989), 131쪽.

73. "1991년 의정시책", 『보건주보』 785, 1991. 1. 18., 20쪽.

74. "'93년도 의정시책", 『보건주보』, 1993. 1. 22., 6쪽.

75. 『大韓韓醫師協會 四十年史』, 328-333쪽.

76. 『한국가족계획10년사』 (대한가족계획협회, 1975), 189쪽.

77. 『보건복지70년사 보건의료편』, 293쪽.

78. 『한국가족계획10년사』, 228-229쪽.

79. 배은경, 『현대 한국의 인간 재생산』 (시간여행, 2012), 87-92쪽.

80. 『한국가족계획10년사』, 193-194쪽.

81. 위의 책, 29쪽.

82. 하상락, "한국의 현실과 가족계획", 『大韓醫學協會誌』 4-4 (1961), 484쪽.

83. 김용완, "한국 가족계획사업의 현황", 『大韓醫學協會誌』 7-6 (1964), 518쪽.

84. 『보건복지70년사 보건의료편』, 298쪽.

85. 한국보건사회연구원, 『인구정책 30년』 (한국보건사회연구소, 1991), 47쪽.

86. 『保健社會 1981年版』, 267쪽.

87. 『한국가족계획10년사』, 54쪽, 69쪽, 96쪽, 191쪽.

88. 김명호(金命鎬), "농촌의 보건소 활동", 『대한의학협회지』 9-6 (1966), 38-40쪽.

89. 『보건사회백서 1991년』 (보건사회부, 1991), 8-9쪽.

90. 『保健社會 1981年版』, 268쪽.

91. John DiMoia, *Reconstructing Bodies: Biomedicine, Health, and Nation Building in South Korea since 1945*, p. 137.

92. 양재모, 『사랑의 빚만 지고』 (큐라인, 2001), 359쪽.

93. 『한국가족계획10년사』, 202-204쪽.

94. 양재모, 『사랑의 빚만 지고』, 361쪽, 363쪽.

95. 『保健社會 1981年版』, 269쪽.

96. 「제정 개정이유」, 모자보건법, 법률 제2514호, 1973. 2. 8. 제정.

97. 『한국가족계획10년사』, 102쪽.

98. 강인철, 『저항과 투항―군사정권들과 종교』 (한신대학교 출판부, 2013), 402쪽.

99. 신영전 외, "미수(糜壽) 이갑수(李甲秀)의 생애와 사상: 우생 관련 사상과 활동을

중심으로",『의사학』 28-1 (2019), 77쪽.

100. 김용완, "한국 가족계획사업의 현황",『大韓醫學協會誌』 7-6 (1964), 520쪽.

101. 양재모, "한국가족제도의 검토와 가족계획",『大韓醫學協會誌』 4-4 (1961), 491쪽.

102. 『保健社會 1981年版』, 269-270쪽.

103. 신한수 외, "자궁 내 장치",『大韓醫學協會誌』 13-5 (1970), 398쪽.

104. 『한국가족계획10년사』, 226쪽.

105. 양재모, 『사랑의 빚만 지고』, 325쪽.

106. 배은경, 『현대 한국의 인간 재생산』, 159-165쪽.

107. 『한국가족계획10년사』, 82쪽, 84쪽, 232쪽.

108. 『保健社會 1981年版』, 279쪽.

109. 『한국가족계획10년사』, 43쪽.

110. 『보건사회백서 1985』 (보건사회부, 1985), 109쪽.

111. "아파트入住 우선권 이후 不姙施術 바람",『경향신문』, 1977. 9. 8.

112. 『보건사회백서 1993년』 (보건사회부, 1993), 74쪽.

113. 『한국가족계획10년사』, 45쪽, 293쪽.

114. "人口 4천만명 돌파",『매일경제』, 1983. 7. 30.

115. 『보건복지70년사 보건의료편』, 308쪽.

116. 『保健社會 1981年版』, 276쪽.

117. 『보건사회백서 1991년』, 66쪽.

118. 양재모, 『사랑의 빚만 지고』, 308쪽.

119. 강인철, 『저항과 투항―군사정권들과 종교』, 366-367쪽.

120. "가족계획의 향후추진방향",『보건주보』, 1992. 7. 3., 4쪽.

121. 『한국가족계획10년사』, 42쪽.

122. 『한국의 학술연구』, 51쪽.

123. 배은경, 『현대 한국의 인간 재생산』, 199-206쪽.

124. 양재모, 『사랑의 빚만 지고』, 373-375쪽.

125. 이희영, "의사가 본 가족계획의 문제점",『大韓醫學協會誌』 9-9 (1966), 731-732쪽.

126. 『保健社會 1981年版』, 278쪽.

127. 『한국가족계획10년사』, 40쪽.

128. 『2006년 보건복지백서』 (보건복지부, 2007), 158쪽.

129. "'87 보건시책방향",『보건주보』 583, 1987. 1. 9., 11쪽.

130. 『보건복지70년사 보건의료편』, 303쪽.

131. "'89 보건시책", 『보건주보』 685, 1989. 1. 13., 7-8쪽.

132. "가족계획의 향후추진방향", 『보건주보』, 1992. 7. 3., 7쪽.

133. 『보건복지백서 1998』 (보건복지부, 1998), 189-190쪽.

134. 『보건복지백서 1997』 (보건복지부, 1997), 72쪽.

135. 『2004 보건복지백서』, 20쪽.

136. 황정미, "'저출산'과 한국 모성의 젠더정치", 『한국여성학』 21-3 (2005), 100쪽.

137. 『의료보험의 발자취』 (의료보험연합회, 1997), 16-22쪽.

138. 양재모, 『국민의료에 관한 연구』 (연세대 위생학교실 박사논문, 1960), 48쪽, 53쪽.

139. 엄장현, "한국의료보험제도도입에 대한 견해", 『大韓醫學協會誌』 4-3 (1961), 359쪽.

140. 김정렴, 『한국경제정책 30년사』 (중앙일보사, 1991), 307쪽.

141. 『保健社會 1981年版』, 176쪽.

142. 「제정 개정이유」, 의료보험법, 법률 제1623호, 1963.12.16., 제정.

143. 『보건사회 1987년』, 49쪽.

144. 『의료보험의 발자취』, 70-71쪽, 76-78쪽.

145. 『보건사회 1989년』, 164쪽.

146. 『의료보험의 발자취』, 87쪽.

147. 장기려, "의료보험제도에 대하여", 『大韓醫學協會誌』 15-11 (1972), 894쪽.

148. 『의료보험의 발자취』, 81쪽.

149. 황병주, "1970년대 의료보험 정책의 변화와 복지담론", 『의사학』 20-2 (2011), 432-434쪽.

150. 『의료보험의 발자취』, 79쪽, 82-83쪽.

151. 이상이, 『복지국가는 삶이다』 (도서출판 밈, 2014), 89쪽.

152. 「제정 개정이유」, 의료보험법, 법률 제2942호, 1976. 12. 22., 전부개정.

153. 『의료보험의 발자취』, 100쪽, 122쪽.

154. 『보건복지70년사 보건의료편』, 412쪽.

155. "우리나라 의료보험제도에 대하여", 『大韓醫學協會誌』 20-6 (1977), 553쪽.

156. 『보건복지70년사 보건의료편』, 371쪽.

157. 『의료보험의 발자취』, 95쪽, 105-106쪽, 142-143쪽, 170쪽.

158. 송명도, "우리나라 의료보험과 외국의 의료보험", 『大韓醫學協會誌』 25-1 (1982), 21쪽.

159. 심영보, "의료보험시행 1년의 회고와 전망", 『大韓醫學協會誌』 21-9 (1978), 736-737쪽.

160. 『의료보험의 발자취』, 144쪽.

161. 양재모, 『국민의료에 관한 연구』, 51쪽.

162. 『保健社會 1982年板』, 250쪽.

163. 「제정 개정이유」, 의료보험법, 법률 제3415호, 1981. 4. 4., 일부개정.

164. 『보건복지70년사 보건의료편』, 376쪽.

165. 대한보건협회, 『대한민국 보건발달사』, 37쪽.

166. 『保健社會 1981年版』, 77-78쪽.

167. 대한보건협회, 『대한민국 보건발달사』, 36-37쪽.

168. 『한국현대의학사』, (대한의학회, 1988), 680쪽.

169. 대한보건협회, 『대한민국 보건발달사』, 37쪽, 80쪽.

170. 『保健社會 1981年版』, 87쪽.

171. 『보건사회백서 1984년도』, 211쪽.

172. 『보건사회 1986년』, 211쪽.

173. "'87 일차보건 의료사업의 추진방향", 『보건주보』 588, 1987. 2. 13., 56-57쪽.

174. 「1991년 의정시책」, 『보건주보』 785, 1991. 1. 18., 18쪽; 『보건사회백서 1992년』 (보건사회부, 1992), 138쪽.

175. 『2006년 보건복지백서』, 422쪽.

176. 『바이러스가 지나간 자리』, 60쪽, 299-300쪽.

177. 대한보건협회, 『대한민국 보건발달사』, 34쪽.

178. 『保健社會 1982年板』, 139-140쪽.

179. "전염병예방사업 현황 및 개선방향", 『보건주보』 598, 1987. 4. 24., 135-136쪽.

180. 「제정 개정이유」, 전염병예방법, 법률 제308호, 1954. 2. 2. 제정.

181. "우리나라 결핵관리 현황과 전망", 『보건주보』 679, 1988. 11. 18., 393쪽.

182. 「제정 개정이유」, 전염병예방법, 법률 제2990호. 1976. 12. 31., 일부개정.

183. 전종휘, "전염병예방법 개정에 대한 소고", 『大韓醫學協會誌』 20-6 (1977), 472쪽.

184. 『보건복지70년사 보건의료편』, 208쪽.

185. "전염병예방사업 현황 및 개선방향", 『보건주보』 598, 1987. 4. 24., 135-136쪽.

186. 『保健社會 1982年板』, 131쪽.

187. 『保健社會 1981年版』, 42쪽.

188. 「제정 개정이유」, 보건복지부령 제216호, 2002. 5. 17., 일부개정.

189. 『2012 감염병감시연보』 (2013, 질병관리본부), 52-53쪽.

190. 『保健社會 1982年板』, 88쪽, 132쪽.

191. 『2005년 보건복지백서』 (보건복지부, 2006), 535쪽.

192. 대한보건협회, 『대한민국 보건발달사』, 243쪽.

193. 김정순, 『한국인의 건강과 질병양상』 (신광출판사, 2001), 201쪽.

194. 『한국전염병사 Ⅱ』, 199쪽.

195. "급성전염병의 관리대책", 『보건주보』, 1992. 2. 21., 3-4쪽.

196. 『2012 감염병감시연보』, 19-20쪽.

197. 『보건복지70년사 보건의료편』, 221쪽.

198. 『保健社會 1981年版』, 38쪽.

199. 『보건복지백서 2002』 (보건복지부, 2003), 436쪽.

200. 대한보건협회, 『대한민국 보건발달사』, 243-244쪽.

201. 『한국의 학술연구』, 306쪽.

202. 『보건복지70년사 보건의료편』, 224쪽.

203. 『保健社會 1981年版』, 38쪽.

204. 『보건사회』 (보건사회부, 1983), 79쪽.

205. "'88년도 급성전염병관리대책", 『보건주보』 640, 1988. 2. 19., 78쪽.

206. 『보건복지70년사 보건의료편』, 225쪽.

207. 『보건사회백서 1984년도』, 143-144쪽.

208. 『2004 보건복지백서』, 515쪽.

209. 『보건복지70년사 보건의료편』, 225쪽.

210. 『보건복지70년사 보건의료편』, 210쪽.

211. 김정순, 『한국인의 건강과 질병양상』, 48쪽.

212. "질병예방과 건강증진", 『보건주보』 792, 1991. 3. 15., 90쪽.

213. 『대한보건연감(1945-1956)』, 9쪽.

214. 『保健社會 1981年版』, 56쪽.

215. "中央保健所 六部를 新設", 『家政新聞』 99, 1946. 6. 30. 나머지 부서는 모자보건부, 안과부, 치과부, 검사부, 보건교육부였다.

216. 『대한결핵협회 30년사』 (대한결핵협회, 1983), 223쪽.

217. In Ho Chu, "Public Health Reports in Korea", p. 40.

218. 『대한결핵협회 20년사』(대한결핵협회, 1974), 73쪽.

219. Chai C. Choi, "Public Health in Korea", pp. 39-40.

220. 김원동, "결핵의 치료", 『大韓醫學協會誌』 34-5 (1991), 511쪽.

221. 『대한결핵협회 30년사』, 223-224쪽.

222. 한용철, "김경식", 『한 시대의 異端者들』(조선일보사, 1985), 202쪽.

223. 『보건사회백서(1964년판)』, 67쪽.

224. 『保健社會 1981年版』, 51-52쪽.

225. "우리나라 결핵관리사업의 추진방향", 『보건주보』 620, 1987. 9. 25., 320쪽.

226. 『保健社會 1981年版』, 52쪽.

227. 『한국의 학술연구』, 212쪽.

228. 『보건사회백서(1964년판)』, 67쪽.

229. 『대한결핵협회 20년사』, 73쪽.

230. 『대한결핵협회 30년사』, 236쪽.

231. 『保健社會 1981年版』, 57쪽. 『대한결핵협회 30년사』, 146-148쪽.

232. 『保健社會 1981年版』, 49쪽.

233. 『보건사회백서(1964년판)』, 67쪽.

234. 『保健社會 1981年版』, 59-60쪽.

235. 『보건사회백서(1964년판)』, 67쪽.

236. 『대한결핵협회 20년사』, 130쪽.

237. 『대한결핵협회 30년사』, 209쪽.

238. 『대한결핵협회 20년사』, 95쪽, 98쪽.

239. 「제정 개정이유」, 결핵예방법, 법률 제1881호, 1967. 1. 16. 제정.

240. 『保健社會 1981年版』, 49쪽.

241. 위의 책, 53쪽.

242. 『보건복지백서 1999』, 322쪽.

243. 『2004 보건복지백서』, 525쪽.

244. 『대한결핵협회 20년사』, 85쪽.

245. 『보건사회백서(1964년판)』, 71쪽.

246. 『대한결핵협회 20년사』, 66쪽, 69쪽.

247. 『대한결핵협회 30년사』, 168쪽.

248. 『대한결핵협회 20년사』, 87-88쪽.

249. 『보건사회백서(1964년판)』, 67쪽.

250. 『한국의 학술연구』, 50쪽.

251. "한국의 결핵현황과 전망", 『보건주보』, 1997. 7. 18., 8-9쪽.

252. 김성진, "우리나라의 결핵 실태 및 그 관리", 『大韓醫學協會誌』 19-8 (1976), 608-609쪽.

253. 김기호, "우리나라 결핵박멸사업의 문제점과 대책", 『大韓醫學協會誌』 28-4 (1985), 296쪽.

254. "국가결핵관리사업의 현황과 과제", 『보건주보』, 1993. 3. 26., 9-11쪽.

255. "南韓人에 寄生蟲調查報告", 『중앙방역연구소소보』 1-1 (1949), 79쪽.

256. 소진탁, 『농촌위생』 (부민문화사, 1963), 64쪽.

257. 『건협 40년사』 (한국건강관리협회, 2005), 105쪽.

258. 소진탁, 『농촌위생』, 58-59쪽.

259. Chai C. Choi, "Public Health in Korea", p. 38.

260. 『保健社會 1981年版』, 63쪽.

261. 『건협 40년사』, 105쪽.

262. KOSIS 통계로 시간여행. http://kosis.kr/visual/statisticTimeTour/index/index.do

263. 『건협 40년사』, 104-105쪽.

264. 소진탁(蘇鎭琸), "농촌의 기생충질환과 그 박멸책", 『大韓醫學協會誌』 9-6 (1966), 26쪽.

265. 「기생충질환예방법」, 법률 제1789호, 1966. 4. 25., 제정.

266. 『건협 40년사』, 109쪽.

267. 이순형, "우리나라 기생충감염 집단관리 사업의 성공적 수행", 『한국 기생충감염의 연구 및 퇴치』 (대한민국학술원, 2017), 131쪽, 167쪽.

268. 『奇協二十年史』 (한국기생충박멸협회, 1984), 47쪽, 105쪽.

269. 『건협 40년사』, 106쪽, 113쪽.

270. 서병설(徐丙卨), "우리나라 기생충감염의 관리현황 및 금후대책", 『大韓醫學協會誌』 22-11 (1979), 902쪽.

271. 『奇協二十年史』, 107쪽.

272. 『건협 40년사』, 112쪽.

273. 『한국의 학술연구』, 239쪽.

274. 이순형, "우리나라 기생충감염 집단관리 사업의 성공적 수행", 175-179쪽.

275. 『건협 40년사』, 127쪽, 134쪽.

276. 이순형, "거국적 기생충 집단관리 사업의 추진", 『한국 기생충감염의 연구 및 퇴치』 (대한민국학술원, 2017), 133쪽, 143쪽.

277. 정준호 외, ""모든 것은 기생충에서 시작되었다"—1960-1980년대 한일 기생충 협력 사업과 아시아 네트워크—", 『의사학』 27-1 (2018), 62-63쪽.

278. 『寄協二十年史』, 51쪽, 49쪽.

279. 이순형, 「우리나라 기생충감염 집단관리 사업의 성공적 수행」, 176쪽.

280. 『寄協二十年史』, 49쪽.

281. 이순형, "우리나라 기생충 질환의 변천사", 『대한의사협회지』 50-11 (2007), 939쪽.

282. 『韓國學生蛔蟲感染集團管理事業分析』, (韓國寄生蟲撲滅協會, 1980), 5쪽.

283. 정준호 외, "1960년대 한국의 회충 감염의 사회사", 『의사학』 25-2 (2016), 187쪽.

284. 이종학, 『보건행정과 보건소활동』(증보판), 374쪽.

285. 김태호, 『근현대 한국 쌀의 사회사』 (들녘, 2017), 86쪽.

286. 『寄協二十年史』, 51쪽.

287. 박윤재, "위생에서 청결로—서울의 근대적 분뇨 처리", 『역사비평』 126 (2019), 274-275쪽.

288. 소진탁(蘇鎭琸), "기생충성질환의 관리", 『大韓醫學協會誌』 17-7 (1974), 16쪽.

289. 『寄協二十年史』, 51쪽.

290. 『소록도 100년—역사편』 (국립소록도병원, 2017), 30쪽.

291. 정근식, "'식민지적 근대'와 신체의 정치: 일제하 나(癩) 요양원을 중심으로", 『한국 사회사학회논문집』 51 (1997), 262-263쪽.

292. 류준, 『한국의 나병 치유』 (류준의과학연구소, 1991), 27쪽.

293. 『韓國癩病史』 (대한나관리협회, 1988), 122쪽, 147-148쪽.

294. In Ho Chu, "Public Health Reports in Korea", p. 94, p. 97.

295. 『보건복지70년사 보건의료편』, 238쪽.

296. 『서울特別市史(解放後市政篇)』 (서울특별시사편찬위원회, 1965), 472쪽.

297. 『保健社會 1981年版』, 65쪽.

298. 이강순(李康淳) 외, "화학요법제 D.D.S에 의한 나병예방에 관한 연구", 『大韓醫學協會誌』 3-3 (1960), 25쪽.

299. 『보건사회백서(1964년판)』, 72쪽.

300. 『保健社會 1981年版』, 65쪽.

301. 『韓國癩病史』, 202-203쪽.

302. 『보건사회백서(1964년판)』, 74-75쪽.

303. 「전염병예방법」, 법률 제308호, 1954.2.2., 제정. 「전염병예방법」, 법률 제1274호, 1963.2.9., 일부개정.

304. 『韓國癩病史』, 208쪽.

305. 『한국전염병사 II』, 54쪽.

306. 『보건사회백서(1964년판)』, 74-75쪽.

307. 『韓國癩病史』, 190-191쪽, 233쪽, 265-266쪽, 365쪽.

308. 『保健社會 1982年版』, 117-118쪽.

309. 『보건사회백서 1984년도』, 164쪽.

310. 『韓國癩病史』, 381-382쪽.

311. 『2012 감염병감시연보』, 23쪽.

312. 『보건복지70년사 보건의료편』, 209쪽.

3장 현대의료의 성장: 1989-현재

1. 신영수, "의료보험의 방향", 『大韓醫學協會誌』 27-11 (1984), 978쪽.

2. 『의료보험의 발자취』, 422-424쪽.

3. 『보건복지70년사 총설편』 (보건복지부, 2015), 160쪽.

4. "의료보장시책", 『보건주보』 639, 1988. 2. 12., 63-64쪽.

5. 『보건사회백서 1990년』 (보건사회부, 1990), 5쪽.

6. 『보건복지70년사 총설편』, 160쪽.

7. 『의료보험의 발자취』, 482쪽.

8. 『보건사회 1989년』, 176-184쪽.

9. "전국민의료보험확대실시현황", 『보건주보』 719, 1989. 9. 8., 296쪽.

10. "의료보장시책", 『보건주보』 639, 1988. 2. 12., 66쪽.

11. 『보건사회 1989년』, 188쪽.

12. "전국민 의료보험과 보험급여정책의 개선방안", 『보건주보』 682, 1988. 12. 9., 414쪽.

13. 『보건사회백서 1990년』, 206쪽.

14. 이상이, 『복지국가는 삶이다』, 98-99쪽.

15. 김한중, "의료보험 재정 확충과 의료수가의 합리적 조정", 『대한의사협회지』 43-10 (2000), 975쪽.

16. "1998년도 의료보장시책 방향", 『보건주보』, 1998. 1. 9., 11쪽.

17. 『보건사회백서 1990년』, 200쪽.

18. 『보건복지70년사 보건의료편』, 384-385쪽.

19. 『보건복지70년사 총설편』, 162쪽.

20. 조병희, 『의료개혁과 의료권력』 (나남출판, 2003), 85-86쪽.

21. 『보건사회백서 1990년』, 6-8쪽.

22. 『보건복지백서(2001)』 (보건복지부, 2001), 209-216쪽.

23. 『보건복지백서 1999』, 7-9쪽.

24. 『보건복지70년사 보건의료편』, 399쪽.

25. 『보건복지백서 1999』, 71쪽.

26. 『보건복지백서 2002』, 251쪽.

27. 『2006년 보건복지백서』, 92쪽.

28. 『보건복지70년사 총설편』, 193쪽.

29. 『2006년 보건복지백서』, 92-93쪽.

30. 『2009 보건복지백서』 (보건복지부, 2010), 419쪽.

31. 『2011 보건복지백서』 (보건복지부, 2012), 419쪽; 『2017 보건복지백서』, 661쪽.

32. 『2006년 보건복지백서』, 97쪽, 360쪽, 362쪽.

33. 『2013 보건복지백서』 (보건복지부, 2014), 40쪽, 611쪽.

34. 『2017 보건복지백서』, 673-678쪽.

35. 우석균 외, 『의료붕괴』, 411-412쪽.

36. 이상이 외, 『의료민영화 논쟁과 한국의료의 미래』 (도서출판 밈, 2008), 221-225쪽.

37. 우석균 외, 『의료붕괴』, 391쪽.

38. 『保健社會 1981年版』, 182쪽.

39. "국민보건향상을 위한 의료관리 개선의 과제", 『보건주보』, 1994. 3. 25., 7쪽.

40. 한광수, "회원 여러분! 이제 나서야 합니다", 『의협신보』, 1999. 11. 25.

41. 우석균 외, 『의료붕괴』, 200-202쪽.

42. 대한보건협회, 『대한민국 보건발달사』, 42쪽.

43. 신영수, "의료보험 도입 30년의 성과와 한계, 그리고 새로운 과제", 『대한의사협회지』 50-7 (2007), 568-571쪽.

44. 이상이, 「의료의 공공성과 국가의료제도」, 『오바마도 부러워하는 대한민국 국민건강
　　보험』 (도서출판 밈, 2010), 148쪽.

45. "코로나 치료비 500만원", 『서울신문』, 2020. 5. 27.

46. "'89 의정시책방향", 『보건주보』 686, 1989. 1. 20., 19쪽.

47. 『保健社會 1981年版』, 81-82쪽.

48. 예를 들면, 서울대학교의 춘성군 춘천시 보건의료시범사업, 연세대학교의 강화군 지
　　역사회보건사업, 전주예수병원의 고산지역 사회보건사업, 보건개발연구원의 홍천,
　　옥구, 군위 지역 종합보건의료시범사업 등이었다. 『의료보험의 발자취』, 549쪽; 종합
　　적 보건의료전달체계 시범사업으로는 1976년 4월부터 1980년까지 4년 9개월간 강
　　원도 홍천군, 전북의 옥구군, 경북의 군위군의 3개 군을 대상으로 마을건강사업이
　　실시되었다. 대한보건협회, 『대한민국 보건발달사』, 79쪽.

49. 『保健社會 1981年版』, 104쪽.

50. 위의 책, 78쪽.

51. 『의료보험의 발자취』, 549쪽.

52. 『보건복지백서 1999』, 224쪽.

53. 『보건사회백서 1993년』, 253쪽.

54. "의료균점가 의료공급대책", 『보건주보』 718, 1989. 9. 1., 290쪽.

55. "의료전달체계의 추진 현황", 『보건주보』 723, 1989. 10. 6., 328쪽.

56. "'87 일차보건 의료사업의 추진방향", 『보건주보』 588, 1987. 2. 13., 55-56쪽.

57. 『보건복지백서 1998』, 63쪽.

58. "1998년도 의정시책 방향", 『보건주보』, 1998. 1. 9., 6쪽.

59. 김정화 외, "의료개혁의 현안과 정책과제", 『한국행정학보』 31-4 (1998), 191쪽.

60. 우석균 외, 『의료붕괴』, 406쪽.

61. 조병희, 『한국 의사의 위기와 생존 전략』 (명경, 1994), 156쪽, 180쪽.

62. 『보건복지70년사 총설편』, 136-137쪽.

63. 「제정 개정이유」, 의료보호법, 법률 제3076호, 1977. 12. 31., 제정.

64. 『保健社會 1981年版』, 203쪽.

65. 『2010 보건복지백서』 (보건복지부, 2011), 100쪽.

66. "'95 의료보장 시책방향", 『보건주보』, 1995. 1. 19., 3쪽.

67. 『보건복지70년사 총설편』, 159쪽.

68. "모범보건소 운영과 전망", 『보건주보』 672, 1988. 9. 30., 338쪽.

69. 『보건복지70년사 총설편』, 197쪽.

70. 『보건복지백서 1999』, 17쪽.

71. 『보건복지백서 1998』, 36쪽.

72. 『보건복지70년사 총설편』, 182쪽.

73. 「제정 개정이유」, 국민기초생활보장법, 법률 제6024호, 1999. 9. 7., 제정.

74. 김대중, 『김대중 자서전』 2 (삼인, 2010), 341-342쪽.

75. 「제정 개정이유」, 의료급여법, 법률 제6474호, 2001. 5. 24., 전부개정.

76. 『2006년 보건복지백서』, 125쪽.

77. 『보건복지백서 2002』, 101쪽.

78. 『보건복지70년사 보건의료편』, 107쪽.

79. "국립한의학연구소 설립 기본계획" (의정국, 1993), 2쪽.

80. 『한국한의학연구원십년사』 (한국한의학연구원, 2004), 55쪽, 57쪽.

81. "의정시책", 『보건주보』, 1996. 1. 5., 15쪽.

82. "'97 의정시책", 『보건주보』, 1997. 2. 14., 14쪽.

83. 『보건복지백서 1999』, 414쪽.

84. 「제정 개정이유」, 한의약육성법, 법률 제6965호, 2003. 8. 6., 제정.

85. 『2006년 보건복지백서』, 64-5쪽.

86. 『2013 보건복지백서』, 758쪽.

87. 『2009 보건복지백서』, 538쪽.

88. 강승완, "국립 한의학전문대학원 설립 추진에 대한 의료계의 대책", 『대한의사협회지』 50-4 (2007), 294쪽.

89. 『보건사회 1989년』, 33쪽.

90. "콜레라 특별 방역대책", 『보건주보』, 1992. 5. 8., 6-7쪽.

91. 『한국전염병사 Ⅱ』, 172쪽.

92. 『2014-2015 질병관리백서』 (질병관리본부, 2016), 2쪽.

93. 『한국전염병사 Ⅱ』, 346-347쪽.

94. 『2003년 보건복지백서』 (보건복지부, 2004), 525-527쪽.

95. 『2011 보건복지백서』, 551쪽.

96. 「감염병의 예방 및 관리에 관한 법률」, 시행 2010. 12. 30., 법률 제9847호, 2009. 12. 29., 전부개정.

97. "감염병 공포에 대한 대응이 관건", 『한겨레』, 2020. 2. 19.

98. "AIDS관련 보건요원을 위한 AIDS의 개요", 『보건주보』 623, 1987. 10. 16., 345쪽.

99. "AIDS의 역학 및 대책", 『보건주보』 644, 1988. 3. 18., 116쪽, 118쪽.

100. 『보건사회 1989년』, 37쪽.

101. 『보건복지70년사 보건의료편』, 247쪽.

102. "'96년 보건시책", 『보건주보』, 1996. 2. 16., 7쪽.

103. ""알려지면 창피" 해외검진 늘어", 『동아일보』, 1996. 9. 8.

104. "에이즈 예방관리업무의 실제", 『보건주보』 802, 1991. 5. 24., 171-172쪽, 179쪽.

105. 「제정 개정이유」, 후천성면역결핍증예방법, 법률 제3943호, 1987. 11. 28., 제정.

106. 『보건사회백서 1990년』, 41쪽.

107. 『보건복지백서 2000』 (보건복지부, 2000), 407쪽.

108. 「제정 개정이유」, 후천성면역결핍증예방법, 법률 제5840호, 1999. 2. 8., 일부개정.

109. 『보건복지70년사 보건의료편』, 248쪽.

110. 전염병예방법, 법률 제6162호, 2000. 1. 12., 일부개정

111. 「제정 개정이유」, 후천성면역결핍증예방법, 법률 제8940호, 2008. 3. 21., 일부개정.

112. 『2013 질병관리백서』 (질병관리본부, 2014), 91-92쪽.

113. "우리나라의 약제내성 결핵", 『보건주보』, 1996. 12. 27., 8-9쪽.

114. "결핵의 예방과 치료", 『보건주보』, 1993. 8. 27., 4-5쪽.

115. "한국의 결핵현황과 전망", 『보건주보』, 1997. 7. 18., 6-7쪽.

116. 『한국전염병사 II』, 312쪽.

117. 김건열, "결핵과 AIDS", 『大韓醫學協會誌』 36-3 (1993), 257-258쪽.

118. "세계의 결핵과 한국의 실태", 『보건주보』, 1995. 11. 1., 11쪽.

119. 김정순, 『한국인의 건강과 질병양상』, 327쪽.

120. "한국의 결핵현황과 전망", 『보건주보』, 1997. 7. 18., 3쪽, 10쪽.

121. "우리나라의 결핵관리", 『보건주보』, 1992. 3. 27., 9쪽.

122. ""병원비·약값 없는데…" 가난 노리는 '결핵'", 『한겨레』, 2007. 9. 27.

123. 『2013 보건복지백서』, 515쪽.

124. 「제정 개정이유」, 결핵예방법, 법률 제6798호, 2002. 12. 18., 일부개정.

125. 『2013 질병관리백서』, 11쪽; 『2017 질병관리백서』 (질병관리본부, 2018), 98쪽.

126. 「제정 개정이유」, 결핵예방법, 법률 제9963호, 2010. 1. 25., 전부개정.

127. 『2013 질병관리백서』, 12쪽.

128. 『보건복지70년사 보건의료편』, 222-223쪽.

129. 『2013 질병관리백서』, 83쪽.

130. 『보건복지백서 1999』, 318쪽.

131. 『한국전염병사 Ⅱ』, 57-8쪽, 260-261쪽.

132. 『보건복지70년사 보건의료편』, 222-223쪽.

133. 『2013 질병관리백서』, 88쪽.

134. 『2003 보건복지백서』 (보건복지부, 2004), 525-526쪽.

135. 『2004 질병관리본부백서』 (질병관리본부, 2004), 5-6쪽, 65쪽.

136. 『바이러스가 지나간 자리』, 40쪽.

137. 최은경 외, "2000년대 글로벌 전염병 거버넌스의 변화: 글로벌 보건 안보의 대두와 국내 전염병 관리 체계의 변화", 『의사학』 25-3 (2016), 503쪽.

138. 『보건복지70년사 보건의료편』, 216쪽.

139. "보건복지부와그소속기관직제중개정령", 『관보』, 2003. 12. 18.

140. 『2007년 보건복지가족백서』 (보건복지부, 2008), 685-687쪽.

141. 『2004 질병관리본부백서』, 13-16쪽.

142. 『2007 질병관리본부백서』 (질병관리본부, 2008), 107쪽.

143. 『2013 질병관리백서』, 21쪽.

144. 『한국전염병사 Ⅱ』, 330쪽.

145. 『바이러스가 지나간 자리』, 41쪽.

146. 『2009 질병관리백서』 (질병관리본부, 2010), 2쪽, 6쪽, 10-11쪽.

147. 권오영, 「한국 전염병 감시체계의 흐름에 관한 연구 ―1950년대부터 현재까지―」, 57쪽.

148. 『2014-2015 질병관리백서』, 2쪽, 217쪽.

149. 『2016 보건복지백서』 (보건복지부, 2017), 871쪽.

150. 「제정 개정이유」, 감염병의 예방 및 관리에 관한 법률, 법률 제13392호, 2015. 7. 6., 일부개정; 『2015 보건복지백서』 (보건복지부, 2016), 546쪽.

151. "신종감염병 대응 24시간 긴급상황실 설치 등 국가방역체계 개편 (메르스)", 질병관리본부, 2015. 9. 1.

152. 우석균 외, 『의료붕괴』, 122쪽, 134쪽, 145쪽.

153. "韓, 도시 봉쇄 없이도", 『조선일보』, 2020. 3. 11.

154. "한국, 코로나19와 싸움서 민주주의의 힘 보여줘", 『연합뉴스』, 2020. 3. 12.

155. "'팬데믹'에 한국 찾는 WHO", 『뉴시스』, 2020. 3. 17.

156. "정권초 내세웠던 공공의료 강화, 정부 의지 사그라들어", 『한겨레』, 2020. 6. 26.

157. "'K방역' 찬사 속 국내 의료진 '번아웃' 심각", 『세계일보』, 2020. 7. 25.

158. 『2013 질병관리백서』, 27쪽.

159. 『보건복지70년사 보건의료편』, 254쪽.

160. 『보건복지70년사 총설편』, 174쪽.

161. 『보건복지백서 1995년』 (보건복지부, 1995), 23쪽.

162. 「제정 개정이유」, 국민건강증진법, 법률 제4914호, 1995. 1. 5., 제정.

163. "'95년도 보건정책", 『보건주보』, 1995. 1. 6., 11쪽.

164. "국민건강증진법이 시행되면", 『보건주보』, 1995. 4. 7., 10쪽.

165. "국민건강증진대책", 『보건주보』, 1995. 3. 3., 11쪽.

166. 『보건복지백서 2002』, 45-48쪽.

167. 『보건복지70년사 보건의료편』, 255-256쪽.

168. 『보건복지70년사 총설편』, 211쪽.

169. 『2009 보건복지백서』, 678쪽.

170. 『2017 보건복지백서』, 747-750쪽

171. 『보건복지백서(2001)』, 411-412쪽.

172. "'95년도 보건정책", 『보건주보』, 1995. 1. 6., 9쪽.

173. 『2003 보건복지백서』, 577쪽.

174. 『보건복지백서 1997』, 63쪽.

175. 『보건복지70년사 보건의료편』, 263-264쪽.

176. 『2017 보건복지백서』, 610쪽.

177. 『보건복지백서 2002』, 471쪽.

178. 『2003 보건복지백서』, 583쪽; 『2006년 보건복지백서』, 84쪽.

179. 「제정 개정 이유」, 암관리법, 법률 제6908호, 2003. 5. 29., 제정.

180. 『2003 보건복지백서』, 579쪽.

181. KOSIS 24개 암종/성/연령(5세)별 암발생자수, 발생률.

182. 『2006년 보건복지백서』, 686쪽.

183. 『2010 보건복지백서』, 573쪽.

184. 『2009 보건복지백서』, 752-753쪽.

185. 『2013 보건복지백서』, 540-541쪽.

186. 『2013 질병관리백서』, 427쪽.

187. 『보건복지70년사 보건의료편』, 84쪽, 102쪽.

188. 『앞선 의술, 더 큰 사랑, 서울아산병원 20년 1989-2009』 (서울아산병원, 2009), 24쪽.

189. 『새전통 새희망 삼성서울병원 10년사』 (삼성서울병원, 2004), 27쪽, 33쪽, 39쪽, 40-41쪽, 54쪽.

190. 『앞선 의술, 더 큰 사랑, 서울아산병원 20년 1989-2009』, 43쪽.

191. 『새전통 새희망 삼성서울병원 10년사』, 48쪽.

192. 『앞선 의술, 더 큰 사랑, 서울아산병원 20년 1989-2009』, 45쪽, 99쪽.

193. 조병희, 『의료문제의 사회학』 (태일사, 1999), 129쪽.

194. 『보건사회백서 1984년도』, 41쪽.

195. 김용익, "보건의료운동의 평가와 전망", 『환경과 사회』 3 (1994), 74쪽.

196. 우석균 외, 『의료붕괴』, 128쪽.

197. "건강검진 시장 '3파전'으로", 『朝鮮日報』, 2003. 10. 9.

198. 이상이 외, 『의료민영화 논쟁과 한국의료의 미래』, 232쪽.

199. 박형근, 「영리병원 허용과 국민건강보험의 관계」, 『오바마도 부러워하는 대한민국 국민건강보험』, 161쪽.

200. 『오바마도 부러워하는 대한민국 국민건강보험』, 44쪽.

201. 『보건복지백서 2002』, 421쪽.

202. 「제정 개정이유」, 공공보건의료에 관한 법률, 법률 제6159호, 2000. 1. 12., 제정.

203. 『2010 보건복지백서』, 511쪽.

204. 『2004 보건복지백서』, 8-9쪽.

205. 공공보건의료에 관한 법률, 법률 제11247호, 2012. 2. 1., 전부개정.

206. 『2012 보건복지백서』, 493-494쪽.

207. 『2016 보건복지백서』, 486쪽.

208. 『2017 보건복지백서』, 502쪽.

209. 대한보건협회, 『대한민국 보건발달사』, 48쪽.

210. 『2010 보건복지백서』, 512쪽.

211. 우석균 외, 『의료붕괴』, 34쪽, 55-57쪽.

212. 『2017 보건복지백서』, 502쪽.

213. 이상이 외, 『의료민영화 논쟁과 한국의료의 미래』, 263쪽.

214. 『한국제약 100년』, 307-309쪽.

215. 김석관,『한국 제약산업의 글로벌 혁신 네트워크 분석』(고려대 대학원 박사논문, 2011), 137쪽.

216.『보건사회백서 1993년』, 184쪽.

217. 이종욱, "신약개발 현황 및 전망",『한국의 학술연구 약학』(대한민국학술원, 2008), 403쪽.

218.『보건사회백서 1985』, 498쪽.

219. 서귀현, "개량신약",『한국제약 100년』(약업신문, 2014), 564-565쪽.

220. 추연성, "신약 개발에 대한 도전과 과제",『대한의사협회지』46-7 (2003), 562쪽.

221.『보건사회 1986년』, 367쪽.

222. "'92년도 약정시책",『보건주보』, 1992. 1. 24., 8쪽.

223.『보건사회 1986년』, 368쪽.

224. 여재천, "신약개발",『한국제약 100년』(약업신문, 2014), 553쪽.

225. "'88년도 약정분야 시책 방향",『보건주보』636, 1988. 1. 22., 25쪽.

226. "1991년 약정시책",『보건주보』786, 1991. 1. 25., 23-24쪽.

227.『製藥五十年史』(韓國製藥協會, 1996), 318-319쪽.

228.『보건사회 1988년』(보건사회부, 1988), 144-145쪽.

229.『製藥五十年史』, 318-319쪽.

230.『보건사회백서 1994년』(보건사회부, 1994), 419쪽.

231.『製藥五十年史』, 385쪽.

232.『한국의 학술연구 약학』, 20쪽.

233.『보건복지백서 1997』, 171쪽.

234.『한국제약 100년』, 339쪽, 381쪽, 425-426쪽.

235.「제정 개정이유」, 천연물신약연구개발촉진법, 법률 제6165호, 2000. 1. 12., 제정.

236.「제정 개정이유」, 제약산업 육성 및 지원에 관한 특별법, 법률 제10519호, 2011. 3. 30., 제정.

237.『2013 보건복지백서』, 729쪽.

238.『한국제약 100년』, 428쪽, 486쪽.

239. 김석관,『한국 제약산업의 글로벌 혁신 네트워크 분석』, 137쪽.

240. 김종영, "전통적 지식의 정치경제학—한의학의 바이오경제화와 천연물 신약 분쟁",『담론201』17-1 (2014), 93-94쪽.

241. 이종욱, "신약개발 현황 및 전망",『한국의 학술연구 약학』(대한민국학술원, 2008),

392-393쪽.

242. 이충열, 「한의계 입장에서 본 한약 분쟁」, 『한국의료대논쟁』, 220쪽, 242쪽.

243. "약국에서 한약장 철거", 『한의사협보』, 1980. 3. 31.(경희대 비대위 자료국, 『1993-1995년 투쟁 자료집』 1 (1996), 115쪽. 이하 '자료집'으로 약칭함).

244. "약사 한약 조제금지 등 대정부 건의안을 채택", 『한의사협보』, 1976. 12. 20.(자료집 1, 14쪽)

245. 「약사법시행규칙」, 보건사회부령 제642호, 1980. 3. 22., 일부개정.

246. 차홍봉, 『의약분업 정책과정』 (집문당, 2006), 85쪽.

247. "약국에서 한약장 철거", 『한의사협보』, 1980. 3. 31.(자료집 1, 13쪽)

248. "한방의료 어떻게 가야하나?", 건강사회를 위한 약사회, 1993.(자료집 1-2, 109쪽)

249. "약사의 한약취급문제 검토" (보건사회부, 1993).(자료집 1, 3쪽)

250. "약사법 개정관련 문답자료" (보건사회부, 1993).(자료집 4(Ⅰ), 228쪽)

251. 이범구, "약사법 개정과 약국 한약 정책", 『대한약사회지』 5-3 (1994), 18쪽.

252. 이충열, "한의계 입장에서 본 한약 분쟁", 『한국의료대논쟁』, 212-213쪽.

253. "의료계의 괴물, 약사" (경희대 중앙비대위, 연도 미상).(자료집 17, 75-76쪽)

254. "민족의학 사수의 한길로" (경희대 한의과 비상대책위원회, 1995).(자료집 17, 103쪽)

255. 『보건복지70년사 보건의료편』, 111-112쪽.

256. 이충열, "한의계 입장에서 본 한약 분쟁", 『한국의료대논쟁』, 219쪽.

257. "한약 조제권 논쟁 정리" (한약문제 바로잡기와 보건의료개혁을 위한 서울대 약대 대책위, 1993), 2쪽.(자료집 1-2, 22쪽)

258. 한의계는 약사법 2조 1항의 약사(藥事) 범위에 한약이 빠져 있고, 의약품에 대한 정의를 담은 4항이 아니라 5항에 별도로 한약을 정의하고 있다는 점을 들어 약사법에 규정된 의약품은 양약을 말하는 것이며 한약은 포함되지 않는다고 주장했다. 이충열, "한의계 입장에서 본 한약 분쟁", 『한국의료대논쟁』, 221쪽.

259. "한방의료 어떻게 가야하나?" (건강사회를 위한 약사회, 1993).(자료집 1-2, 106쪽)

260. "약사의 한약조제 당위성" (대한약사회, 1993).(자료집 1-2, 183쪽)

261. 『청년한의사』 15 (참된의료 실현을 위한 청년한의사회, 1993), 8쪽.(자료집 1, 103쪽)

262. "약은 약사에게 의사는 진료를" (대한약사회, 1993).(자료집 1-2, 197쪽)

263. 지옥표, "끝날 수 없는 한약 전쟁", 『한국의료대논쟁』, 239쪽.

264. "한약 조제권 논쟁 정리" (한약문제 바로잡기와 보건의료개혁을 위한 서울대 약대

대책위, 1993), 2쪽.(자료집 1-2, 22쪽)

265. 이충열, "한의계 입장에서 본 한약 분쟁", 『한국의료대논쟁』, 225쪽.

266. "약사법개정추진위원회 간담회 자료"(대한한의사협회, 1993).(자료집 5, 71쪽)

267. "한방의료 어떻게 가야하나?"(건강사회를 위한 약사회, 1993).(자료집 1-2, 106쪽)

268. KOSIS 통계로 시간여행. http://kosis.kr/visual/statisticTimeTour/index/index.do

269. "올바른 약대인의 입장 마련을 위하여"(한약문제 바로잡기와 보건의료개혁을 위한 서울대 약대 대책위, 1993), 1쪽.(자료집 1-2, 36쪽)

270. "약사 한약조제의 부당성"(전국 한의과대학 학생회 연합회, 1993).(자료집 4(Ⅱ), 373쪽) 약사들은 약사법 제2조 제5항 한약 규정이 의약품과 별도 규정인 것으로 생각할 수도 있지만, 병렬항인 제11항 독약 극약, 제12항 신약, 제13항 전문의약품, 제14항 일반의약품 등과 같이 의약품의 분류 중 하나로 볼 수도 있다고 주장하였다. 이규식, "약사법 개정에 관련된 의견서".(자료집 5, 27쪽)

271. "약사법개정(안)"(대한한의사협회, 1993).(자료집 5, 179쪽, 183쪽)

272. "약사 한약조제의 부당성"(전국 한의과대학 학생회 연합회, 1993).(자료집 4(Ⅱ), 375쪽)

273. "중앙대 약대 교육자료 1편"(중앙대 약대 비대위, 1995).(자료집 1-2, 71쪽)

274. 『보건사회백서 1992년』, 131쪽.

275. 『보건사회백서 1993년』, 125쪽.

276. 조병희, 『의료문제의 사회학』, 218-219쪽.

277. 조병희, "한약분쟁의 사회학", 『한국의료대논쟁』, 276쪽.

278. 지옥표, "끝날 수 없는 한약 전쟁", 『한국의료대논쟁』, 232쪽, 234쪽, 260쪽.

279. 조병희, "한약분쟁의 사회학", 『한국의료대논쟁』, 267쪽.

280. "약사의 한약조제 그 부당성"(대한한의사협회, 연도 미상), 9쪽.

281. "약사법 개정관련 문답자료"(보건사회부, 1993).(자료집 4(Ⅰ), 228쪽)

282. 『보건복지70년사 총설편』, 181쪽.

283. 『자료집』 17, 101쪽.

284. "민족의학 투쟁 100년사"(제15회 행림제 준비위원회 조사국, 1991).(자료집 19, 17쪽)

285. "보건사회부의 약사법 개정 확정안 발표에 대한 성명서"(대한한의사협회, 1993).(자료집 4(Ⅱ), 58쪽)

286. "21세기 인류의 등불 한의학—1"(경희대 원전의사학교실, 1993).(자료집 20, 195쪽)

287. "약사법 개정관련 문답자료" (보건사회부, 1993).(자료집 4(Ⅰ), 236쪽)

288. "보건사회연구원 주최 '의료일원화 정책토론회'에 대한 대한한의사협회의 입장", 대한한의사협회, 2016. 2. 18.

289. "최혁용 집행부 교육정책 변화", 『민족의학신문』, 2020. 8. 27.

290. 『大韓韓醫師協會 四十年史』, 252-256쪽.

291. 『보건사회백서 1984년도』, 34쪽.

292. 이규덕, "의약 분업의 쟁점과 국민 건강", 『한국의료대논쟁』, 117쪽.

293. 김인호, "약국의 1차 의료행위", 『대한의사협회지』 39-2 (1996), 137쪽.

294. "'89 약정분야 시책방향", 『보건주보』 687, 1989. 1. 27., 32쪽.

295. 차홍봉, 『의약분업 정책과정』, 36쪽.

296. "1998년도 약무정책 방향", 『보건주보』, 1998. 1. 30., 12쪽.

297. 차홍봉, 『의약분업 정책과정』, 69쪽.

298. 『보건사회백서 1994년』, 142쪽.

299. 『보건복지백서 1999』, 37쪽, 273쪽.

300. 약사법, 법률 제300호, 1953. 12. 18., 제정.

301. 차홍봉, 『의약분업 정책과정』, 62쪽.

302. 『보건복지백서 1999』, 36쪽.

303. 차홍봉, 『의약분업 정책과정』, 68-70쪽.

304. 권경희, "의약 분업에 관한 약사측 입장과 주장", 『한국의료대논쟁』, 160쪽.

305. 박재용, "의약 분업 실시에 따른 주요 쟁점", 『한국의료대논쟁』, 178쪽.

306. 『보건복지백서 1999』, 37쪽.

307. 차홍봉, 『의약분업 정책과정』, 91쪽.

308. 『보건복지70년사 보건의료편』, 168-169쪽.

　　5·10 합의 의약분업안은 다음과 같은 내용을 담고 있었다.

　- 의약분업의 대상기관은 모든 의료기관(보건소·보건지소 포함)으로 한다.

　- 모든 의료기관의 외래환자에 대한 원외조제를 의무화하기 위하여 의료기관의 외래조제실을 폐쇄하도록 한다.

　- 의약분업의 대상의약품은 주사제를 포함한 전문의약품으로 한다. 단, 운반·보관에 안전을 요하거나 항암제, 검사·수술·처치용 주사제 등은 중앙약사심의위원회 결정에 따라 제외하도록 한다.

　- 처방전 발행 방식의 경우, 상품명 또는 일반명으로 처방하도록 한다.

- 상품명 처방도 필요한 경우 동일 성분·함량·제형의 의약품으로 대체조제를 허용하되, 환자에게 사전에 알리고 의사에게는 추후 통보하도록 한다.
- 약효동등성 확보를 위하여 의약분업 실시 전에 모든 의약품을 재평가하여 약효동등성을 입증하고, 입증되지 않는 품목은 허가 취소하도록 한다.
- 의약품 분류 및 표시 보관의 경우, 전문·일반의약품 분류는 국민회의 조정안을 바탕으로 하되, 재검토가 필요한 품목은 2000년 3월말까지 객관적인 연구 작업을 거쳐 중앙약사심의위원회에서 최종 확정하며, 3년마다 전면 재분류하도록 한다.
- 전문·일반의약품 포장에 구별되는 표식을 하고 약국에서는 이를 구분 보관하며, 의약품 낱개마다 식별기호를 인쇄하도록 한다.
- 일반의약품 투약 방식의 경우, 약사의 일반의약품 개봉판매를 금지하도록 한다. 단, 성분명·함량 및 제조회사가 기재된 PTP 및 Foil은 포장으로 인정하도록 한다.

309. 차홍봉, 『의약분업 정책과정』, 161쪽.

310. "정부분업안 반대 97.1%", 『의사신문』, 2000. 5. 18.

311. 임기영, "의권 회복의 그날까지", 『의권쟁취투쟁사』 (서울특별시의사회, 2002), 12쪽.

312. 「결의문」, 대한의사협회, 대한병원협회, 2000. 2. 17.(『의권쟁취투쟁사』, 39쪽)

313. 김대중, 『김대중 자서전』 2, 349쪽.

314. 『보건복지70년사 총설편』, 216쪽.

315. 『보건복지백서 2002』, 342-343쪽.

316. 차홍봉, 『의약분업 정책과정』, 46-47쪽.

317. 이규덕, "의약 분업의 쟁점과 국민 건강", 『한국의료대논쟁』, 131쪽.

318. 권경희, "의약 분업에 관한 약사측 입장과 주장", 『한국의료대논쟁』, 172쪽.

319. "의약분업 실시와 약사법 및 관련 규정 개정에 관한 시민단체 의견서" (의약분업 정착을 위한 시민운동본부, 2000), 1-7쪽.

320. 박재용, "의약 분업 실시에 따른 주요 쟁점", 『한국의료대논쟁』, 193쪽.

321. 이규덕, "의약 분업의 쟁점과 국민 건강", 『한국의료대논쟁』, 146-147쪽.

322. "보건복지부의 '약사법개정 의견'에 대한 대한의사협회 의견", 2000.

323. "국민의 健康과 便益 입장에서 醫藥界 및 市民團體의 주장을 최대한 수렴하여 藥師法 개정추진" (보건복지부, 2000), 2-6쪽.

324. 차홍봉, 『의약분업 정책과정』, 410쪽.

325. 권경희, "의약 분업에 관한 약사측 입장과 주장", 『한국의료대논쟁』, 171쪽.

326. 박재용, "의약 분업 실시에 따른 주요 쟁점", 『한국의료대논쟁』, 191쪽.

327. 위의 글, 198-199쪽.

328. 『보건복지백서 1999』, 377쪽.

329. 박재용, "의약 분업 실시에 따른 주요 쟁점", 『한국의료대논쟁』, 184쪽.

330. 김한중, "의료보험 재정 확충과 의료수가의 합리적 조정", 『대한의사협회지』 43-10 (2000), 980쪽.

331. 이규덕, "의약 분업의 쟁점과 국민 건강", 『한국의료대논쟁』, 136쪽, 135쪽.

332. 한광수, "회원 여러분! 이제 나서야 합니다", 『의협신보』, 1999. 11. 25.

333. 『보건사회백서 1990년』, 218쪽.

334. 송호근, "의료계 투쟁이 남긴 것", 『의권쟁취투쟁사』, 9쪽.

335. 이규덕, "의약 분업의 쟁점과 국민 건강", 『한국의료대논쟁』, 121쪽.

336. 『의권쟁취투쟁사』, 6쪽.

337. 이규덕, "의약 분업의 쟁점과 국민 건강", 『한국의료대논쟁』, 123쪽.

338. 『보건복지백서 2002』, 5쪽.

339. "의료계 2차폐업 주도하는 전공의", 『한겨레신문』, 2000. 8. 2.

340. 차흥봉, 『의약분업 정책과정』, 376쪽.

341. 대한보건협회, 『대한민국 보건발달사』, 44쪽.

342. 권경희, "의약 분업에 관한 약사측 입장과 주장", 『한국의료대논쟁』, 175쪽.

343. 박재용, "의약 분업 실시에 따른 주요 쟁점", 『한국의료대논쟁』, 180쪽.

344. 차흥봉, 『의약분업 정책과정』, 21쪽, 430쪽.

345. "광고", 『중앙일보』, 2002. 11. 25.

346. 이규덕, "의약 분업의 쟁점과 국민 건강", 『한국의료대논쟁』, 125쪽.

347. 차흥봉, 『의약분업 정책과정』, 378쪽.

348. 『보건복지백서 2002』, 231쪽.

349. 「제정 개정이유」, 국민건강보험재정건전화특별법, 법률 제6620호, 2002. 1. 19., 제정.

350. "의약분업관련 보건의료 발전대책" (보건복지부, 2000), 2쪽.

351. "실리챙긴 의사들 이제 명분얻기", 『한겨레신문』, 2000. 8. 12.

352. 차흥봉, 『의약분업 정책과정』, 161쪽.

353. 조병희, 『의료개혁과 의료권력』, 98-99쪽.

354. "의약분업 시행방안 확정", 보건복지부, 1999. 9. 17.

355. "전면시행 의약분업 그 문제점", 『의협신문』, 2000. 7. 31.

356. 조병희, 『의료개혁과 의료권력』, 116쪽.

357. 차흥봉,『의약분업 정책과정』, 412쪽.

358. 조병희,『의료개혁과 의료권력』, 109쪽.

359. "의료제도와 건강권",『大韓醫學協會誌』20-2 (1977), 3-4쪽.

360.『보건사회백서 1990년』, 150쪽.

361. "'인술 포기 선언'은 안된다",『한국일보』, 2000. 3. 29.

362. "슈바이처⋯의사선생님⋯의료기술인⋯",『국민일보』, 2000. 9. 28.

363. 우석균 외,『의료붕괴』, 78쪽.

364. 김한중, "의료기관의 영리법인 인정",『대한의사협회지』48-7 (2005), 598-599쪽.

365. 이상이,『복지국가는 삶이다』, 193쪽, 197쪽.

366. 박형근, "영리병원 허용과 국민건강보험의 관계",『오바마도 부러워하는 대한민국 국민건강보험』, 164쪽.

367. 이상이 외,『의료민영화 논쟁과 한국의료의 미래』, 83쪽.

368. 김종명, "의료민영화는 건강보험을 어떻게 위협하나",『오마이뉴스』, 2014. 7. 3.

369. 우석균 외,『의료붕괴』, 94쪽.

370. "속속 드러나는 문제투성이 제주영리병원 허가",『한겨레』, 2019. 2. 18.

371.『2010 보건복지백서』, 612쪽.

372.『2016 보건복지백서』, 806쪽.

373. 김진, "원격진료와 사이버 병원",『대한의사협회지』43-11 (2000), 1042쪽.

374.『보건복지백서 1995년』, 179-180쪽.

375.『2017 보건복지백서』, 465-468쪽.

376. "국민건강 도외시하는 원격의료 도입 논의 즉각 중단하라", 대한의사협회, 2018. 8. 27.

377. 우석균 외,『의료붕괴』, 24쪽, 133쪽, 219쪽, 238쪽.

378. 이용민, "원격의료를 둘러싼 논쟁",『대한의사협회지』59-11 (2016), 830쪽.

379.『보건사회백서 1984년도』, 9쪽.

380. "건강개념의 새로운 이해와 실제적용방법",『보건주보』, 1994. 5. 6., 7-8쪽.

381.『보건사회백서 1985』, 29-30쪽.

382. "의료제도와 건강권",『大韓醫學協會誌』20-2, 1977, 20쪽.

383. "의료균점가 의료공급대책",『보건주보』718, 1989. 9. 1., 288-290쪽.

384.『보건복지백서 1995년』, 181-182쪽.

385.『保健社會 1982年板』, 181쪽.

386. 「제정 개정이유」, 의료사고 피해구제 및 의료분쟁 조정 등에 관한 법률, 법률 제 10566호, 2011. 4. 7., 제정.

387. 『보건복지70년사 보건의료편』, 163-164쪽.

388. 『보건복지백서 1996년』(보건복지부, 1996), 9쪽.

389. 『2004 보건복지백서』, 323쪽.

390. 『2013 보건복지백서』, 410쪽.

391. 『2011 보건복지백서』, 466쪽.

392. 『2017 보건복지백서』, 441쪽.

393. 「제정 개정이유」, 환자안전법, 법률 제13113호, 2015. 1. 28., 제정.

394. "의료제도와 건강권", 『大韓醫學協會誌』 20-2 (1977), 30쪽.

395. "醫保 한달 農漁村이 않는다", 『동아일보』, 1988. 2. 1.

396. "농어촌의료보험료 비싸다", 『한겨레신문』, 1988. 12. 17.

397. "의료보험은 통합체제로", 『한겨레신문』, 1988. 9. 6.

398. "농촌 醫保料 너무 비싸 주민 고지서 返納 항의", 『매일경제』, 1988. 1. 23; 이상이, 『복지국가는 삶이다』, 61쪽.

399. 최규진, 『한국 보건의료운동의 궤적과 사회의학연구회』(한울, 2015), 153쪽.

400. 김용익, "보건의료운동의 평가와 전망", 『환경과 사회』 3 (1994), 71쪽.

401. 『한국전염병사 Ⅱ』, 271-272쪽.

402. 이수연, "다국적 제약자본의 지적재산권 보호 대 국민 건강권 보장간의 갈등—글리벡 사건을 중심으로", 『사회복지연구』, 23 (2004), 150-153쪽.

403. "글리벡 약가결정을 철회하라!", 글리벡 문제 해결과 의약품 공공성 확대를 위한 공동대책위원회 외, 2003. 1. 24.

404. 조병희, 『의료개혁과 의료권력』, 81-122쪽.

표 일람

도판 일람

〈참고문헌〉

1. 자료

1) 정부 간행물

『감염병감시연보』

『관보』

『국회속기록』

『보건복지백서』

『보건사회』

『보건사회백서』

『보건주보』

『새살림』

『朝鮮總督府官報』

『주보』

『중앙방역연구소소보』

『중앙방역연구소요람』

『질병관리백서』

『保健社會行政槪觀』 (保健社會部, 1958)

『서울特別市史(解放後市政篇)』 (서울특별시사편찬위원회, 1965)

『藥務行政白書』 (保健社會部 藥政局 藥務課, 1967)

「국립한의학연구소 설립 기본계획」(의정국, 1993)

「국민의 健康과 便益 입장에서 醫藥界 및 市民團體의 주장을 최대한 수렴하여 藥師法 개정추진」(보건복지부, 2000)

「신종감염병 대응 24시간 긴급상황실 설치 등 국가방역체계 개편 (메르스)」 (질병관리본부, 2015. 9. 1)
「의약분업관련 보건의료 발전대책」 (보건복지부, 2000)

2) 신문, 잡지

『家政新聞』

『경향신문』

『뉴시스』

『동아일보』

『매일경제』

『每日申報』

『민족의학신문』

『민주신보』

『民主主義』

『세계일보』

『연합뉴스』

『오마이뉴스』

『의협신문』

『자유신문』

『朝鮮』

『조선일보』

『朝鮮中央日報』

『중앙일보』

『한겨레』

3) 자서전, 회고록

김대중, 『김대중 자서전』 2 (삼인, 2010)

김신권, 『나의 약업 70년』 (디자인하우스, 2011)

문태준, 『德巖 文太俊 回顧錄』 (샘터사, 1997)

양재모, 『사랑의 빚만 지고』 (큐라인, 2001)

이용각, 『甲子生 醫師』 (아카데미나, 1997)

李鍾根, 『나의 藥과 鍾根堂: 高村 李鍾根回顧錄』(高村奬學會, 1981)

한격부, 『그래도 남은 게 있는 捨石 九十星霜』(중앙문화사, 2002)

4) 병원사, 학교사, 학회사, 협회사

『건협 40년사』(한국건강관리협회, 2005)

『寄協二十年史』(한국기생충박멸협회, 1984)

『대한결핵협회 20년사』(대한결핵협회, 1974)

『대한결핵협회 30년사』(대한결핵협회, 1983)

『大韓民國看護兵科60年史』(陸軍本部, 2009)

『대한약사회사』(대한약사회, 1970)

『대한외과학회 50년사』(대한외과학회, 1997)

『大韓韓醫師協會 四十年史』(대한한의사협회, 1989)

『東亞製藥五十年史』(동아제약주식회사, 1982)

『새전통 새희망 삼성서울병원 10년사』(삼성서울병원, 2004)

『서울대학교병원사』(서울대학교병원, 1993)

『서울대학교 약학대학 100년사』(서울대학교 약학대학, 2017)

서울대학교의과대학사편찬위원회, 『서울대학교의과대학사 1885–1978』(서울대학교 의
　　과대학, 1978)

『소록도 100년 – 역사편』(국립소록도병원, 2017)

『앞선 의술, 더 큰 사랑, 서울아산병원 20년 1989–2009』(서울아산병원, 2009)

『藥工四十年史』(大韓藥品工業協會, 1986)

『藥工二十年史』(大韓藥品工業協會, 1965)

연세대학교 의과대학 의학백년 편찬위원회, 『의학백년』(연세대학교 출판부, 1986)

『연세대학교 의과대학 재정사』(연세대학교 의과대학, 1972)

『圓光大學校四十年史』(원광대학교, 1987)

『柳韓五十年』(柳韓洋行, 1976)

『의료보험의 발자취』(의료보험연합회, 1997)

『製藥五十年史』(韓國製藥協會, 1996)

『한국가족계획10년사』(대한가족계획협회, 1975)

『한국한의학연구원십년사』(한국한의학연구원, 2004)

『한독약품 50년사』(한독약품, 2004)

5) 의료계 신문, 학술지

『대한약사회지』

『대한의학협회지』

『大韓醫學協會會報』

『東洋醫學』

『世富蘭偲校友會報』

『의사신문』

『의협신보』

『朝鮮醫學新報』

6) 자료집

경희대 비대위 자료국, 『1993-1995년 투쟁 자료집』 1-20 (1996).

『서울대학교병원사 사료집 1885-2015』 (서울대학교병원, 2015).

『의권쟁취투쟁사』 (서울특별시의사회, 2002).

7) 인터넷 사이트

KOSIS 통계로 시간여행(http://kosis.kr/visual/statisticTimeTour/index/index.do).

국가법령정보센터(http://www.law.go.kr/).

한국역사정보통합시스템(http://www.koreanhistory.or.kr/).

8) 일반 자료

『대한보건연감(1945-1956)』 (보건연감사, 1956).

류준, 『한국의 나병 치유』 (류준의과학연구소, 1991).

소진탁, 『농촌위생』 (부민문화사, 1963).

『臨時政府樹立大綱』 (새한민보사, 1947).

『韓國學生蛔蟲感染集團管理事業分析』 (韓國寄生蟲撲滅協會, 1980).

「보건복지부의 '약사법개정 의견'에 대한 대한의사협회 의견」 (2000).

「보건사회연구원 주최 '의료일원화 정책토론회'에 대한 대한한의사협회의 입장」 (대한한의
사협회, 2016. 2. 18).

「보도자료 – 국민건강 도외시하는 원격의료 도입 논의 즉각 중단하라」 (대한의사협회,

2018. 8. 27).

「思想에 關한 情報綴 1 - 城大生徒의 研究會 組織에 관한 건」, 京東警高秘 제2617호, 1931. 9. 18.

「의약분업 실시와 약사법 및 관련 규정 개정에 관한 시민단체 의견서」 (의약분업 정착을 위한 시민운동본부, 2000).

"Annual Report of Public Health in Korea, 1953", KCAC.

Chai C. Choi, "Public Health in Korea", 1949.

"History of the Department of Public Health and Welfare", USAMGIK, 1947.

In Ho Chu, "Public Health Reports in Korea", Headquarters Combined Hospital Facilities 3rd and 14th Field Hospitals, 1951.

J. A. Curran, "Yonsei University College of Medicine and Medical Center Study of Educational Resources and Program", 1961.

"Report of the Second Mission to Korea, August 20-27", 1953.

"Report on Survey of National Higher Education in the Republic of Korea", 1960.

2. 연구서

1) 저서

강인철, 『저항과 투항 - 군사정권들과 종교』 (한신대학교 출판부, 2013).

김기흥 외, 『한국헌혈운동사』 (나남, 2011).

김석관, 『한국 제약산업의 글로벌 혁신 네트워크 분석』 (고려대 대학원 박사논문, 2011).

김응규 외, 『韓國外科學發展史』 (수문서관, 1988).

김정순, 『한국인의 건강과 질병양상』 (신광출판사, 2001).

김창엽, 『건강의 공공성과 공공보건의료』 (한울, 2019).

김태호, 『근현대 한국 쌀의 사회사』 (들녘, 2017).

김희곤, 『대한민국임시정부 연구』 (지식산업사, 2004).

대한감염학회, 『한국전염병사 II』 (대한감염학회, 2018).

대한보건협회, 『대한민국 보건발달사』 (지구문화사, 2014).

메르스 사태 인터뷰 기획팀·지승호, 『바이러스가 지나간 자리』 (시대의 창, 2016).

박윤재, 『한국 근대의학의 기원』 (혜안, 2005).

배은경,『현대 한국의 인간 재생산』(시간여행, 2012).

보건복지70년사 편찬위원회,『보건복지 70년사』(보건복지부, 2015).

서울대학교병원 병원역사문화센터,『사진과 함께 보는 한국 근현대 의료문화사 1879–1960』(웅진씽크빅, 2009).

신동원,『한국근대보건의료사』(한울, 1997).

우석균 외,『의료붕괴』(이데아, 2017).

이상이,『복지국가는 삶이다』(도서출판 밈, 2014).

이상이 외,『의료민영화 논쟁과 한국의료의 미래』(도서출판 밈, 2008).

이왕준,『미네소타 프로젝트가 한국 의학교육에 미친 영향』(서울대 의학과 박사논문, 2006).

이종학,『보건행정과 보건소활동』(증보판) (탐구당, 1962).

이태형,『해방 이후 한의학 현대화 논쟁 연구』(경희대 기초한의과학과 박사논문, 2013).

전종휘(全鍾暉),『우리나라 現代醫學 그 첫 世紀』(인제연구장학재단, 1987).

조병희,『한국 의사의 위기와 생존 전략』(명경, 1994).

조병희,『의료문제의 사회학』(태일사, 1999).

조병희,『의료개혁과 의료권력』(나남출판, 2003).

차흥봉,『의약분업 정책과정』(집문당, 2006).

최규진,『한국 보건의료운동의 궤적과 사회의학연구회』 (한울, 2015).

최제창,『韓美醫學史』(영림카디널, 1996).

한국보건사회연구원,『인구정책 30년』(한국보건사회연구소, 1991).

『한국의 학술연구』(대한민국학술원, 2004).

『한국제약 100년』(약업신문, 2014).

『한국의 학술연구 약학』(대한민국학술원, 2008).

『韓國癩病史』(대한나관리협회, 1988).

洪鉉五,『韓國藥業史』(韓獨藥品工業株式會社, 1972).

John DiMoia, *Reconstructing Bodies: Biomedicine, Health, and Nation Building in South Korea since 1945* (Stanford: Stanford University Press, 2013).

Office of the Surgeon General Department of the Army, *Preventive Medicine in World War 2*, Vol 8 (Washington, 1976).

2) 논문

강명숙, "해방직후 대학 교수 충원의 실태", 『교육사학연구』 12 (2002).

권경희, "의약 분업에 관한 약사측 입장과 주장", 『한국의료대논쟁』 (소나무, 2000).

권오영, "한국 전염병 감시체계의 흐름에 관한 연구 —1950년대부터 현재까지—", 『인문학연구』(경희대 인문학연구원) 39 (2019).

김승희, "1969년 한국에서 발생한 콜레라를 통해서 본 생명권력과 그 한계", 『사회사상과 문화』 18-1 (2015).

김용익, "보건의료운동의 평가와 전망", 『환경과 사회』 3 (1994).

김정화 외, "의료개혁의 현안과 정책과제", 『한국행정학보』 31-4 (1998).

김종영, "전통적 지식의 정치경제학 —한의학의 바이오경제화와 천연물 신약 분쟁", 『담론 201』 17-1 (2014).

김태우 외, "사회 속의 의료, 의료 속의 사회 —한국의 한의학과 중국의 중의학에 대한 의료 인류학 고찰", 『한방내과학회지』 33-2 (2012).

문만용, "한국 과학기술자의 '탈식민주의 갈망' —한국의 현대적 과학기술체제의 기원", 『역사와 담론』 75 (2015).

문태준, "한국전쟁이 한국의료에 미친 영향", 『의사학』 9-2 (2000).

박승만, "어느 시골 농부의 '반의사(半醫師) 되기: 『대곡일기』로 본 1960-80년대 농촌 의료", 『의사학』 27-3 (2018).

박윤재, "해방 전후 귀속 제약회사의 동향과 한국 제약업", 『한국근현대사연구』 78 (2016).

박윤재, "해방 후 한의학의 재건과 과학화 논의", 『역사와 현실』 79 (2011).

박윤재, "백인제의 근대 인식과 실천", 『의료사회사연구』 2 (2018).

박윤재, "해방 후 한의학의 재건과 한의사제도의 성립", 『동방학지』 154 (2011).

박윤재, "조선총독부의 지방 의료정책과 의료 소비", 『역사문제연구』 21 (2009).

박인순, "미군정기의 한국보건의료행정에 관한 연구", 『복지행정논총』 4 (1994).

박재용, "의약 분업 실시에 따른 주요 쟁점", 『한국의료대논쟁』 (소나무, 2000).

박형근, "영리병원 허용과 국민건강보험의 관계", 『오바마도 부러워하는 대한민국 국민건강보험』 (도서출판 밈, 2010).

서귀현, "개량신약", 『한국제약 100년』 (약업신문, 2014).

서울시내 의과대학협의회, "농촌의 의료실태", 『한국의 의료』 (한울, 1989).

신규환, "해방 이후 약무행정의 제도적 정착과정 —1953년 "약사법" 제정을 중심으로", 『의사학』 22-3 (2013).

신규환, "해방 이후 남북 의학교육체계의 성립과 발전", 『인문논총』 74-1 (2017).

신영전 외, "미군정 초기 미국 연수를 다녀온 한국인 의사 10인의 초기 한국보건행정에서의 역할", 『보건행정학회지』 23-2 (2013).

신영전 외, "미수(糜壽) 이갑수(李甲秀)의 생애와 사상: 우생 관련 사상과 활동을 중심으로", 『의사학』 28-1 (2019).

신영전 외, "최응석의 생애 —해방직후 보건의료체계 구상과 역할을 중심으로", 『의사학』 23-3 (2014).

신오성 외, "한국전쟁이 보건의료에 끼친 영향에 관한 연구", 『한국보건사학회지』 2-1 (1992).

안춘식, "광복50주년기념 해방둥이기업 연구: 대웅제약 윤영환의 생애와 경영이념에 관한 연구", 『경영사학』 11 (1995).

여인석, "세브란스를 중심으로 본 CMB의 한국의학 재건사업", 『延世醫史學』 18-1 (2015).

여재천, "신약개발", 『한국제약 100년』 (약업신문, 2014).

유왕근, "보건소의 역사적 발달과정과 각국의 보건소에 대한 고찰", 『한국보건사학회지』 1-1 (1990).

의료연구회, "한국의 의학교육", 『한국의 의료』 (한울, 1989).

이규덕, "의약 분업의 쟁점과 국민 건강", 『한국의료대논쟁』 (소나무, 2000).

이상이, "의료의 공공성과 국가의료제도", 『오바마도 부러워하는 대한민국 국민건강보험』 (도서출판 밈, 2010).

이수연, "다국적 제약자본의 지적재산권 보호 대 국민 건강권 보장간의 갈등 —글리벡 사건을 중심으로", 『사회복지연구』 23 (2004).

이순형, "거국적 기생충 집단관리 사업의 추진", 『한국 기생충감염의 연구 및 퇴치』 (대한민국학술원, 2017).

이왕준, "'미네소타 프로젝트'로 시작된 50년 우정의 편지", 『의사들의 편지에는 무슨 이야기가 있을까』 (태학사, 2010).

이임하, "한국전쟁기 유엔민간원조사령부(UNCACK)의 보건·위생 정책", 『사회와 역사』 100 (2013).

이종욱, "신약개발 현황 및 전망", 『한국의 학술연구 약학』 (대한민국학술원, 2008).

이주연, "의료법 개정을 통해서 본 국가의 의료통제", 『의사학』 19-2 (2010).

이충열, "한의계 입장에서 본 한약 분쟁", 『한국의료대논쟁』 (소나무, 2000).

임기영, "의권 회복의 그날까지", 『의권쟁취투쟁사』 (서울특별시의사회, 2002).

정근식, "식민지 위생경찰의 형성과 변화, 그리고 유산: 식민지 통치성의 시각에서", 『사회와 역사』 90 (2011).

정일영 외, "일제 식민지기 '원산노동병원'의 설립과 그 의의", 『의사학』 25-3 (2016).

정준호 외, "모든 것은 기생충에서 시작되었다" ―1960-1980년대 한일 기생충 협력 사업과 아시아 네트워크―", 『의사학』 27-1 (2018).

정준호 외, "1960년대 한국의 회충 감염의 사회사", 『의사학』 25-2 (2016).

조병희, "한약분쟁의 사회학", 『한국의료대논쟁』 (소나무, 2000).

지옥표, "끝날 수 없는 한약 전쟁", 『한국의료대논쟁』 (소나무, 2000).

지제근, "이제구(李濟九)", 『한국의학인물사』 (태학사, 2008).

최상오, "외국 원조와 수입대체공업화", 『새로운 한국경제발전사』 (나남출판, 2005).

최은경 외, "2000년대 글로벌 전염병 거버넌스의 변화: 글로벌 보건 안보의 대두와 국내 전염병 관리 체계의 변화", 『의사학』 25-3 (2016).

한용철, "김경식", 『한 시대의 異端者들』 (조선일보사, 1985).

황병주, "1970년대 의료보험 정책의 변화와 복지담론", 『의사학』 20-2 (2011).

황상익, "의사로서의 상허 유석창(常虛 劉錫昶)", 『의사학』 9-1 (2000).

황정미, "'저출산'과 한국 모성의 젠더정치", 『한국여성학』 21-3 (2005).

Shin Dongwon, "Public Health and People's Health ―Contrasting the Paths in Healthcare Systems of North and South Koreas, 1945-1960", *Public Health and National Reconstruction in Post-War Asia* (Routledge, 2014).

Contents in English

Modern History of Medicine in Korea

by Park, Yun-jae

Professor

Department of History

College of Humanities

Kyung Hee Unisersity

4) The self-support and differentiation of Korean traditional medicine

2. Economic development and health

1) Family planning projects and population control

2) Implementation of medical insurance system and increasing medical demand

3) Weakening of public medicine and growth of private hospitals

3. Social development and changes in disease patterns

1) Weakening of acute infectious diseases: smallpox, cholera

2) Increase in chronic diseases: cancer, circulatory disease

4. Development of national anti-infectious diseases projects and public-private partnership

1) Multilateral tuberculosis eradication project and continuation of tuberculosis

2) Parasite eradication project and national supporting

3) Development of treatment and self-supporting village project for leprosy patients

Chapter 3. The growth of modern medicine, 1989-present

1. Changes in the medical system and welfare

1) Expansion of medical insurance to health insurance

2) The emergence and expansion of welfare administration

3) Research Support for Korean traditional medicine and Development of Korean traditional medicine

2. Changes in epidemic diseases patterns and countermeasures

1) Globalization and the emergence of new infectious diseases

2) Increase in chronic diseases and establishment of measures to promote health

3. Growth and conflict in private medicine

1) Growth of chaebol hospitals and reduction in public medicine

2) Progress of globalization and development of new drugs

3) Dispute on Korean traditional medical herbs and strengthening of Korean traditional medicine

4) Separation of dispensing and prescribing function and strengthening the authority of doctors

5) Medical commercialization and securing of health rights

Conclusion